Rede und Antwort stehen

Glauben nach dem Unservater

Rede und Antwort stehen

Glauben nach dem Unservater

TVZ
Theologischer Verlag Zürich

Bibliografische Informationen der Deutschen Nationalbibliothek
Die Deutsche Nationalbibliothek verzeichnet diese Publikation in der Deutschen Nationalbibliografie; detaillierte bibliografische Daten sind im Internet über http://dnb.d-nb.de abrufbar.

Umschlaggestaltung
Mario Moths, Marl

Illustrationen, Satz und Layout:
Mario Moths, Marl

Druck
Westermann Druck GmbH, Zwickau

ISBN 978-3-290-17766-9

www.tvz-verlag.ch

Inhalt

Rechenschaft über die Freiheit

«Vor allem aber bezeugen wir, dass wir immer völlig bereit sind, unsere Darlegungen im allgemeinen und im besonderen auf Verlangen ausführlicher zu erläutern, und endlich denen, die uns aus dem Worte Gottes eines Besseren belehren, nicht ohne Danksagung nachzugeben und Folge zu leisten im Herrn, dem Lob und Ehre gebührt.»

Zweites Helvetisches Bekenntnis[1]

Eine breite und gewollte Vielfalt von Glaubensvorstellungen ist ein protestantisches Markenzeichen. Der reformierte Chor hat viele Stimmen, Solistinnen und Solisten bilden eher die Ausnahme. Dahinter steht der theologische Gedanke des Priestertums aller Getauften, den die Reformatoren kritisch gegen die kirchlich-klerikale Hierarchie richteten. Als Gemeinschaft Gleicher und Gleichgesinnter im Glauben verstanden sie die Kirche. Strikte widersprachen sie freilich auch zwei bereits damals kursierenden Meinungen: *erstens,* dass jedes Chormitglied unbeirrt nach seinen selbst entworfenen Noten singen solle und *zweitens,* dass der kirchliche Chor problemlos ohne Dirigentinnen und Dirigenten auskäme. Dagegen betont reformierte Theologie: Den Chor eint die gemeinsame Partitur der Bibel. Und diese ist ihrerseits fokussiert auf denjenigen, der von sich sagt: «Ich bin der Weg und die Wahrheit und das Leben; niemand kommt zum Vater es sei denn durch mich.» (Joh 14,6)

An Jesus Christus scheiden sich die Geister. Sein Evangelium fordert den weltanschaulichen Pluralismus zum Gespräch heraus, und nicht selten zum Streitgespräch. Für ein Leben in christlicher Freiheit bedeutet das Chance und Herausforderung zugleich. Die einstige Errungenschaft, endlich selbst über sich, über Leben und Glauben frei bestimmen zu dürfen, erweist sich nicht selten als heilloser Zwang, stets selbst entscheiden zu müssen. Missverstandene «Freiheit» wird so zur Überforderung, zur bedrückenden Erfahrung der eigenen Entscheidungsunfähigkeit. Die Suche nach Eindeutigkeit und Orientierung läuft Gefahr, zum Surfen auf den Modewellen aktueller Zeitgeister zu verkommen. Die angebliche Freiheit mündet unter dem Strich in eine immer grössere Fremdbestimmung. Wenn wir ehrlich sind, müssen wir zugeben: Auch die Kirche bleibt von dieser Gefahr nicht verschont.

Wie anders kommt uns die Aufforderung aus dem ersten Petrusbrief entgegen: «*Den Herrn* aber, Christus, *haltet heilig* in euren Herzen. Seid stets bereit, Rede und Antwort zu stehen, wenn jemand von euch Rechenschaft fordert über die Hoffnung, die in euch ist.» (1Petr 3,15) Keine angestrengte Sinnsuche, kein überfordertes Hadern mit der Freiheit – stattdessen Klarheit im Herzen und eine Hoffnung, die über einige Zweifel erhaben ist. Gefordert wird nicht die Suche nach vermeintlichen Eindeutigkeiten, sondern das Bekenntnis zur Quelle unserer Hoffnung. Christliche Freiheit ist Freiheit *in* Christus. Sie anerkennt sein Evangelium als Orientierungspunkt fürs Leben und fürs Sterben.

Es ist eine bleibende Aufgabe der Kirche, darüber Rechenschaft abzulegen. Diese Einsicht steht hinter dem Beschluss des Rates des Schweizerischen Evangelischen Kirchenbundes im April 2012, das vorliegende Buch in Auftrag zu geben. Der Rat begründet sein Anliegen: «Das Glaubensbuch will das Ganze des Glaubens im Horizont der Gegenwart klar und lebendig zur Sprache bringen. Reformierte Kirche gibt Auskunft über ihren Glauben an den dreieinigen Gott, auf den sie gründet, den sie verkündigt, aus dem heraus und im Blick auf den sie handelt.»[2]

Drei Aspekte möchte ich hervorheben: *Erstens* geht es um die erfahrene Wirklichkeit des Glaubens. Die Autorinnen und Autoren schreiben über den christlichen Glauben, indem sie aus ihrer je persönlichen Sicht davon erzählen. In diesem Sinne ist das vorliegende Buch eher ein Glaubensbuch denn ein Religionsbuch, eine Sammlung von Glaubenserfahrungen, keine normierte Religionsdarstellung. Das Beschriebene ist vom Glauben der Schreibenden nicht zu trennen.

Dass sechs Autorinnen und Autoren über ihren Glauben nachdenken, bedeutet *zweitens* nicht, dass nur von ihren je individuellen Auffassungen und Meinungen die Rede wäre. So wenig der Glaube von der und dem Gläubigen getrennt werden kann, so wenig glauben Christen für sich allein. Der christliche Glaube findet seinen lebenswertesten Ort in der Gemeinschaft aller Getauften. Hier findet er Nahrung, Anregung, Anfrage und, hie und da, ein hilfreiches Korrektiv. Die Praxis des Glaubens, auch die für sich und im Stillen vollzogene, lebt von der Praxis der ganzen Kirche.

Und *drittens*: Den Glauben zur Sprache zu bringen, wie es die Autorinnen und Autoren unseres Buches tun, ist mehr als das blosse Sammeln von Informationen über den Glauben. Diese Sammlung ist auch eine Art persönlicher Bekenntnis-Sammlung, eine Zusammenstellung individueller Glaubenszeugnisse. Das, was in der Kirche geglaubt wird, kann nicht getrennt werden von denjenigen, die in der Kirche ihren Glauben leben und bekennen. Glauben ist keine Theorie, sondern wirklichkeitsbestimmende Praxis.

Wozu solche Zeugnisse? Christlicher Glaube provoziert Widerspruch, solange er die Welt, wie sie ist, nicht als letztes Wort akzeptiert. Darin unterscheidet sich die Lage der christlichen Gemeinden am Ende des ersten Jahrhunderts kaum von der Situation in unseren Kirchen heute. Damals wie heute geht es um die lebendige Hoffnung in einer Gesellschaft, der diese Hoffnung fremd wird. Sicher, die Sorgen der Gemeinden Kleinasiens waren andere als die unserer Kirche: dort das bedrohliche römische Imperium, hier der prognostizierte kirchliche Bedeutungsverlust in einer säkularen Gesellschaft. Vielleicht sind die Konsequenzen für das christliche und erst recht kirchliche Selbstverständnis aber nicht so verschieden. Auch wir erleben uns zunehmend als jene «Fremdlinge», von denen der Petrusbrief an verschiedenen Stellen spricht.

Der Realismus des damaligen Briefschreibers eignet sich noch immer als Sprech- und Handlungsrichtlinie für Kirchliches. Damals wie heute gilt es, in Bedrängnis nicht typisch menschlichen Reflexen auf den Leim zu gehen, etwa zu kurz greifenden Durchhalteparolen, Werbekonzepten, Selbstbehauptungs- oder Anpassungsstrategien. Stattdessen erinnern wir uns: Echte Hoffnung schöpfen wir anderswo. Den Grund unserer Hoffnung verdanken wir nicht uns selbst, auch nicht den beeindruckenden theologischen, betriebswirtschaftlichen, pädagogischen oder wie auch immer gearteten Fähigkeiten. Vielmehr müssen wir neu lernen, von uns wegzusehen, um diese Hoffnung wahrnehmen zu können. Die erste Frage im Heidelberger Katechismus bringt diese Hoffnung auf den Punkt: «Was ist dein einziger Trost im Leben und im Sterben? Dass ich mit Leib und Seele im Leben und im Sterben nicht mir, sondern meinem getreuen Heiland Jesus Christus gehöre.» Darauf zu vertrauen, macht den Kern des christlichen Glaubens aus: ganz und gar auf Gott zu vertrauen: *Gottvertrauen* – nicht mehr, aber eben auch nicht weniger.

Stehen im Glaubensbuch auch Glaubens*zweifel?* Schon zur Zeit der Bibel war der Christusglaube Vielen höchst zweifelhaft – nie ist es in der Geschichte der Christenheit anders gewesen. Glaube und Zweifel gehören zusammen. Das Fehlen des Zweifels wäre ein sicheres Zeichen dafür, dass der Glaube zum lebensfremden menschlichen Prinzip erstarrt wäre. Christlicher Glaube muss sich im Alltag der Kirche und in den Lebenswelten aller getauften Menschen bewähren. Freilich, das ist leichter gesagt als getan. Auf den biblischen Gott vertrauen in einer Zeit, in der doch ganz anderen Göttern gehuldigt wird? Auf Christus, auf den Heiligen Geist? Dafür braucht es einen besonderen Blick auf die Wirklichkeit. Dafür braucht es eine präzise und verständliche Theologie – in einer Zeit, in der theologisches Denken auch in der Kirche nicht gerade Konjunktur hat. Das mag vielen weltfremd erscheinen. Tatsächlich sind Christinnen und Christen irgendwie der Welt voraus – nicht aus eigenem Vermögen, sondern in der Nachfolge desjenigen, der von sich sagt: «Ich bin das A und das O […] der Herr, der ist und der war und der kommt, der Herrscher über das All.» (Offb 1,8). Dass bei einem solchem Anspruch auch Zweifel aufkommen, das spricht für die intellektuelle Redlichkeit des Zweiflers so sehr wie für die existenzielle Bedeutung des Anspruchs. Das vorliegende Buch macht mit beidem Ernst, mit dem Glauben und mit dem Zweifeln. Als Grundmuster dient ihm das Unservater, jenes Gebet, das wir Jesus selbst verdanken. Die Struktur macht deutlich, dass das Glaubensbuch auch zum Beten ermutigen und beim Beten helfen will.

Sicherlich, menschliche Rede von Gott bleibt immer vorläufig und unvollständig, wie Heinrich Bullinger im eingangs erwähnten Zitat in Erinnerung ruft. Und weil dem so ist, können wir gar nicht anders, als uns immer aufs Neue zu vergegenwärtigen, weshalb wir hoffen – und worauf.

Bern, Juni 2014

Gottfried Wilhelm Locher
Präsident des Rates
Schweizerischer Evangelischer Kirchenbund

Über den Glauben schreiben und lesen

> «Seid stets bereit, Rede und Antwort zu stehen, wenn jemand von euch Rechenschaft fordert über die Hoffnung, die in euch ist»
>
> *1. Petrus 3,15*

> «Das Unservater ist das wahre christliche Gebet und der Wasserkrug oder -eimer, mit dem aus dem Gnadenbrunnen – aus Jesus Christus! – diese Gnade geschöpft und ins Herz gefasst wird.»
>
> *Berner Synodus*[3]

1. Über den Glauben sprechen

Ein Telefonbuch enthält Telefonnummern, ein Kochbuch Rezepte, ein Schulbuch Unterrichtsstoff – und ein Buch über den Glauben? Das handelt entsprechend vom Glauben. Was ganz selbstverständlich klingt, stösst schnell an seine Grenzen: Glauben lässt sich nicht wählen wie eine Telefonnummer, ausprobieren wie ein Kochrezept oder lernen wie Schulbuchwissen. Genauso wenig, wie ein Telefonbuch Kontakt herstellt, ein Kochbuch satt oder ein Schulbuch klug macht, kann ein Glaubensbuch Glauben schaffen. Wozu also ein Buch über den Glauben? Menschen glauben vieles und alle Menschen glauben an etwas. Glauben ist in gewisser Weise etwas Einfaches und zugleich sehr Komplexes. Einfach ist er, wenn er an die Stelle von Wissen rückt und auf argumentative Begründungen und wissenschaftliche Beweise verzichten kann *(belief)*. Komplex ist er, wenn er für die Gläubigen zu einem verbindlichen Orientierungsrahmen und -massstab für ihr Leben wird (*faith*). Dann hängt alles an diesem Glauben, ohne dass er auf einem beweisbaren Wissen gründet.

Wir leben in einer Wissensgesellschaft. Der auf den englischen Philosophen Francis Bacon zurückgehende Slogan «Wissen ist Macht» sagt alles. Natürlich steckt dahinter auch ein Glaube, aber viel versteckter als bei religiösen Überzeugungen. Der philosophische Gedanke hat seit dem 16. Jahrhundert unser Denken und Handeln ziemlich umgekrempelt. Zwar weist die neuzeitliche Geistesgeschichte in dieser Hinsicht auch erhebliche Pendelausschläge auf, aber weitgehend vertrauen wir nicht mehr den traditionellen Weisheiten, sondern unserer wissenschaftlichen Kritik daran. Wir sind aufgeklärte Menschen, wissen Bescheid, weil wir gelernt haben, uns und die Welt mit kritischen Augen zu betrachten. Seither kämpfen Glauben und Wissen nicht mehr in der gleichen Gewichtsklasse. Glauben gilt vielen als unmodern und naiv, Wissen dagegen als souverän und zeitgemäss. Wir vertrauen heute umfassenden Informationen und verlässlichen Institutionen: *What you see is what you get (Was du siehst, ist das, was du bekommst)*. Die Zusage des auferstandenen Christus «Selig, die nicht mehr sehen und doch glauben» (Joh 20,29) versteht sich nicht mehr von selbst und erscheint heute vielen als leichtsinnige oder sogar fahrlässige Devise. Der methodische Zweifel – man könnte auch sagen: Das Misstrauen gegen alles, was nur geglaubt und eben nicht beobachtet oder sicher gewusst werden kann – ist die Kehrseite der kritischen Haltung in der Wissensgesellschaft.

Natürlich ist der Glaube nicht verschwunden. Nach wie vor gilt: «Der Glaube aber ist die Grundlegung dessen, was man erhofft.» (Hebr 11,1) Das, was wir hoffen, liegt jenseits dessen, was wir wissen können. Wissen beruhigt, aber an seinen Grenzen entsteht immer wieder Beunruhigendes. Wer sich auf sein Wissen verlässt, den beunruhigt jedes Nicht-Wissen. Das Unverhoffte des nächsten Augenblicks und das Unerwartete an der nächsten Strassenecke verunsichern. Wir wissen nur zu gut, dass unser Wissen nicht überraschungsresistent ist. Das Schicksalhafte im Leben trifft uns unvermittelt und stellt unsere Lebensphilosophien oft auf eine harte Probe: Glück und Unglück, Herkunft und Zukunft, Hoffnungen und Befürchtungen, dasjenige, das wir selbst entscheiden müssen (Selbstbestimmung) und dasjenige, das über uns entschieden wird (Fremdbestimmung). Sobald wir über die Aktualität hinausgehen oder hinter sie zurücktreten, lässt uns unser Wissen im Stich. Prognostizierbar und planbar ist nur ein Leben, das alles Nicht-Prognostizierbare und Nicht-Planbare ausblendet.

Ganz unabhängig davon stellen sich Fragen nach dem Sinn und Zweck unseres Lebens. Warum ist überhaupt etwas und warum nicht nichts? Warum ist etwas so und nicht anders? Warum und wozu bin ich und warum und wozu sind die und der andere? Das Schwierige dieser Fragen und die Zweifel im Blick auf mögliche Antworten bringen die Fragen nicht zum Schweigen. Hier kommt der Glauben ins Spiel. Während das sichere Wissen im Zweifel an seine Grenzen stösst, richtet sich der Glaube genau dort ein. Im Glauben ist nur der Zweifel gewiss. Zweifelnd glauben und glaubend zweifeln, lautet die Alternative des Glaubens gegenüber einem sicher gemeinten Wissen.

Der christliche Glaube ist in die Jahre gekommen. Die biblischen Geschichten, auf die er sich bezieht, liegen bald zweitausend Jahre zurück. Seit den Anfängen der jüdischen und christlichen Religion hat sich die Erde weitergedreht, die Menschheitsgeschichte ist vorangegangen, ihr Wissen und ihre Techniken sind rasant fortgeschritten. Zumindest in Europa hat der christliche Glaube zurzeit keine Konjunktur. Es scheint, als würde er wie ein altes, aus der Mode gekommenes Kleidungsstück lediglich aus Nostalgie, zu Feierlichkeiten oder in Notfällen angelegt. Zweifellos prägt das Christentum nach wie vor unsere Denkweisen und Wertvorstellungen. Es ist ein bedeutendes Kulturgut und sein Fundus beeindruckender Baudenkmäler und Kunstschätze aus vergangenen Epochen ist viele Exkursionen wert. Nach wie vor steht die Kirche mitten im Dorf. Allerdings ist sie nicht mehr selbstverständlich auch der Lebensmittelpunkt. Sie spürt seit längerem die harte Konkurrenz der modernen Tempel im Nacken: Einkaufs-, Kultur-, Kino- oder Museumstempel. Zwischen vielerlei Welten muss sie sich behaupten – in realen und in virtuellen.

Die Frage nach der Aktualität des christlichen Glaubens drängt sich also auf. Wie steht es heute mit dem christlichen Glauben? Worin besteht seine Bedeutung für die Gegenwart? Was kann er zu aktuellen Fragen und Debatten beitragen? Mit solchen Fragen befasst sich das vorliegende Buch. Es will Auskunft geben über diesen Glauben, den wir als Kirche Jesu Christi teilen, bewahren und weitergeben. Es macht Ernst mit der Forderung: «Seid stets bereit, Rede und Antwort zu stehen, wenn jemand von euch Rechenschaft fordert über die Hoffnung, die in euch ist.» (1Petr 3,15)

Glauben ist weder Privatsache noch das Privileg einer einzelnen – sprich: der eigenen – Konfession. Wenn der biblische Gott der Gott aller Menschen ist, dann kennt der Glaube an ihn keine menschlich gesetzten Grenzen; dann hat er, in kirchlich-theologischer Sprache, eine ökumenische, die Welt umspannende Weite. Das widerspricht nicht dem Anliegen des Buches, den spezifischen Akzenten der reformierten Traditionen besondere Aufmerksamkeit zu schenken. Es geht nicht um konfessionalistische Rechthaberei, sondern um eine kritische und selbstkritische Standortbestimmung im Horizont der weltweiten, ökumenischen Kirche.

Über unseren Glauben verfügen wir nicht wie über einen Besitz. Mein Glaube gehört nicht mir. Er ist Geschenk und fordert zum Verschenken auf. Die Reformatoren rückten den biblischen Verkündigungsauftrag des Evangeliums wieder ins Zentrum. Verkündigung bedeutet, den Glauben öffentlich ins Gespräch zu bringen und sich immer wieder neu über den gemeinsamen Glauben zu verständigen. Glauben ist kommunikationsfreudig. Er will in Worte gefasst und bezeugt werden. Was Grammatik für die Sprache ist, das ist Dogmatik für den Glauben. Das systematische Nachdenken über den Glauben kann als eine Sprachschule des Glaubens verstanden werden. Das Buch bietet keine reformierte Dogmatik, sondern ist Glaubensgespräch. Es lenkt die Aufmerksamkeit auf Bekenntnisse und kirchliche Lehrsätze, die Hilfestellungen geben, unseren Glauben zu formulieren, zu kommunizieren und zu tradieren, um identifizierbare und lesbare Kirche in der Welt zu sein.

2. Womit anfangen?

Gibt es etwas, was alle Gläubigen untereinander und mit Gott verbindet? Im Unservater kommt der gemeinsame Glaube vor Gott in ganz eigener Weise zur Sprache. Deshalb haben die Autorinnen und Autoren dieses Buches das biblische Gebet als Ausgangspunkt gewählt, als christlich-kirchliche Basis, die die Gläubigen zu allen Zeiten und weltweit miteinander teilen.

Das Unservater kennen alle – auch wenn längst nicht mehr allen bewusst ist, dass es aus einer Rede Jesu in der Bibel stammt. Das Gebet gehört zu den ganz wenigen Texten in der christlichen Glaubenstradition, die die meisten Menschen auch heute noch auswendig können. Das Unservater ist uns – unabhängig davon, ob wir es beten oder nicht – ähnlich vertraut, wie den vielen Generationen von Christinnen und Christen vor uns. Insofern hat das Unservater unsere Kultur geprägt, unser Denken über Gott und den christlichen Glauben ebenso wie unsere grundlegenden Moralvorstellungen. Es lohnt sich also, mit dem Vertrauten anzufangen.

In den Katechismen der Reformation wird das Gebet, neben Dekalog und apostolischem Bekenntnis, als dritter Grundtext des christlichen Glaubens ausgelegt. Bereits in der alten Kirche galt es als Summe des Evangeliums. Jesus selbst hat das sogenannte «Herrengebet» den Jüngern gelehrt. Indem wir es nachsprechen, reden wir im Namen Jesu zu Gott. Seit frühester Zeit bildet das Unservater ein entscheidendes Identitätsmerkmal der christlichen Gemeinschaft. Seine Bedeutung spiegelt sich wider in den vielen Auslegungen und Interpretationen im Laufe der Kirchen- und Theologiegeschichte.

Das Unservater eröffnet einen ökumenischen Horizont. Im Gegensatz zu Taufe, Abendmahl oder Amtsverständnis hat sich die Christenheit im Laufe ihrer Geschichte über das von Gott in Jesus Christus den Menschen gegebene Gebet nie entzweit. Sein konfessionsübergreifender Charakter ermöglicht es, das zur Sprache zu bringen, was uns als Christinnen und Christen über die Konfessionsgrenzen hinweg als die eine, heilige, allgemeine und apostolische Kirche verbindet. Es erlaubt uns, im ökumenischen Dialog Rechenschaft darüber abzulegen, was uns als Reformierten eigen und wichtig ist.

Das Unservater bietet natürlich nicht Antworten auf alle Fragen. Aber es weist dem Nachdenken über den Glauben einen Ort zu. Was geglaubt wird, kommt darin zum Ausdruck, was gebetet wird. Anders gesagt: Das Reden *von* Gott im Glauben hat seine Wurzeln und seinen Ausgangspunkt im Reden *zu* Gott. Das ist der Sinn der schönen Formel «Teologia come preghiera» (Theologie als Gebet).[4] So bietet das Buch einen Reisebericht der Autorinnen und Autoren über ihre gemeinsamen Erkundungen des Unservater.

3. Zum Konzept des Buches

Als Grundlage des Buches dient die seit einigen Jahrzehnten ökumenisch anerkannte Fassung des Gebets:

Z

Unser Vater im Himmel.
Geheiligt werde dein Name.
Dein Reich komme.
Dein Wille geschehe, wie im Himmel, so auf Erden.
Unser tägliches Brot gib uns heute.
Und vergib uns unsere Schuld,
wie auch wir vergeben unseren Schuldigern.
Und führe uns nicht in Versuchung,
sondern erlöse uns von dem Bösen.
Denn dein ist das Reich und die Kraft
und die Herrlichkeit in Ewigkeit.
Amen.

Der Aufbau des Buches wird durch das Unservater bestimmt. Es geht Zeile für Zeile dem Gebet entlang. Zu jeder Bitte, zur Anrede, zur Schlussformel (der sogenannten Doxologie) und zum Amen, gibt es ein eigenes Kapitel. Die Kapitel beginnen mit einer kurzen Einleitung zu einer Grundfrage des Christseins, die sich von der jeweiligen Bitte her nahelegt. Es folgen Erklärungen und Erläuterungen zum historischen und gegenwärtigen Kontext der Bitte. Dazu werden weitere biblische und ausserbiblische Texte herangezogen. Der Fliesstext wird von drei graphisch abgesetzten Einschüben unterbrochen: Die grün eingefassten, mit einem «b» versehenen Abschnitte enthalten Bibelzitate; die rot abgehobenen, mit einem «e» gekennzeichneten Blöcke bieten weiterreichende Erklärungen und die blau abgesetzten, mit einem «z» markierten Absätze präsentieren Zitate, die Impulse geben, vorgetragene Überlegungen verstärken und zusammenfassen oder alternative Interpretationen anbieten. Zwei Fragen leiten die Erkundungen: Welche Aussagen und Hinweise enthält die Bitte für das Verständnis des Glaubens? Und umgekehrt: Wie bringen wir mit den einzelnen Bitten des Unservater zentrale Aspekte unseres Glaubens zur Sprache?

Theologisches Nachdenken ist kein Selbstzweck. Theologische Reflexion, die nicht in die Praxis führt und praktisch wird, ist Zeitverschwendung und irrelevant. Theologie findet nicht unter Laborbedingungen statt, sondern gehört in den Raum der Kirche und damit in die Lebenswelt der Gläubigen. Deshalb beschäftigt sich jedes Kapitel im Schlussteil mit der Frage, wie die diskutierte Bitte im Lebensvollzug des Glaubens wirklich werden kann und was daraus für die Gläubigen in Kirche und Gesellschaft folgt.

4. Unser reformatorischer Kompass: Schrift und christliche Freiheit

Überall im Buch ist von *dem* Buch die Rede: der Bibel, als dem zentralen Bezugspunkt reformierten Glaubens. In Übereinstimmung mit dem sogenannten reformatorischen Schriftprinzip *sola scriptura* (die Schrift allein) schöpfen wir aus dem grossen Reichtum der heiligen Schrift Alten und Neuen Testaments, wie es die reformierte Tradition formuliert. Die Bibel bezeugt Gottes Wort durch seinen Geist. Sein Wort ist lebendiges Wort, das sich nicht zwischen zwei Buchdeckeln einsperren lässt. Die Bibel ist nicht erstarrter Wissens- und Verhaltenskodex, sondern erfrischende, aufbauende und manchmal auch widersprechende, widerstehende Lebensquelle. In der Bibel kommen uns lebendige Geschichten, Erfahrungen, Widerfahrnisse entgegen, in denen Gott und Menschen einander begegnen, miteinander sprechen, manchmal auch miteinander kämpfen, gegenseitige Versprechen eingehen, einen Bund schliessen und brechen, sich wieder versöhnen. So quillt uns aus der Bibel Gottes Wort entgegen, verwickelt in die Geschichten mit den Menschen. Wir können die Bibel eigentlich nur verstehen, wenn wir uns ebenso in diese Geschichten Gottes mit uns Menschen verwickeln lassen, wenn wir uns selbst als Teil dieser Geschichten begreifen lernen. Entsprechend lesen wir die Bibel als Sammlung geistgewirkter Zeugnisse lebendiger Gottesgeschichten.

Neben den biblischen Geschichten begegnen im Buch auch Texte aus den vielfältigen kirchlichen Traditionen, etwa Glaubensbekenntnisse, Kirchenlieder oder theologische Werke aus der Vergangenheit und Gegenwart. Sie dokumentieren den Reichtum christlich-kirchlichen Lebens, die bunte Fülle und das existenzielle Ergriffensein gelebten Glaubens. Auch sie sind weit mehr als nur historisch erinnerte Vergangenheit. Die Traditionen gehören als unsere Herkunft genauso zu uns, wie unsere selbst gestaltete Gegenwart und unsere erwartete und erhoffte Zukunft. Deshalb lenkt das Buch den Blick immer wieder auf die gemeinsame Vergangenheit und fragt nach ihrer Bedeutung bei der Suche nach gegenwärtigen Antworten für die Zukunft.

Auch wenn Glauben und Wissen nicht einfach zusammenfallen, geht die Bibel nicht an der Wahrheitsfrage vorbei. Die Bibel konfrontiert uns allerdings mit einem ungewöhnlichen Verständnis von Wahrheit. Anstelle objektiver Tatsachen behauptet Jesus Christus: «Ich bin der Weg, die Wahrheit und das Leben» (Joh 14,6). Und anstelle theoretischer Erkenntnisse berichtet sie von einer handfesten Befreiungsaktion: «Die Wahrheit wird euch frei machen» (Joh 8,32). Christliche Wahrheit begegnet nicht auf dem Papier oder in einer brillant vorgetragenen Argumentation, sondern als Lebendigkeit, genauer: als ganz und gar lebendig machendes Lebenswort. In Jesus Christus ist die Wahrheit Person geworden, hat ein Gesicht bekommen. Und wie Jesus Christus gelebt und gelehrt hat, ist die in ihm leibhaftig gewordene Wahrheit zugleich Weg und Leben für uns geworden. Diese Wahrheit kann nicht theoretisch erkannt werden. Sie muss gelebt, bereist und bewohnt werden. Der theologische Ausdruck dafür heisst Nachfolge. Die Wahrheit führt auf einen Lebensweg, der diesen Namen wirklich verdient, und sie begleitet die Gläubigen auf diesem Weg. Die Wahrheit, die Jesus Christus ist und verkündigt, macht das Leben wahr. Sie befähigt zum Leben in Gemeinschaft mit Gott. Die Verheissung «die Wahrheit wird euch frei machen» (Joh 8,32) konzentriert alles, was über den Glauben gesagt werden kann, auf diesen kurzen Satz.

5. Wie das Buch entstanden ist

Um über die Hoffnung des Glaubens nachzudenken und schreibend Auskunft zu geben, haben sich Ende 2012 auf Einladung des Kirchenbundes sechs Theologinnen und Theologen zusammengefunden. Am Anfang standen nur wenige formale Vorgaben. Die Gruppe sollte paritätisch aus französisch- und deutschsprachigen Mitgliedern bestehen, ein möglichst breites kirchliches und theologisches Spektrum abbilden und die kontroverse Debatte über den reformierten Glauben nicht scheuen. Damit ging das Glaubensbuch von vornherein einen anderen Weg als die meisten Publikationen zum Thema: Kein Soloprogramm, sondern ein gemischter Chor, keine Einstimmigkeit, sondern wahrnehmbare Vielstimmigkeit. Auseinandersetzungen und Dissense wurden nicht befürchtet, sondern erwartet und waren willkommen. Und wie in einem Chor war es mindestens so wichtig und weiterführend, aufeinander zu hören wie die eigene Stimme zur Geltung zu bringen. Die inhaltliche Leitung lag weitgehend bei dem Chor selbst, sie wurde von allen gemeinsam wahrgenommen, nicht ganz ohne Reibungen, nicht ganz ohne Pannen, aber in einem guten Geist.

Die Texte wurden kapitelweise entweder in deutscher oder in französischer Sprache verfasst. Ein Mitautor der jeweils anderen Sprache reagierte auf einen ersten Entwurf und machte Vorschläge zur Überarbeitung. Die überarbeitete Fassung lag daraufhin der gesamten Autorinnengruppe vor und wurde ausführlich besprochen. Die Erstautorin integrierte die Diskussionsergebnisse in den Text. Das Rohmanuskript des Buches setzte sich also aus inhaltlich zweimal überarbeiteten Texten zusammen. Sie wurden dann noch mehrfach sprachlich überarbeitet, auch das in Abstimmung mit den Autorinnen und Autoren; nicht selten wehrten sie sich und hatten ihre Gründe dafür. Die Gruppe setzte darauf, dass die Autorinnen und Autoren ihre Texte selbst verantworten, und dass doch das ganze Buch von allen inhaltlich mitgetragen wird. Deshalb sind die einzelnen Kapitel nicht namentlich gekennzeichnet. Alles wird von allen verantwortet.

Das Buch vereint nicht nur verschiedene Schreibstile, sondern weist auch unterschiedliche inhaltliche Schwerpunktsetzungen auf. In den einzelnen Kapiteln spiegelt sich ein differenzierter Zugang wider, der wesentliche biblisch-theologische Anliegen nötigenfalls auch kontrovers in Erinnerung ruft: Biblisch-exegetische, systematisch-theologische, ethisch-lebenspraktische und auf bestimmte Lebenssituationen fokussierende Aspekte werden individuell gewichtet. Spezifische Sensibilitäten begegnen bei der Einbettung des Evangeliums in den jüdischen Glauben des Ersten Testaments, den Glauben Jesu, der Jünger und des Apostels Paulus. Das hat Konsequenzen für Theologie und Kirche, für das spezifisch Reformierte, das gemeinsam Reformatorische und für das heute schon prägende, aber zugleich immer noch schmerzlich ausstehende Ökumenische. In all diesen Hinsichten stehen reformierter Glaube und reformierte Kirche in einem offenen und wandlungsfähigen Dialog – wie unernst wäre ein Dialog, der nichts anzunehmen bereit ist. Beliebigkeit folgt daraus nicht – sie wäre das gegenteilige Missverständnis von kirchlich-theologischem Dialog. Gewiss, Glaube rechnet immer mit dem, «der kommt» (Offb 1,8), er kann niemals bloss Tradition sein. Und doch gibt es die Treue im Glauben, nicht als konfessionalistische Reinkultur, aber als aufmerksame Hinwendung zu den Weisen, wie die Mütter und Väter im Glauben «von all deinen Wundern» (Ps 9,2) erzählt haben.

Eine besondere Herausforderung stellen die sprachkulturellen Unterschiede dar, die im Laufe der Diskussionen teilweise eindrucksvoll bewusst wurden. Im Kapitel über Gott als Vater bestand bis zuletzt ein Missverständnis über das zentrale Motiv der Adoptivkindschaft, das die französische Übersetzung (Traduction œcuménique de la Bible, TOB) von Römer 8 präzis aus dem Griechischen überträgt, die deutsche (Zürcher Bibel) jedoch nicht. Der gleiche Bibeltext wurde dadurch deutsch und französisch ganz anders gelesen – ganz abgesehen davon, dass das (durchaus reformierte) wortvermittelte, «adoptive» Verständnis von Elternschaft anschliesst an eine prägende philosophische Tradition in den französischsprachigen Ländern (Lacan, Ricœur). Ein anderes Beispiel ist der Begriff der «Prüfung», der im Deutschen überrascht und befremdet, jedenfalls als sehr traditionell fromm empfunden wird, während das französische *épreuve* alltagssprachlich völlig gebräuchlich ist und in den aktuellen Debatten über psychische Resilienz ohne Weiteres verwendet wird. Solche Hinweise liessen sich mehren.

Ein starker sprachkultureller Sensibilitätsunterschied machte sich ausserdem bei der Konzeptualisierung bemerkbar. Reformierte Kirchlichkeit im frankophonen Kontext rechnet grundsätzlich viel stärker mit der Minderheitssituation in einer stark säkularisierten Gesellschaft. Damit rückt ganz spontan ein nichtkirchliches Lesepublikum in den Blick (nach Art des agnostischen Schwiegersohns, an den der französische reformierte Theologe Antoine Nouis ein engagiertes und liebevolles persönliches Glaubensbuch richtet).[5] Im Wissen um diese unterschiedlichen Kontexte geht es den Autorinnen und Autoren darum, die Reformierten auskunftsfähig zu machen und sie wählten als gemeinsame Textgrundlage das Unservater.

Weil Glauben als gemeinschaftlich gelebte Praxis wirklich ist, lässt er sich nicht unabhängig von den Grundbedingungen menschlicher Existenz denken. Der Glaube hier und jetzt ist vorläufig im Blick auf das zukünftige Schauen (2Kor 5,7). Deshalb bleiben auch das Nachdenken über den Glauben wie die Werke der Liebe aus dem Glauben notwendig Stückwerk (1Kor 13). Die Sprachschule des Glaubens in dieser Welt kennt keine Abschlussfeier. Wir wechseln vielleicht die Klassenstufe, verstehen manches «mehr und mehr», wie der Heidelberger Katechismus formuliert. Das Fragmentarische unserer Erkenntnis können wir aber ebenso wenig überwinden, wie die Brüchigkeit unserer eigenen Existenz. Auch Bücher über den Glauben sind fragmentarisch: Sie stossen auf Zustimmung und Ablehnung, Achselzucken und Begeisterung, regen das Nachdenken und den Widerspruch an oder verstauben achtlos im Bücherregal. Ob es dem vorliegenden Buch in der einen oder anderen Weise ergeht, ist nicht erheblich. Wichtig ist dagegen, dass Schwestern und Brüder das Gespräch suchen und in lebendiger Auseinandersetzung bleiben, über die Hoffnung, die in ihnen ist. Kirche braucht den befreienden Disput um die Wahrheit, damit sie wieder und immer wieder Ort der lebendigen Hoffnung sein kann, auf den, den sie verkündigt und zu dem die betende Gemeinde mit den Worten aufsieht: Unser Vater im Himmel – Dein Reich komme – Amen.

Exegetische Hinführung

Der kurze Überblick will einige exegetische und historische Informationen über die verschiedenen Fassungen des Unservater in ihren jeweiligen Kontexten, über die jüdischen Quellen und über einige Besonderheiten seines Gebrauchs in der christlichen Tradition geben.

1. Die verschiedenen Texte

Bevor wir das Unservater genauer betrachten, müssen wir den Zusammenhang mit dem Text herstellen. Die Evangelisten Matthäus und Lukas bieten uns Fassungen an, die nur teilweise übereinstimmen. Es ist wichtig, die Ähnlichkeiten und Unterschiede, den ersten Verfasser, das aramäische Original, von dem sie abgeleitet sind, sowie ihre Verbindung zur jüdischen Tradition festzustellen. Ausserhalb des Neuen Testaments finden sich noch andere Fassungen des Unservater. Die ökumenische Version ist die bekannteste; sie wird bei Liturgiefeiern und bei der Katechese benutzt. Ihre Annahme war entscheidend für die Annäherung zwischen den Kirchen: endlich konnte das christliche Gebet *par excellence* gemeinsam mit *einer* Stimme von den Christinnen und Christen gesprochen werden. Aber beginnen wir mit den beiden Versionen im Neuen Testament selbst.

1.1 Das Gebet im Matthäusevangelium

Der Evangelist Matthäus liefert uns im sechsten Kapitel – mitten in der Bergpredigt, die Jesus an seine Jünger richtet – eine Fassung des

Unservater, die derjenigen nahe kommt, die wir heute benutzen. Lukas gibt uns eine etwas kürzere Fassung, als Antwort auf eine Bitte der Jünger an Jesus. Für beide Evangelisten handelt es sich um ein Element der Lehrtätigkeit Jesu und ein Vorbild für alle Gebete. Es ist das einzige Beispiel eines Gebets, das Jesus zum Nachbeten vorlegt. Auch wenn es in den Evangelien oft heisst, dass Jesus betete, erfahren wir wenig über den Inhalt seiner Gebete – mit Ausnahme von Johannes. Das Unservater ist ein einfaches Gebet, das in wenigen Sätzen alle Gebete zusammenfasst, die wir an Gott richten sollen.

b

«Und wenn ihr betet, sollt ihr es nicht machen wie die Heuchler: Die stehen gern in den Synagogen und an den Strassenecken und beten, um sich den Leuten zu zeigen. Amen, ich sage euch: Sie haben ihren Lohn schon bezogen. Wenn du aber betest, geh in deine Kammer, schliess die Tür und bete zu deinem Vater, der im Verborgenen ist. Und dein Vater, der ins Verborgene sieht, wird es dir vergelten.
Wenn ihr aber betet, sollt ihr nicht plappern wie die Heiden; sie meinen nämlich, sie werden ihrer vielen Worte wegen erhört. Tut es ihnen nicht gleich! Euer Vater weiss, was ihr braucht, noch ehe ihr ihn bittet.
So sollt ihr beten:
Unser Vater im Himmel.
Dein Name werde geheiligt.
Dein Reich komme.
Dein Wille geschehe,
wie im Himmel, so auf Erden.
Das Brot, das wir nötig haben, gib uns heute!
Und vergib uns unsere Schuld,
wie auch wir vergeben haben jenen, die an uns schuldig geworden sind.
Und führe uns nicht in Versuchung,
sondern erlöse uns von dem Bösen.
Denn wenn ihr den Menschen ihre Verfehlungen vergebt, dann wird euer himmlischer Vater auch euch vergeben. Wenn ihr aber den Menschen nicht vergebt, dann wird auch euer Vater eure Verfehlungen nicht vergeben.»

Matthäus 6,5–15

Das Unservater steht in der ersten der fünf Reden Jesu im Matthäusevangelium. Er stieg mit seinen Jüngern auf den Berg, um dort etwas Ruhe zu finden, während die Menge drängte, ihn zu hören und von ihm geheilt zu werden. Die sogenannte Bergpredigt ist ein langes Lehrstück aus drei Kapiteln: Sie ist Ausdruck davon, dass Jesus göttliche «Vollmacht» (Mt 21,23) besitzt.

Jesus spricht in dieser Rede zu seinen Jüngern unter anderem über die drei Pfeiler des religiösen Lebens, die sie demütig und im Verborgenen praktizieren sollen (siehe Vers 6), nämlich Almosengeben, Fasten und Beten. Dem Plappern und Grosstun setzt er die diskrete Praxis des Betens entgegen, und er fährt mit einer Anregung fort, die das Tun des Einzelnen mit dem Geist der Gemeinschaft verbindet: «So sollt ihr beten» (Vers 9). Das Unservater erscheint also als das christliche Gebet *par excellence*. Der Bezug zu den vorangehenden Versen (5 und 6) hat aus dem Unservater ein Gebet gemacht, das zunächst persönlich ist und das ergänzt werden kann von den Einzelnen, die es in verschiedenen Lebenssituationen beten. Die Verbindung zu den nachfolgenden Versen, den Worten Jesu über die Vergebung – sie binden die Vergebung Gottes an das Vergeben der Menschen untereinander (Vers 14–15) – haben zu einer anderen Lesart beigetragen: das Unservater als Bussgebet. Durch die erbetene und erlangte Vergebung werden wir zu neuen Menschen.

1.2 Das Gebet im Lukasevangelium

Lukas bietet eine viel kürzere Fassung des Herrengebets. Ein Vergleich mit Matthäus ist aufschlussreich.

---

b

«Und es geschah, nachdem er an einem Ort lange gebetet hatte, dass einer seiner Jünger zu ihm sagte: Herr, lehre uns beten, wie auch Johannes seine Jünger beten gelehrt hat. Da sagte er zu ihnen: Wenn ihr betet, so sprecht:

Vater,
Dein Name werde geheiligt.
Dein Reich komme.
Das Brot, das wir nötig haben, gib uns Tag für Tag.
Und vergib uns unsere Sünden;

denn auch wir vergeben jedem, der an uns schuldig wird.
Und führe uns nicht in Versuchung.
Und er sagte zu ihnen: Stellt euch vor, ihr habt einen Freund und geht mitten in der Nacht zu ihm und sagt: Freund, leih mir drei Brote, denn ein Freund, der auf Reisen ist, ist zu mir gekommen, und ich habe nichts, was ich ihm vorsetzen könnte. Und jener drinnen würde antworten: Belästige mich nicht! Die Tür ist schon verschlossen, und meine Kinder liegen bei mir im Bett. Ich kann nicht aufstehen und dir etwas geben. Ich sage euch: Wenn er schon nicht aufsteht und ihm etwas gibt, weil er sein Freund ist, so wird er doch seines unverschämten Bittens wegen aufstehen und ihm geben, so viel er braucht.
Und ich sage euch: Bittet, so wird euch gegeben; sucht, so werdet ihr finden; klopft an, so wird euch aufgetan. Denn wer bittet, empfängt; wer sucht, der findet; wer anklopft, dem wird aufgetan. Wer von euch gibt seinem Sohn, wenn der ihn, den Vater, um einen Fisch bittet, statt des Fisches eine Schlange, oder wer gibt, wenn er ihn um ein Ei bittet, einen Skorpion? Wenn also ihr, die ihr böse seid, euren Kindern gute Gaben zu geben wisst, wie viel mehr wird der Vater den heiligen Geist vom Himmel herab denen geben, die ihn bitten.»

Lukas 11,1–13

Bei Lukas sehen die Jünger Jesus beten, beziehen sich auf die Praxis von Johannes dem Täufer und treten mit ihrer Bitte an ihn heran: «Herr, lehre uns beten» (Vers 1). Diese Episode folgt einer Unterweisung in das doppelte Liebesgebot: «*Du sollst den Herrn, deinen Gott, lieben mit deinem ganzen Herzen und mit deiner ganzen Seele und mit all deiner Kraft und mit deinem ganzen Verstand, und deinen Nächsten wie dich selbst*» (Lk 10,26–27). Das Gebet ist ein Bestandteil der Liebe zu Gott und setzt Vertrauen voraus; und es fordert uns auf, unsere Beziehung zu unserem Nächsten zu überdenken.

Die dem Unservater folgenden Verse, die uns zu einem inständigen und vertrauensvollen Beten einladen, können mit einer anderen Textstelle aus der Bergpredigt bei Matthäus (Mt 7,7–11) in Verbindung gebracht werden. In beiden Evangelisten finden wir Hinweise dafür, dass die Anrufung unseres Vaters als Weiterentwicklung des Vergleichs zwischen dem menschlichen Vater (mit all seinen Defiziten) und dem göttlichen Vater verstanden werden kann.

1.3 Welche ist die ursprüngliche Fassung?

Zunächst ist zu bemerken, dass dieses Gebet, welches das Wesentliche der Lehre Jesu wiedergibt, im Markus- und im Johannesevangelium fehlt; ebenso in den paulinischen Briefen. Es bestehen unterschiedliche Meinungen darüber, welche der beiden Fassungen die ältere sei. Wahrscheinlich sind beide aus der gleichen Sammlung der Worte Jesu hervorgegangen, die als *die Quelle* für zahlreiche Textstellen in den Matthäus- und Lukasevangelien betrachtet wird. Jesus hat sich vermutlich auf aramäisch geäussert, aber nur die griechischen Fassungen sind uns überliefert. Matthäus scheint uns eine überarbeitete Fassung überliefert zu haben, angereichert durch den liturgischen Gebrauch des Gebets in seiner Gemeinde. Lukas scheint die Bitten um Brot und Vergebung anders formuliert zu haben, um sie den bekehrten Heiden verständlicher zu machen. Oder aber seine Fassung entspricht einem Bedürfnis nach einem stärker gemeinschaftlich konzipierten, weniger auf den Einzelnen ausgerichteten Gebet. Angenommen wird auch, dass die weniger lange Fassung bei Lukas durch eine Textkürzung zu Beginn des zweiten Jahrhunderts durch Marcion entstanden ist, der für seine antijüdische Einstellung bekannt war. Im dritten Jahrhundert glaubte der Kirchenvater Origenes die beiden Versionen des Herrengebets hätten sich an ein unterschiedliches Zielpublikum gerichtet: Jesus habe die eine Fassung der auf dem Berg versammelten Menge gelehrt (Matthäus) und die andere seinen Jüngern (Lukas). Beide Vermutungen scheinen kaum wahrscheinlich zu sein, aber es kann angenommen werden, dass uns Matthäus und Lukas das Gebet ihrer Gemeinde überliefert haben und dass es *Varianten* davon gab. In einigen Handschriften des Lukasevangeliums gibt es weitere solcher Varianten. Es muss betont werden, dass die *Didache* (eine frühchristliche Schrift vom Anfang des zweiten Jahrhunderts), einen Text zitiert, der dem von Matthäus nahe kommt, durch eine Doxologie (Preisung) zur Ehre Gottes ergänzt wird und auf den privaten Gebrauch des Unservater anspielt.

Das Fehlen des ursprünglichen Textes auf Aramäisch, das Vorkommen von mehreren Fassungen im Neuen Testament, die Schwierigkeiten mit den Übersetzungen, auf die wir später eingehen, ändern jedoch nichts an der Tatsache, dass die Christen den

Worten Jesu ein wesentliches Gewicht beigemessen haben und sich für ihre Überlieferung von einer Generation zur nächsten eingesetzt haben, zunächst in mündlicher Form und dann auch durch die Abfassung der Evangelien auf Griechisch. Das Wort Gottes wurde als lebendiges Wort angesehen, das es zu übersetzen und erklären galt für ein unterschiedliches Publikum: Nur so konnte es seine Kraft und seinen herausfordernden Anspruch bewahren. In diesem Sinne sind beide Fassungen des Unservater Zeugnisse ihrer Verankerung in lebendigen Gemeinschaften.

1.4 Die ökumenische Fassung

In diesem Glaubensbuch benutzen wir die ökumenische – liturgische – Fassung, die von den katholischen und protestantischen Christinnen und Christen seit 1966 angenommen wurde.

Diese Form wird heute in den christlichen Gottesdienstfeiern benutzt, aber auch für den privaten Gebrauch des Unservater empfohlen im Sinne der Aufforderung Jesu, die uns Matthäus wiedergibt: «Wenn du aber betest, geh in deine Kammer, schliess die Tür und bete zu deinem Vater, der im Verborgenen ist: und dein Vater, der ins Verborgene sieht, wird es dir vergelten.» (Mt 6,6)

2. Der Aufbau des Unservater

Der Text des Unservater beginnt mit einer Anrede: Unser Vater im Himmel und fährt mit sieben Bitten fort, wobei die ersten drei individuellen und eschatologischen Bitten Gott betreffen oder, genauer gesagt, die Betenden teilhaben lassen am göttlichen Plan, den Jesus ausführt. Sie sind gekennzeichnet von besitzanzeigenden Adjektiven (Dein), die sich auf Gott beziehen. Wir sind aufgefordert, uns im Gebet für das Fortschreiten und die Vollendung der Sache Gottes einzusetzen. Die vier folgenden Bitten sind gemeinschaftsbezogen, bringen ein Wir ins Spiel und zielen auf die Bedürfnisse der Gläubigen, die Gott darum bitten, «sich für ihre Sache zu interessieren»[6]. Einige sehen hier nur sechs Anrufungen, tatsächlich aber sind es sieben Verben, die das Bitten ausdrücken, also eine wichtige Zahl für die biblische Symbolik; obwohl die beiden letzten Bitten sehr ähnlich sind – Und führe uns nicht in Versuchung, sondern erlöse uns von dem Bösen –, so sind sie doch unterschiedlich. Drei ist die Zahl Gottes und vier die Zahl der Welt, und auch wenn Gott den ersten Platz einnimmt, so stehen wir mit unseren menschlichen, materiellen und geistlichen Bedürfnissen doch nicht abseits. Diese Bitten verbinden die Betenden mit allen, die Brot, Vergebung und Erlösung benötigen. Das Erhören dieser Bitten ist Ausdruck der Heiligkeit, der Gestaltungsmacht und des Willens Gottes, die am Anfang des Gebets stehen. Es beweist die väterliche Liebe Gottes, die rechtfertigt, dass wir ihn Vater nennen.

Auch wenn im Allgemeinen davon ausgegangen wird, dass es Jesus von Nazaret war, der seine Jünger dieses Gebet gelehrt hat – es stimmt auch durchaus mit dem überein, was wir sonst von seiner Verkündigung wissen – so könnte man sich doch fragen, ob es sich nicht eher um eine Zusammenfassung verschiedener Gebete handelt. Es wurde auch behauptet,[7] dass die ersten drei Bitten das Gebet Jesu selbst waren und die vier letzten das Gebet, das er seinen Jüngern lehrte, also zwei Gebete, die nach dem Tode Jesu zusammengeführt und von den ersten christlichen Gemeinden übernommen wurden. Diese Meinung wurde vor allem von denjenigen bestritten, die den Vorrang der Fassung bei Lukas bekräftigen, die ja nur fünf Bitten enthält.[8] Wahrscheinlich ist durch den liturgischen Gebrauch des Gebets eine Doxologie – Denn dein ist das Reich und die Kraft und die Herrlichkeit – hinzugefügt worden, bevor es mit dem Amen der Zustimmung endet.

Bei der katholischen Messe macht der Priester noch einen Zusatz, den sogenannten «Embolismus», um die letzte Bitte zu unterstreichen, bevor sich ihm die Versammlung anschliesst und die Doxologie wieder aufnimmt:

Z «Erlöse uns, Herr, allmächtiger Vater, von allem Bösen und gib Frieden in unseren Tagen. Komm uns zu Hilfe mit deinem Erbarmen und bewahre uns vor Verwirrung und Sünde, damit wir voll Zuversicht das Kommen unseres Erlösers Jesus Christus erwarten.»

---

3. Die jüdischen Quellen des Unservater

«Das *Vaterunser* enthält keine Spur von der Theologie der ersten Christen», bemerkt Jean Zumstein.[9] Es gibt keine Anspielung auf Jesus, sein Leben, die Wunder und Heilungen, die er bewirkt, seine Lehren, seinen Tod am Kreuz oder seine Auferstehung. Auch der Heilige Geist wird nicht erwähnt. Es hätte erwartet werden können, dass das Unservater ein Gebet des Lobpreises und des Dankens sei, ähnlich wie die Worte, die spontan in persönlichen und gemeinsamen Gebeten gesprochen werden und auf die oft konkrete Bitten und Fürbitten folgen. Der Lobpreis tritt erst im letzten Satz auf – Denn dein ist das Reich und die Kraft und die Herrlichkeit in Ewigkeit –, ein Satz, der im ursprünglichen Text bei Matthäus nicht vorkommt.

Stattdessen «weist der Text des Unser Vater, vor allem in der Formulierung des Matthäusevangeliums, viele Ähnlichkeiten mit der alten jüdischen Tradition auf».[10] Das sollte uns nicht überraschen, denn Jesus ist ja ein palästinensischer Jude des ersten Jahrhunderts gewesen, der im jüdischen Glauben erzogen wurde, die Synagogen besuchte, zu den grossen Festen nach Jerusalem pilgerte und die hebräische Bibel las.

3.1 Das Unservater, ein jüdisches Gebet

Das Unservater kann mit mehreren jüdischen Gebeten in Verbindung gebracht werden. Das *Ahavah rabba* (Mit einer grossen Liebe), eines der ältesten Gebete, das auf die Zeit vor Jesus zurückverfolgt werden kann, ruft Gott als «Unser Vater! Unser König!» an. Diese Anrede findet sich auch in anderen Gebeten der Synagoge wieder wie dem *Abinu Malkenu*, das noch heute aufgesagt wird. Es besteht auch eine offensichtliche Nähe zwischen den ersten Bitten des Unservater und dem *Kaddisch-Gebet* (die Heiligung des göttlichen Namens), einem der seltenen Gebete der Liturgiefeier in der Synagoge, das auf Aramäisch gesprochen wird, und zwar nach der Predigt. Es existieren mehrere Formen dieses Gebets, das sich ausserdem heute zu einem Gebet für die Verstorbenen entwickelt hat.

Z

Die beiden ersten Strophen des Kaddisch-Gebets

«Gross gemacht werde / und geheiligt werde / sein grosser Name / in der Welt, die er geschaffen hat / nach seinem Willen. / Und er lasse herrschen seine Königsherrschaft / In euren Lebzeiten / Und in euren Tagen / Und zu Lebzeiten des ganzen Hauses Israel / In Eile / Und in naher Zeit. / Und sprecht: Amen. / Es sei sein grosser Name gepriesen / Für die Ewigkeit / Und für die Ewigkeiten der Ewigkeiten.»[11]

Das Unservater ist auch mit einigen Textstellen aus den Achtzehn Segen verglichen worden (*Shemoné esré, Ha Tefillah,* das *Achtzehn-Gebet, Amida*). Dieses Gebet erhielt seine endgültige Fassung ab dem zweiten Jahrhundert nach Christus, seine Quellen gehen aber sehr viel weiter zurück. Es ist Ausdrucksform für den jüdischen Glauben und spielt in der Synagoge eine identitätsstiftende Rolle, ähnlich wie das Unservater in der Kirche. Die meisten Bitten des Unservater finden ihre Entsprechung in den *Achtzehn Segen*. Das belegen die nachstehenden Auszüge aus diesem Gebet in Parallele zum Unservater.[12]

e

Unser Vater	Achtzehn Segenssprüche
Vater	Gepriesen seist du, Herr, unser Gott und Gott unserer Väter, Gott Abrahams, Gott Isaaks und Gott Jakobs, großer, starker und furchtbarer Gott, Gott hoch oben, Schöpfer des Himmels und der Erde, unser Schild und Schild unserer Väter, unsere Zuversicht in jeder Generation. Gepriesen seist du, Herr, du Schild Abrahams! *(1. Segensspruch)*
Dein Name werde geheiligt.	Heilig bist du und furchtbar dein Name; es gibt keinen Gott außer dir. Gepriesen seist du, Herr, heiliger Gott! *(3. Segensspruch)*

Dein Reich komme	Setz' unsere Richter wieder ein wie in den alten Zeiten, und unsere Räte wie am Anfang. Und herrsche über uns, du allein. Gepriesen seist du, Herr, König, der du die Gerechtigkeit und das Recht lieb hast. *(11. Segensspruch)*
Gib uns heute unser Brot für den Tag.	Segne für uns, Herr, unser Gott, dieses Jahr und alle seine Ernten zum Guten. Gepriesen seist du, Herr, der du die Jahre segnest. *(9. Segensspruch)*
Vergib uns unsere Schuld, wie auch wir unseren Schuldnern vergeben haben	Vergib uns, unser Vater, denn wir haben gegen dich gesündigt; lösch aus unsere Sünden und nimm sie hinweg von deinen Augen, denn zahlreich sind die Erweise deiner Barmherzigkeit. Gepriesen seist du, Herr, der du überreich vergibst. *(6. Segensspruch)*
Und führe uns nicht in die Versuchung	Sieh unser Elend und führe unseren Streit. Und erlöse uns ohne Zögern um deines Namens willen. Gepriesen seist du, Herr, Erlöser Israels! *(7. Segensspruch)*

Weitere Elemente sind im Morgengebet zu finden, einem der drei Grundgebete des jüdischen Lebens (z. B.: «Möge es dein Wille sein, unser Gott und Gott unserer Vorfahren, dass du uns anleitest in deiner Lehre, verleihe uns Anhänglichkeit an deine Gebote») und in dem Gebet zu *Jom Kippur* (z. B.: «Vergib uns unsere Sünde, wie auch wir vergeben denen, die uns leiden machten»). Viele andere derartige Vergleiche mit dem rabbinischen Judentum könnten noch angeführt werden.

Die Entdeckung der Handschriften vom Toten Meer hat unseren Schatz an Texten der intertestamentarischen Literatur und über die verschiedenen Tendenzen des Judentums um die Zeit Jesu herum bereichert. Die aramäischen Auslegungen der hebräischen Bibel (oder *Targume*), die Kommentare zu dieser Bibel sowie die von den Essenern verfassten Frömmigkeitstexte verschaffen uns einen ganz neuen Zugang zum Neuen Testament, und das Unservater bildet da keine Ausnahme. Wenn Jesus zum Beispiel das individuelle Gebet empfiehlt und es mit Almosengeben und Fasten verbindet, schliesst er sich der Praxis der Essener an.

3.2 Das Unservater, ein christliches Gebet

In Bezug auf das *Kaddisch-Gebet* sind auch Unterschiede festzustellen. Dieses wird öffentlich vom Offizianten gesprochen, während das Unservater ein privates Gebet ist. Wenn es in der Öffentlichkeit rezitiert wird, dann von der ganzen Gemeinde. Das *Kaddisch* spricht von Gott, der aber nicht direkt angesprochen, sondern nur in der dritten Person benannt wird, während sich das Unservater an Gott in der zweiten Person wendet. Das verleiht ihm eine besondere Innigkeit, vor allem durch den Gebrauch des Begriffs Vater. Die Einfachheit und Präzision des Unservater sind bemerkenswert: «Das Vaterunser ist der schlichteste und vollkommenste Ausdruck der Gedanken Jesu.»[13] Es bezieht sich weder auf Israel noch auf seine Geschichte, sondern auf die gesamte Schöpfung. Diese ist Zeugin der messianischen Hoffnung auf das Kommen eines gnädigen Gottes, den man vertrauensvoll um alles bitten kann, was zum Leben notwendig ist. Der in seiner jüdischen Identität verwurzelte Jesus ist Träger einer Botschaft, die an die ganze Welt gerichtet ist. Innerhalb der Vielfalt der jüdischen Strömungen der damaligen Zeit (Pharisäer, Sadduzäer, Zeloten, Essener, etc.) ist diese so neu wie eigenständig. Im Unservater findet sie ihren Ausdruck. Mit diesem Gebet schenkt Jesus seinen Jüngern, die ihn bitten, sie beten zu lehren, ein Zeichen der Anerkennung und Verbundenheit, das von Gemeinschaft zu Gemeinschaft, von Generation zu Generation weitergegeben wird und das die Kirche bis heute zusammenhält.

Ein väterlicher Gott und der Reichtum seiner Beziehungen

Unser Vater im Himmel

VATER

Ein väterlicher Gott und der Reichtum seiner Beziehungen

Unser Vater im Himmel

Das Unservater beginnt mit einer Anrufung: Unser Vater im Himmel. Sie zeigt uns, an wen sich die folgenden Bitten richten. Alle Wörter sind bedeutungsvoll und bestimmen den die Bitten begleitenden Grundton des Gebets. Was heisst es, sich auf diese Art an Gott zu wenden? Um welchen Gott handelt es sich? Wie oder warum können wir uns an ihn mit dieser Vertrautheit wenden? Wenn es ein persönliches Gebet ist, warum dann dieses kollektive «Unser»? Warum wird davon ausgegangen, dass Gott im Himmel wohnt? Bevor in diesem Kapitel auf diese Fragen eingegangen wird, versuchen wir zu klären, was überhaupt ein Gebet ist.

1. Was heisst beten?

Es ist nicht selbstverständlich zu wissen, was ein Gebet ist oder wie man betet. Wer nicht spontan betet, möchte wissen, was beten bedeutet. Wer dagegen «von sich aus» betet, muss mancherlei Entfremdungen vermeiden: Beten soll nicht zu einer mechanischen Gewohnheit werden, kein Aberglaube und keine Götzenverehrung sein. Der Betende soll sich keine falschen Hoffnungen machen und sich nicht entmutigen lassen, wenn das Gebet nicht erwartungsgemäss erhört wurde.

Das Gebet ist ein Akt des Glaubens. Mit dem Gebet rufen wir die Gegenwart Gottes für alle unsere Lebensbereiche an. Das Bittgebet wird oft mit einem primitiven und infantilen Glauben gleichgesetzt, aber mit dem Unservater bringen wir Bitten vor, die in unserem Alltagsleben verwurzelt sind. Beten heisst, Gott unsere körperlichen und geistigen Bedürfnisse mitzuteilen. Jesus gibt uns hier ein Gebetsmuster vor, das nicht einfach ergeben aufgesagt werden soll, sondern das uns zeigt, worin das Gebet besteht und was berechtigterweise in einem Bittgebet von Gott erbeten werden kann.

Dieses Gespräch mit Gott bestimmt unser Verhältnis zu ihm und damit auch sowohl das Bild Gottes, wie wir es uns vorstellen oder wie es uns in der biblischen Offenbarung begegnet, als auch das Menschenbild, für das wir eintreten. Die drei ersten Bitten des Gebets beziehen sich auf Gott, die vier folgenden fügen uns in eine menschliche Gemeinschaft ein, die Brot, Vergebung und Erlösung braucht. Unser Ego wird somit zweifach aus sich herausgesetzt («dezentriert») und wir werden aufgefordert, unseren Platz dort einzunehmen, wo Gott etwas mit uns vorhat, und dort, wo die Bedürfnisse der anderen gelten. Das Unservater lehrt uns nicht nur, was ein Gebet ist, es ist auch ein grundlegender Ausdruck der christlichen Theologie und Ethik.

2. Von welchem Gott ist hier die Rede?

Dieses Gebet richtet sich an den Gott, der sich in der ganzen Bibel offenbart, bestehend aus dem für Juden und Christen gemeinsam geltenden Ersten (oder Alten) Testament und dem Neuen Testament, das nur die Christen anerkennen; für Christen ist die gesamte Bibel auf die Person Jesus Christus ausgerichtet. Ein biblischer Leitgedanke ist die Vorstellung des Bundes. Der in der Bibel mit Namen genannte Gott hat sich mit der Menschheit verbündet und dieser Bund wurde im Lauf von Generationen erneuert und in den biblischen Schriften überliefert. Anfänglich wurde der Bund mit einigen Männern und Frauen geschlossen, danach erweitert auf ihre Nachkommen, das Volk Israel. Der Bund wurde also mehrmals erneuert und letztendlich mit Jesus Christus allen Menschen angeboten. Auch die ganze Schöpfung ist in das Bundesgeschehen einbezogen.

b Der Bund Gottes mit Abram (oder Abraham)

«Und der HERR sprach zu Abram: Geh aus deinem Land und aus deiner Verwandtschaft und aus dem Haus deines Vaters in das Land, das ich dir zeigen werde. Ich will dich zu einem grossen Volk machen und will dich segnen und deinen Namen gross machen, und du wirst ein Segen sein. Segnen will ich, die dich segnen, wer dich aber schmäht, den will ich verfluchen, und Segen sollen durch dich erlangen alle Sippen der Erde. Da ging Abram, wie der HERR es ihm gesagt hatte, und Lot ging mit ihm. Abram aber war fünfundsiebzig Jahre alt, als er von Charan auszog. Und Abram nahm Sarai, seine Frau, und Lot, den Sohn seines Bruders, und all ihre Habe, die sie besassen, und die Leute, die sie in Charan erworben hatten, und sie zogen aus, um ins Land Kanaan zu gelangen, und sie kamen ins Land Kanaan. Und Abram zog durch das Land bis zur Stätte von Schechem, bis zur Orakel-Terebinthe. Damals waren die Kanaaniter im Land. Da erschien der HERR dem Abram und sprach: Deinen Nachkommen will ich dieses Land geben. Und dort baute er dem HERRN, der ihm erschienen war, einen Altar. Von dort zog er weiter ins Gebirge östlich von Bet-El und schlug sein Zelt auf, Bet-El im Westen und Ai im Osten, und dort baute er dem HERRN einen Altar und rief den Namen des HERRN an. Dann zog Abram weiter und weiter nach dem Südland.»

Genesis 12,1–9

Der «HERR» (Übersetzung des unaussprechlichen Namens JHWH) erscheint Abram zum ersten Mal in Genesis 12. Danach wird Abram von Gott Abraham, «Vater einer Vielzahl von Völkern» (Gen 17,5) genannt. Gott hat einen Bund mit einem Menschen geschlossen, den er weit fort aus seinem Land schickt und der für alle Völker eine Quelle des Segens sein wird. Abram bricht mit seiner Familie auf. Gott zeigt ihm das Land, das er seinen Nachkommen geben will. Bevor Abram auf seinem Nomadenweg weiterzieht, antwortet er auf diese Verheissung, indem er den Namen des Herrn anruft. Mehr wissen wir nicht über den Gebetsinhalt, aber der weitere Text der Genesis zeigt uns, dass Abraham diese Gebetshandlung wiederholt.

Die Anrufung des Namens des Herrn wird in der gesamten Bibel immer wieder erwähnt, oft wird Gott von Männern und Frauen in schwierigen Situationen um Unterstützung angefleht (Haggai, Isaak, Samson, Samuel, Jesaja, Jeremia, Hiob, die Psalmdichter).

Ein Bund ist eine Absprache in Form eines Vertrags oder eines Abkommens, bei dem sich zwei Personen oder Gemeinschaften gegenseitig verpflichten und untereinander solidarisch erklären. Der Bund kann zwischen gleichberechtigten Partnern oder zwischen Herr und Knecht geschlossen werden. Beim Abschluss findet normalerweise eine Zeremonie statt (Opfergaben, Bankett, Versprengen von Blut) und die Versprechen werden mit Fluchandrohungen versehen für den Fall des Bundesbruchs.

---

b

Der Bund Gottes mit Israel

«Darauf kam Mose und verkündete dem Volk alle Worte des HERRN und alle Rechtssatzungen. Und das ganze Volk antwortete mit einer Stimme und sprach: Alle Worte, die der HERR geredet hat, wollen wir tun. Und Mose schrieb alle Worte des HERRN auf. Früh am andern Morgen aber errichtete er einen Altar am Fuss des Berges und zwölf Malsteine für die zwölf Stämme Israels. Dann entsandte er die jungen Männer der Israeliten, und sie brachten Brandopfer dar und schlachteten Jungstiere als Heilsopfer für den HERRN. Und Mose nahm die Hälfte des Blutes und goss es in Schalen, und die andere Hälfte des Blutes sprengte er auf den Altar. Dann nahm er das Bundesbuch und las es dem Volk vor. Und sie sprachen: Alles, was der HERR geredet hat, wollen wir tun, und wir wollen darauf hören. Darauf nahm Mose das Blut und sprengte es über das Volk und sprach: Seht, das ist das Blut des Bundes, den der HERR mit euch geschlossen hat, mit all diesen Worten. Da stiegen Mose und Aaron, Nadab und Abihu und siebzig von den Ältesten Israels hinauf. Und sie sahen den Gott Israels, und unter seinen Füssen war ein Gebilde wie aus einer Platte von Lapislazuli und klar wie der Himmel selbst. Gegen die Vornehmen der Israeliten aber streckte er seine Hand nicht aus. Und sie schauten Gott und assen und tranken.»

Exodus 24,3–11

Bei diesem Text aus dem Exodus geht es um die Erneuerung des Bundes mit dem Volk Israel, das sich aus den Nachkommen Abrahams zusammensetzt. Dieser Bund wird geschlossen, nachdem sich Gott Israel zu erkennen gegeben hat und nachdem Mose das Volk Israel aus Ägypten geführt hat. Das Volk hat gerade die Gebote erhalten und Gott verspricht ihm Schutz und Segen, wenn es die Gebote beachtet. Das darauf folgende Bankett im Beisein Gottes, die Möglichkeit, ihn von Angesicht sehen zu können, ohne zu sterben, verkörpern von da an die Vorstellung höchster Seligkeit.

Das Bild vom Bundesblut wird von Jesus aufgenommen beim Abendmahl, der Mahlgemeinschaft, die für Christinnen und Christen ein Sakrament darstellt. Bei der Einsetzung spricht Jesus vom «neuen Bund in meinem Blut» (Lk 22,20). Nach dem Tod und der Auferstehung Jesu bestätigt Petrus im Tempel von Jerusalem die Verknüpfung von Altem und Neuem Bund: «Ihr seid die Söhne der Propheten und des Bundes, den Gott mit euren Vätern geschlossen hat, als er zu Abraham sprach: *Und durch deinen Samen werden gesegnet werden alle Geschlechter der Erde.* Für euch zuerst hat Gott seinen Knecht erweckt und ihn gesandt, euch zu segnen, wenn sich ein jeder von euch abwendet von seinen bösen Taten.» (Apg 3,25–26) Über die Erinnerung an den Bund für die Kinder Israels hinaus gibt es schon im Ersten Testament Ansätze für die Vorstellung eines neuen Bundes, der sich an alle richtet und auf der unverbrüchlichen Liebe Gottes zu jedem Geschöpf beruht. Für das Christentum wurde diese Liebe sichtbar, als Gott vor zweitausend Jahren Jesus Christus schickte, um die «Gute Nachricht» (das Evangelium) auf den Strassen Palästinas zu verkünden. Er wurde von den Machthabenden seiner Zeit zum Tod durch Kreuzigung verurteilt. An seiner Auferstehung hängt der christliche Glaube. «Ihn hat Gott auferweckt und aus den Wehen des Todes befreit, denn dass er in dessen Gewalt bleiben könnte, war ja unmöglich» (Apg 2,24) bestätigt Petrus an Pfingsten, dem Geburtsdatum der Kirche.

---

e Die reformierte Lehrtradition hat die schon in der Bibel so markante Bundestheologie aufgenommen und entfaltet. Es handelt sich hierbei um ein besonderes Kennzeichen der reformierten Ausprägung christlichen Glaubens. Und es ergeben sich daraus mehrere Konsequenzen. Erstens ein radikaler Nachdruck auf der Initiative, der Souveränität und der Treue Gottes: Sein Ratschluss gilt unverbrüchlich, keine menschliche Macht kann ihn aufheben. Zweitens eine genauso radikale, gleichgewichtige Anerkennung des Menschen als Partner Gottes: Wir tragen Verantwortung als Vertreter Gottes in der Schöpfung und gegenüber anderen Menschen. Drittens ein sehr starker Zusammenhang zwischen den beiden Testamenten der Bibel, dem Ersten und dem Neuen Testament; denn Testament heisst nichts anderes als Bund. Daraus ergibt sich eine Aufwertung des Ersten Testaments mit seinen Lebensregeln und den Verheissungen, die dem wandernden Gottesvolk gegeben werden. Ein Beispiel für diese Verknüpfung beider Testamente ist die Analogie, die Calvin zwischen der jüdischen Beschneidung und der christlichen Taufe herstellt: Beides ist Aufnahme in den Bund mit Gott. Beides findet – so meint Calvin für die Taufe schliessen zu dürfen – in den ersten Lebenstagen statt. Die vierte Konsequenz schliesslich ist der gemeinschaftliche Charakter des Glaubens, denn das Volk der Getauften wird durch wechselseitig verbindliche (Bundes-)Verpflichtungen zusammengehalten. Historisch lässt sich aufzeigen, dass die reformierte Bundestheologie und die von ihr inspirierte presbyterial-synodale Kirchenverfassung dazu beigetragen hat, die moderne Demokratie (Locke, Rousseau), das internationale Recht (Grotius) und die Menschenrechte auf den Weg zu bringen (Virginia Bill of Rights).

2.2 Gott der Vater

Das erste Wort des Unservater auf Griechisch und auf Lateinisch (aber nicht immer in unseren modernen Sprachen) ist Vater und es ist auch das einzige Wort, das Lukas von dieser Anrufung beibehält. Eine sehr schlichte Anrede, affektiv, geistlich und theologisch aufgeladen. Wer ist dieser Vater, an den sich das Gebet richtet? Gemeint ist natürlich Gott. Dabei gibt es so viele andere Möglichkeiten, sich an ihn zu wenden: der Schöpfer, der Allerhöchste, der Gott Abrahams, Isaaks und Jakobs, der Gott unserer Väter, der Allmächtige, der Herr, der Gott der Heerscharen etc. Zudem die 99 Namen Gottes aus der islamischen Tradition (der Barmherzige, der Herrscher, der Heilige, der Grosszügige etc.). Warum das Wort Vater? Weil Jesus sich entschieden hat, Gott auf diese Weise anzureden? Das ist sicher ein Grund, aber nicht der einzige, denn auch wir sind eingeladen, dieselbe Anrufung anzuwenden.

Der Begriff «Vater» findet sich auch anderweitig. Er ist keine Erfindung des Neuen Testaments, sondern eine weit verbreitete Bezeichnung für Gott, ob es sich nun um Zeus oder die Gottheiten der Mysterienkulte handelt. Die Anrede «Vater» für Gott wird auch im Ersten Testament angewendet, wo übrigens auch die anderen Völker als Söhne ihrer Götter betrachtet werden. Die für das Volk Israel identitätsstiftende Vaterschaft Gottes wird entweder auf das ganze Volk oder nur auf den König, seinen Repräsentanten, bezogen. So wird etwa dem Volk vorgeworfen, der Vaterschaft nicht mehr zu gedenken, die Gott aufrecht erhalten will, oder aber sie nur zu benutzen, um die Gunst Gottes zu erhalten. Die Vaterschaft drückt eine gnädige Nähe aus, und den Wunsch, das Beste mit seinen Kindern zu teilen. Sie verweist auch auf die Autorität Gottes, die Gehorsam gegenüber seinen Worten fordert, und sie ist die Grundlage für den Bund, den Gott seinem Volk anbietet. Wird die Vaterschaft Gottes speziell auf den König bezogen, dann festigt sie dessen Macht. Vater ist auch Aufschrei der Unglücklichen. Er tritt schon in den Gebeten der jüdischen Bibel auf, ebenso häufig im intertestamentarischen Judentum und im rabbinischen Judentum.

Beim väterlichen Gott der Bibel handelt es sich nicht um einen drohenden oder richtenden Gott. Er ist kein rächender Gott in Naturgewalten, kein Gewittergott Baal. In der Elija-Geschichte macht der Prophet die Erfahrung, dass Gott nicht in «einem grossen und gewaltigen Sturmwind», nicht in einem Erdbeben, nicht im Feuer, sondern im «Flüstern eines sanften Windhauchs» begegnet (1Kön 19,9–13). Wir sehen hier, wie Elija direkt und vertraut mit Gott redet, wie er ihm seine Entmutigung und seine Empörung mitteilt und wie er seinen Weg nach dieser Begegnung mit neuem Mut fortsetzt.

2.3 Gott der Schöpfer

Im Gegensatz zu den oben erwähnten Gebeten, oder zu dem jüdischen Achtzehn-Gebet fällt im Unservater auf, dass der Begriff «Vater» alleine vorkommt, ohne andere Anreden Gottes. Hier wird nicht die Grösse Gottes zelebriert, obwohl dieser Gottvater der Erzeuger ist, der das Leben gibt (anders als die Mutter, die in der damaligen Zeit nur als Gefäss für den Samen angesehen wurde). Gott als Vater anzurufen bedeutet, ihn als Schöpfer anzuerkennen, der das Universum gestaltet hat und es beherrscht. Die Gläubigen bekennen, dass sie nur Geschöpfe sind, dass sie das Leben von dem erhalten, der sie geschaffen hat und dass sie eine von Gott gewollte Welt bewohnen. Gott ist die Quelle unseres Lebens, unserer Geschichte. Indem wir dies bekennen, danken wir Gott für die Schönheit der Welt, für eine Liebe, eine Freundschaft, für die Ergriffenheit vor einem Gesicht, einer Landschaft, einer Geste. Wir danken ihm auch für unsere Freiheit, die manchmal so tragisch ist, für die Erziehung und Kultur, die wir von unseren Eltern und der Gesellschaft erhalten haben, für sein Wort, das er uns anhand der Bibel überliefert und für die Sakramente, die uns in unserem Leben begleiten. Selbst wenn wir das Gefühl haben, dem Leiden und den Kräften des Bösen ausgeliefert zu sein, können wir uns vorstellen, dass Gott an unserer Seite ist, so ohnmächtig wie es ein Vater oder eine Mutter bei einem kranken Kind ist, und mit uns leidend an der menschlichen Dummheit und Grausamkeit und an der Tragik unseres Lebens.

2.4 Der Vater Jesu Christi

«Das Thema der Vaterschaft Gottes durchzieht das ganze Neue Testament; sie ergibt sich unmittelbar aus der Gottessohnschaft Jesu, die seine Jünger mitumfasst».[14] In den Evangelien wird ihm diese Gottessohnschaft durch Gottes Stimme bei der Taufe verkündet und bei der Verklärung nochmals in Erinnerung gerufen. Durch diese Gottessohnschaft erhält Jesus eine besondere Autorität und wird zugleich zu einem Vertrauten, der von Gott Liebe und Wohlwollen empfängt. Fast alle seine Gebete in den vier Evangelien, besonders das lange Gebet in Johannes 17 und jenes im Garten Getsemani vor seiner Verhaftung, drücken diesen Ruf nach dem Vater aus. Jesus fordert seine Jünger auf, sich in gleicher Weise an den Vater zu wenden. Er lädt sie ein, sich zu Gott zu bekennen als dem Vater, der *ihn* geschickt hat und der zugleich *allen* Menschen Vater sein will.

2.5 Unsere Beziehung zu Gott

Die Tatsache, dass wir Gott mit Vater ansprechen dürfen und dass wir «Kinder Gottes» genannt werden, sagt viel über unsere Beziehung zu Gott aus. Bei einem idealen Vater-Konzept wird das Kind bedingungslos geliebt, es hört zu und zeigt Achtung, es beerbt seinen Vater und gleicht ihm. Wir sind Kinder Gottes nur als angenommene Kinder, nur durch Adoption, erklärt uns Paulus: «Ihr habt doch nicht einen Geist der Knechtschaft empfangen, um wiederum in Furcht zu leben; nein, ihr habt einen Geist der Adoptivkindschaft empfangen, in dem wir rufen: Abba, Vater!» (Röm 8,15).[15] Obwohl wir dem Anspruch auf diese Gotteskindschaft nicht gerecht werden können und sie auch nicht verdienen, hat Gott entschieden, uns wie seine Kinder zu lieben und damit ein Zeichen seiner Gnade gegeben. Im Gegensatz zur mittelalterlichen Tradition, die von der letzten Bitte ausging (Erlöse uns von dem Bösen), um das Unservater zu bedenken, hat Luther die Meditation des Unservater wieder am ursprünglichen Gebetsablauf ausgerichtet: Gott ist Vater, er ist unser Vater, alles Weitere hängt davon ab. Er wird es nicht erst durch die Absolution, er *ist* Vater, voller Liebe zu seinen Kindern. Das Unservater stellt unseren Glauben auf die Probe: Kann ich als Sünder oder Sünderin glauben, dass ich Gottes Kind und Bruder oder Schwester von Christus bin?

2.6 Ein vertrauter Gott

Die Anrufung «Vater» sagt etwas über Gottes Eigenschaften aus: Wir begegnen hier einem aufhelfenden, vertrauten, liebenden und befreienden Gott, an den sich seine Kinder wenden. Die Beispiele für das Verhältnis eines Vaters zu seinem bittenden Kind, die Lukas an das Unservater anschliesst, unterstreichen die gnädigen Eigenschaften, die das Gleichnis vom verlorenen Sohn erkennen lässt: Ein Vater, der seinem aufsässigen Sohn entgegenläuft, um ihn zu empfangen, ihm keine Fragen stellt und aus Freude über das Wiedersehen ein Festmahl organisiert.

Das Wort Vater beinhaltet viel mehr als die Vorstellung eines Erzeugers oder Schöpfers. Es bezeichnet jemanden, der sein Kind zärtlich und bedingungslos liebt. Bei einer Adoption wird derjenige, der das Kind liebt und betreut, zu Recht «Vater» genannt. Diese Wortwahl von Jesus war für die ersten Christen so wichtig, dass sie den Begriff übernahmen, den Jesus auf Aramäisch gebrauchte: *Abba*. Wir haben weiter oben bei Paulus gesehen, dass der Geist durch uns spricht, wenn wir als Kinder Gottes dieses Wort *Abba* verwenden, mit dem das

Kleinkind seinen Vater anspricht. Mit der Konstellation Vater – Kind/ Sohn – Geist deutet Paulus im Übrigen ein Gottesverständnis an, das spätere Theologie mit dem Gedanken der Dreieinigkeit aufgenommen hat. Mit *Abba*, Vater, sprechen wir einen Gott an, der uns nahe ist, einen Gott, der sich durch Zärtlichkeit, Fürsorglichkeit und Liebe zu seinen Kindern auszeichnet. Der Autor des 1. Johannesbriefs betont: «Seht, welche Liebe uns der Vater gegeben hat, dass wir Kinder Gottes heissen, und wir sind es.» (1Joh 3,1)

2.7 Der Vater als Erzieher

Eine weitere Aufgabe des Vaters besteht darin, Normen zu vermitteln und seinem Kind Strukturen zu geben, etwas, das in der heutigen Kultur mit der Mutter gemeinsam wahrgenommen wird. Diese Rolle wird in unserer Zeit nicht immer gewürdigt oder geschätzt und zu einem grossen Teil an die Institutionen abgegeben. Aus psychologischer Sicht ist sie dennoch wesentlich. Gott als Vater anzuerkennen bedeutet auch, die Autorität seines Wortes anzuerkennen. Damit bekennen wir, dass wir nicht unser eigener Ursprung und nicht unser eigenes Ende sind. Ein Kind Gottes zu sein ist ein Privileg, verpflichtet aber auch, sich auf ihn einzulassen, auf ihn zu hören und ihm zu dienen. Die Beziehung zu Gott und zum anderen bestimmt unsere Identität als Menschen und Christen. Gott «Vater» zu nennen, bedeutet nicht nur ein bestimmtes Verhältnis zu Gott, sondern auch zu seinem Nächsten, eine bestimmte Art und Weise, den Menschen im Allgemeinen und dann auch sich selbst zu betrachten. Gott «Vater» zu nennen, heisst auch, ihm ähnlich sein zu wollen und Vergebung, Liebe und Barmherzigkeit auszuüben. «Selig, die Frieden stiften – sie werden Söhne und Töchter Gottes genannt werden» (Mt 5,9). Die griechischen Kirchenväter und die Orthodoxen sehen das Ziel der Menschheit in der Vergöttlichung: Gott gleich zu werden. Irenäus von Lyon sagte von Jesus Christus: «Auf Grund seiner grenzenlosen Liebe ist Christus geworden, was wir sind, um uns vollkommen zu dem zu machen, was er ist.»[16] Wir sollen uns Gott unter Führung des Geistes annähern, um zu werden wie er: «Denn die vom Geist Gottes getrieben werden, das sind Söhne und Töchter Gottes», sagt Paulus (Röm 8,14). Und Christus, Ebenbild des unsichtbaren Gottes, der Erstgeborene von aller Schöpfung, ist unser Vorbild (Kol 1,15).

2.8 Ein universaler Gott

Jesus ruft nicht nur den Gott Abrahams, Isaaks und Jakobs an, sondern den Schöpfer aller Dinge, einen allumfassenden Gott, an den sich jeder Mensch vertrauensvoll wenden kann. Unsere Gotteskindschaft bezieht sich auf den Kreis der Gläubigen, ist aber zugleich offen für alle, denen sich Gott zuwendet. Indem wir Gott als Vater anrufen, bitten wir darum, unsere Gotteskindschaft, die uns wie bei Jesus mit der Taufe kundgetan wird, leben und verkünden zu können. Unsere Identität als Kinder Gottes ist unverdient, und wir wollen sie als Gabe bezeugen. Die Solidarität mit der gesamten Menschheit hat ihre Wurzel in dieser Ausrichtung an einer Transzendenz, auf die sich jeder Mensch beziehen kann.

3. Vater von uns: Die Aufnahme in eine geschwisterliche Gemeinschaft

Der griechische Text spricht von «Vater von uns», im Deutschen übersetzt mit Unser Vater. Mit dem ersten Wort der Anrufung befinden wir uns in einer von Zärtlichkeit, Güte und Wohlwollen geprägten Beziehung. Diese Beziehung erweitern wir mit dem Zusatz «von uns», mit dem wir uns in eine Gemeinschaft von Schwestern und Brüdern stellen. Wir sind nicht allein. Wir sagen nicht «mein Vater», sondern «unser Vater» und werden somit aufgefordert, unsere Gotteskindschaft zu teilen, uns zu dezentrieren und aus uns herauszugehen. Wir sind eine Menschheit und keine Aneinanderreihung von Individuen: Wir haben Schwestern und Brüder. Die liebevolle Beziehung wird erweitert und lässt jedem dieselbe Liebe zukommen. Das ganze Gebet ist in der 1. Person Plural verfasst. Das heisst nicht, dass dieses Gebet nur in Gemeinschaft gesprochen werden soll, im Kontext ist vielmehr von einem persönlichen Gebet die Rede, das «im Geheimen» rezitiert wird, aber mit dem Beten des Unservater treten wir in eine Geschwisterlichkeit ein, deren Grenzen wir nicht festlegen können. Die Gemeinschaft beschränkt sich nicht nur auf die Jünger oder die Kirche; in diese Formulierung wird jeder Mensch mit einbezogen.

3.1 Unsere Verantwortung

Gegenüber diesen Schwestern und Brüdern übernehmen wir eine grosse Verantwortung. Beten kann nicht darin bestehen, Gott um irgendeine Form der Begünstigung zu bitten. Die doppelte Dimension einer Vaterschaft, die von ausserhalb kommt und einer Geschwisterlichkeit, die über die uns bekannten Menschen hinausgeht, erinnert an die doppelte Dimension des Gebots der Liebe: «Du sollst den Herrn, deinen Gott, lieben mit deinem ganzen Herzen und mit deiner ganzen Seele und mit deinem ganzen Verstand [...] und deinen Nächsten lieben wie dich selbst» (Mt 22,34–40). Dieses Doppelgebot der Liebe steht sowohl im Ersten als auch im Neuen Testament. Liebe in dieser zusammengehörigen Zweiheit ihrer Ausrichtung macht uns zu Menschen. Man kann nicht nur für sich beten, das Gebet ist eine Einladung, auf die anderen zuzugehen, entweder für sie zu beten, oder um Kraft zum Handeln zu bitten. Der Autor von Psalm 121 macht dieselbe Erfahrung. Er beginnt sein Gebet mit «Ich», drückt seine Hoffnung aus und erwähnt unmittelbar danach sein ganzes Volk Israel. Er wendet sich an ein Du, dem er Kraft und Zuversicht zuspricht: auch dich behütet der Herr.

---

b

«Ich hebe meine Augen auf zu den Bergen: Woher wird mir Hilfe kommen?
Meine Hilfe kommt vom HERRN, der Himmel und Erde gemacht hat.
Er lässt deinen Fuss nicht wanken; der dich behütet, schlummert nicht.
Sieh, nicht schlummert noch schläft der Hüter Israels.
Der HERR ist dein Hüter, der HERR ist dein Schatten zu deiner Rechten.
Bei Tage wird dich die Sonne nicht stechen noch der Mond des Nachts.
Der HERR behütet dich vor allem Bösen, er behütet dein Leben.
Der HERR behütet deinen Ausgang und Eingang von nun an bis in Ewigkeit.»

Psalm 121,1–8

Psalm 121 ist beispielhaft für eine bestimmte Art des Gebets: Er richtet sich an einen Gott, der über sein Volk wacht und ihm Gutes will. Der Psalmdichter befindet sich in einer Notlage. Hilferuf und Vertrauensgebet gehen mit einer Krise einher. Das Gebet wird von einem Einzelnen gesprochen, ist aber in dem Vertrauen eines Volkes in den «Hüter Israels» verankert und richtet sich an den Schöpfer des ganzen Universums. Er, der Himmel und Erde geschaffen hat, schützt den, der auf ihn vertraut, selbst vor den schädlichen Wirkungen der Gestirne, die letztendlich nur von ihm geschaffene Objekte sind. Und der Sterbliche, dem geholfen wird, weiss, dass er gegenüber den Widrigkeiten des Lebens nicht alleine ist.

3.2 Unsere Identität

Ein Punkt wäre noch zu erwähnen: Lukas spricht in seiner Anrufung nur von Vater. Die Version des Unservater von Matthäus ist die einzige Stelle in den vier Evangelien, in der Jesus «unser Vater» sagt. An anderer Stelle sagt er entweder «mein Vater», oder «euer Vater», und im Johannesevangelium präzisiert er: «zu meinem Vater und zu eurem Vater» (Joh 20,17). In der ganzen Bibel findet sich der Ausdruck «unser Vater» nur bei Jesaja und im Buch Tobit. Daraus könnte man schliessen, dass der lukanische Text das Gebet Jesu authentischer wiedergibt, während es Matthäus verdeutlicht hat, oder aber, dass Jesus das Unservater hier nicht für sich spricht, sondern seine Jünger anweist: «So sollt ihr beten»; somit würde sich das «unser» auf die Jünger beziehen, und Jesus spricht es ihnen in ihrem Namen vor. Beide Deutungen sind möglich. Die altchristliche Kirche hat die zweite Möglichkeit gewählt. Wenn wir das Unservater beten, werden wir zu einer Gemeinschaft, wir bekommen eine kirchliche Identität. Mit anderen Worten: Wir nehmen am Gebet eines ganzen Volkes teil und werden mit ihm solidarisch. Auch eine Einladung zur Versöhnung ist damit verbunden. Das Unservater ist für den christlichen Glauben wesentlich, mit ihm wird Einheit geschaffen und es bringt uns auf den Weg der Bekehrung. Calvin unterstreicht diesen Aufruf zur Gemeinschaft: «Der Christenmensch muss also seine Gebete nach der Regel richten, dass sie auf die Gemeinschaft bezogen sind und alle umfassen, die in Christus seine Brüder sind!»[17] Und weil «die

Zwietracht dem Gebet die Tür verschliesst», wird den Christen und Christinnen empfohlen, «ihre Gebete einmütig dem allgemeinen Nutzen dienen [zu] lassen».[18]

4. Im Himmel

Nach damaliger Weltanschauung besagte der Ausdruck «in den Himmeln», dass die Gottheit gewissermassen in oberen Sphären wohnt. Matthäus benutzt ihn mehrere Male und spricht an anderer Stelle vom «himmlischen Vater». Dieser Ausdruck findet sich weder im Ersten Testament, noch bei Lukas, wohl aber in jüdischen Gebeten. Es ist in der Tat eine jüdische Tradition, Gott im Himmel anzusiedeln: Gott ist weder ein Teil der Welt noch der Schöpfung, noch befindet er sich im Innern des Menschen. Während die Erde das Materielle der Dinge symbolisiert, ist der Himmel Gottes Sphäre, die spirituelle Ebene. Hier verwirklicht sich Gottes Wille zuerst. Gott und Menschen begegnen sich oft auf einem Berg, der die Schnittstelle der beiden Welten darstellt, zum Beispiel der Sinai für Mose oder der Berg, an dem die Verklärung Jesu stattfand. Der Himmel ist hell, wobei das Licht eine Metapher für Erkenntnis und Herrlichkeit ist. Gleichzeitig steht in der Genesis, dass der Himmel nur ein Teil der Schöpfung ist; vergöttlicht wird er nicht.

Der Himmel als jenseitiger Ort des Gottes oder der Götter ist aus vielen Religionen und Mythen bekannt: Schon der Olymp der griechischen Mythologie ist nicht nur ein bestimmtes Gebirgsrelief, sondern ein gleichnishaft überhöhter Ort der zwölf Götter. Die räumlichen und die metaphorischen Vorstellungen eines höchsten Ortes gehen ineinander über. Gemeinsam ist den verschiedenen Glaubensrichtungen die Suche nach einem jenseitigen Ort, der den Unterschied zwischen Gott und Mensch symbolisiert. Der unerreichbare Himmel kennzeichnet die göttliche Stellung als uns Menschen übergeordnet.

Im Ersten Testament wird Gott auch als der Allerhöchste bezeichnet, womit er über alle menschlichen Mächte gestellt wird. Der Gott, an den Juden und Christen glauben, ist ein unendlich über uns schwebender Geist, der uns dabei wie die Luft den Lebensatem gibt. Er ist das Leben und Quelle jeden Lebens. Er ist die Liebe und Quelle für die Fähigkeit zum Lieben. Durch die Entfernung, die er zwischen sich und uns legt, macht er uns frei. Immer wird er für uns «über den Himmel hinaus» (Ps 108,5) zu suchen sein, oder vielmehr: Er wird sich uns zu erkennen geben von jenseits des Himmels.

Der christliche Gott ist kein Mensch, er ist kein Patriarch oder weltlicher Herrscher, sondern ein transzendentes Wesen, das mit keinem irdischen Vater verglichen werden kann. Seine Verheissungen sind allen irdischen Gütern übergeordnet, sein Reich, das Himmelreich, das Jesus uns verspricht, beruht auf anderen Werten.

5. Der Vater: ein brüchiges Bild

Um Gott zu beschreiben, hat Jesus das Bild des Vaters gewählt, was nicht ganz unbedenklich ist, weil kein menschlicher Vater perfekt sein kann. Für einige Menschen ist das Wort «Vater» sogar mit sehr schlechten Erinnerungen verbunden.

Über die Beziehung von Jesus und Josef wissen wir nur sehr wenig. Lukas ist der Einzige, der erwähnt, dass Jesus im Alter von zwölf Jahren weggelaufen ist, woraus man schliessen kann, dass das Verhältnis zwischen Jesus und seinen Eltern zeitweise schwierig war. In jedem Fall bleiben auch von der Autorität eines «guten Vaters» nicht nur gute Erinnerungen! Für viele Kinder ist die Auseinandersetzung um ihre Unabhängigkeit, oder ihr Recht auf die eigene Wahl ihres Studiums, Berufs oder Engagements, ihres Partners oder die sexuelle Identitätsfindung mit schmerzhaften Momenten verbunden gewesen oder noch verbunden. Und doch muss man von einem irdischen Vater ausgehen, um von einem himmlischen Vater reden zu können. Selbst diejenigen, die unter der Bindung – oder der fehlenden Bindung – zu ihrem irdischen Vater leiden, haben irgendwo in sich die Vorstellung, wie dieser guter Vater hätte sein sollen. Und genau dieser Kontrast zwischen Idealbild und erlebter Realität verursacht dann Kummer oder Wut.

Freud wies darauf hin, dass auch das Gegenteil eintreten kann. Wenn wir von unserem menschlichen Vater enttäuscht sind und seine Fehler nicht akzeptieren, besteht die Gefahr, dass wir die positiven Eigenschaften, insbesondere die Allmacht, die wir unserem Vater als Kleinkind zugeschrieben haben, auf eine imaginäre Gestalt übertragen und uns ihrer bedienen. Aber wenn Gott zu einer imaginären Gestalt wird, die entsprechend unseren Wünschen und Sehnsüchten geschaffen wurde, kann er uns nicht helfen, erwachsen zu werden und uns mit der realen Welt auseinander zu setzen. Das Wort «Vater» im christlichen Kontext darf nicht vollständig von unseren Erfahrungen oder Träumen bestimmt werden. Im Bild des Vaters, in unseren Reden über Gott oder in seiner Inkarnation in Jesus Christus lässt sich Gott zu uns herab bis hinein in die Grenzen unserer Vorstellungen, Konzepte und menschlichen Sprachen.

Wenn wir Vater oder Mutter sind, haben wir im Übrigen nicht nur das grosse Glück und die Freude des Elternseins erfahren; wir kennen auch das Erschrecken darüber, dass dieses Glück zerstört werden kann durch einen Unfall, den Tod oder auch den Verrat des Kindes. Mit der Liebe geht eine grosse Verletzlichkeit einher. Wenn wir zu Gott «Vater» sagen, machen wir auch seine Verletzlichkeit deutlich, denn er wollte uns als freie Wesen und macht sich somit von uns abhängig. Nur durch seine Kinder wird man Vater und Mutter. Schon mit der Anrufung sagt Gott, dass er Beziehung und Liebe ist und dass er sich der Gefahr aussetzt, dass wir ihn nicht lieben.

6. Gott als Mutter

Wir können bedauern, dass Gott ausschliesslich als männliche «Person» definiert wird. Die Darstellung Gottes als eines Patriarchen, bei dem die Frauen nur eine untergeordnete Rolle spielen, wurde in der feministischen Theologie scharf kritisiert. Die biblischen Texte müssen in den historischen und kulturellen Kontext ihrer Entstehung gestellt werden, in den Kontext männlich dominierter Gesellschaften. Wir können feststellen, dass es auch andere Bilder von Gott gibt. In Jesaja 1,2 und Hosea 11,1–4 wird Gott als Elternteil dargestellt, das einem Kind zu essen gibt. Ob Vater oder Mutter, wird nicht angegeben – da ist es nur legitim, die Nahrung mit der Mutter zu verbinden. In Psalm 27 steht, dass Gott einem von den Eltern verlassenen Kind Vater und Mutter ersetzt. Und im Buch der Sprüche erhält die Unterweisung durch die Mutter denselben Stellenwert wie die des Vaters, so dass die Mutter in der Figur der Weisheit zu einer Vertreterin Gottes wird.

Im Ersten und im Neuen Testament wird die Liebe Gottes zu den Menschen wiederholt mit der Beziehung einer Mutter zu ihren Kindern veranschaulicht. Jesaja vergleicht Gott mit einer Frau, die gebiert oder stillt. Psalm 131 verwendet für Gott das Bild einer Mutter, die ihr Kind entwöhnt hat. Entsprechend spricht Luther von Gott als einer «gütigen und barmherzigen Mutter».[19] Doch ungeachtet dieser Beispiele ist im Judentum und Christentum die Definition Gottes als väterliches und damit männliches Wesen die vorherrschende.

Inwieweit ist das Bild von Gottvater noch tragfähig in unserer heutigen Gesellschaft? Wäre die Mutter nicht besser geeignet, an Zärtlichkeit und affektive Nähe denken zu lassen? Vielleicht sollte das Bild des Vaters durch eine mütterliche Metaphorik ersetzt werden, um so zu versuchen, uns freizumachen von Machtwillen? Die Antworten auf diese Fragen sind alles andere als einfach. Das Bild Gottes als Mutter ist sehr ambivalent. Es erinnert uns an die mächtigen alten Fruchtbarkeitsgöttinnen, aber auch an Maria, Mutter von Jesus – auch Mutter Gottes genannt – die im Christentum auf sehr unterschiedliche Weise als heilig verehrt wurde, manchmal sicherlich auch als Ergänzung zu «Gottvater». In Märchen, literarischen Überlieferungen und auch unseren gelebten Erfahrungen kommen viele Mütter oder Stiefmütter vor, die ihre Macht missbrauchen! Und Frauen in der Politik sind nicht unbedingt sanfter oder ehrlicher als Männer in der Ausübung ihrer Macht.

Auf verschiedene Weise wurde versucht, dieses Dilemma zu lösen. Es wurde vorgeschlagen, von Gott als Quelle des Lebens zu sprechen und auf biblische Anthropomorphismen zu verzichten. Feministische Theologinnen haben angeregt, die Trinitätsformel «im Namen des Vaters, des Sohnes und des Heiligen Geistes» zu ersetzen durch «im Namen des Vaters, des Sohnes und des Heiligen Geistes, des einen Gottes, unser aller Mutter». Die Auseinandersetzung mit diesen Formulierungen hilft, unsere Vorurteile in Frage zu stellen, aber bei näherer Betrachtung der biblischen Quellen wird ihr regelmässiger Gebrauch problematisch. Hier das Beispiel einer Neufassung des Unservater:

Unsere Mutter

Z

«Unsere Mutter, die die Erde umgibt,
Geist ist Dein Name.
Deine Freiheit komme,
Deine Liebe umhülle die Erde, so wie sie den Himmel erfüllt.
Gib uns heute unser tägliches Leben
Und vergib uns unser verantwortungsloses Verhalten
So wie auch wir vergeben denjenigen, die sich uns gegenüber verantwortungslos verhalten.
Und führe uns nicht in die Falschheit
Sondern erlöse uns von der Ungerechtigkeit.
So sei sie!»

Marion Hughes[20]

Natürlich müssen wir uns fragen, ob wir Gottes unendliches, absolutes und transzendentes Wesen als männlich oder weiblich bezeichnen können. Aber umgekehrt gilt auch: selbst wenn Gott alle Metaphern übersteigt, bedeutet das, dass wir sie aufgeben müssen? Können wir von Gott reden, ohne Bildsprache zu verwenden, auch eine geschlechtlich geprägte Bildsprache?

In Wirklichkeit sagt der Titel «Vater» nicht, dass Gott männlich ist, sondern er sagt etwas über unsere Beziehung zu ihm aus. Jede Elternschaft ist Beziehung, gewissermassen ein Verhältnis der Adoption, denn die Annahme des Kindes geschieht allmählich, schon während der Schwangerschaft und dann nach der Geburt. Die relative Verletzlichkeit der Vaterschaft im Vergleich zur unmittelbar sichtbaren Mutterschaft erklärt, dass traditionell die Gestalt des Vaters am deutlichsten diese adoptive Zuneigung verkörpert. Die Rollen können sich ändern, sie unterliegen einem kulturellen Wandel, aber die Vater-Kind-Beziehung wird grundsätzlich weniger symbiotisch sein als die der Mutter, die mit dem Kind schwanger war und es gestillt hat. Die so verstandene Vaterschaft ist eine wortvermittelte Beziehung, sie spiegelt die Freiheit zur Liebe; es ist Gnade, wenn sie sich einstellt.

7. Ein abwesender Gott

Ein Gott im Himmel scheint ein abwesender Gott zu sein. Eine als schrecklich und unverständlich empfundene Abwesenheit, die in der Bibel selbst oft von den Propheten und Psalmisten beklagt wird. Dieser transzendente Gott ist unerreichbar. Wir werden wieder auf unseren unbedeutenden Platz verwiesen und auf unsere Verletzlichkeiten zurückgeworfen. Eine unendliche Distanz trennt uns von Gott und es ist unmöglich, diesen ungreifbaren, unnahbaren Gott herbeizurufen, damit er ausgleicht, was uns fehlt, und in Ordnung bringt, woran die Welt krankt. Dieser Gott löst nicht das Problem des Bösen, des Leidens und des Todes. Gott ist im Jenseits und schafft uns so einen Raum, der Hunger nach Frieden, Gerechtigkeit, Schönheit, Liebe und Geschwisterlichkeit entstehen lässt. Wir können nur zu diesem fernen Gott aufschauen und hoffen, dass unsere Sehnsucht nach dem Absoluten bei Gott erfüllt wird. Nur Gott kann zu uns kommen, wir sind unfähig, von uns aus auf ihn zuzugehen. Er ist in Jesus Christus zu uns gekommen und er kommt weiterhin zu uns in unseren Brüdern und Schwestern. Die Liebe des Vaters erfahren wir durch die Worte, Blicke und Gesten der anderen, und durch unsere Worte, Blicke und Gesten offenbaren wir ihnen diese Liebe.

8. ... und dennoch bei uns

Dieser Gott, der anders ist als wir, ist im Himmel, aber mit der Bezeichnung Vater drückt er seine innige Liebe aus und mit dem Wir unserer Menschheit ermöglicht er uns, unsere Geschwisterlichkeit zu leben. Das Gebet vereint uns mit den anderen und lädt uns zur Versöhnung ein. Gott ist unsere Quelle und unsere Zukunft, eine offene und freie Zukunft. Wir können uns mit unseren Bitten an ihn wenden. Das heisst beten.

Wie können Christinnen und Christen von Gott sprechen?

Geheiligt werde dein Name

NAME

Wie können Christinnen und Christen von Gott sprechen?

Geheiligt werde dein Name

1. Einführung zur ersten Bitte

Das Gebet Jesu beginnt, nachdem wir eben ermutigt wurden, uns in vertraulicher Weise an unseren Vater zu wenden, mit einer eigenartig befremdlichen ersten Bitte, die uns nicht den nah-vertrauten, sondern den fernen und unvertraut fremden Gott anrufen lässt – es nennt den Namen, um dessen Heiligung es geht, ja nicht einmal. Wie sollen wir ihm Ehre erweisen, vor wem uns beugen? Wie überhaupt von ihm sprechen, einem Gott, den wir darum bitten, dass sein Name geheiligt werde? Vielleicht weil wir selber gar nicht zu reden verstehen, wie es ihm gebührt. Entzieht er sich nicht jeglicher menschlichen Erkenntnis? Eine möglicherweise erhellende, jedenfalls zum Widerspruch reizende Antwort mag uns ein jüdisch-amerikanischer Witz über Gottes Namen geben:

Die Juden nennen ihn *Odonoj (Herr)*
die Konservativen *I don't know*
die Rekonstruktionisten *I deny*
die Liberalen *To whom it may concern*[21]

Beim Beten geht es allerdings auch gar nicht darum, *von* Gott zu reden, sondern vielmehr *mit* Gott zu reden. Die Gott gemässe Art mit ihm zu reden aber ist die der Anbetung und des Lobpreises. Darum geht allen übrigen Bitten voran die Bitte um die Heiligung seines Namens. Wir sprechen damit den Wunsch aus, dass er in unserem Leben und in unserer Welt den Platz einnehme, der ihm allein zusteht und den im Herzen ihm einzuräumen wir im Gebet uns anschicken.

Gott hat übrigens in der Thora, der Bibel Jesu und aller Juden, durchaus einen Namen. Es ist ein hebräischer Name, der aus Ehrfurcht aber niemals ausgesprochen, mit vier hebräischen Buchstaben jedoch ausgeschrieben wird. Der Gott, zu dem Jesus uns beten gelehrt hat, ist der Gott Israels. Was verdanken wir nicht alles den Juden! Auch und gerade die allererste Bitte im Unservater, die ja gewissermassen das Grundthema setzt, das dann wie in einer musikalischen Fuge von den anderen Bitten in verschiedenen Stimmen und Tonarten variiert und in der hymnischen Antwort, mit der wir nach kirchlicher Tradition das Unservater beschliessen, wieder aufgenommen wird: Dein Name werde geheiligt – denn dein ist das Reich und die Kraft und die Herrlichkeit in Ewigkeit, Amen.

Um die Heiligung des Gottesnamens (hebräisch: *kiddusch haschem*) geht es nicht nur in der ersten Unservater-Bitte, sondern – keineswegs zufällig – auch in den ersten beiden der Zehn Gebote: Du sollst keine anderen Götter neben mir haben. Du sollst den Namen Gottes nicht missbrauchen. Martin Luther legt in seinem Kleinen Katechismus ganz kurz aus, wie er das versteht: Gott allein fürchten, lieben und vertrauen, nicht bei seinem Namen fluchen, schwören, zaubern, lügen oder betrügen, sondern ihn in allen Nöten anrufen, anbeten, loben und danken.[22] Heute würden wir gewiss noch weitergehen als er oder etwa auch Ulrich Zwingli, die es damals durchaus für vertretbar hielten, im Namen Gottes das Schwert zu führen gegen Bauern, Schwärmer oder überhaupt die Gegner des wahren Glaubens. Die Tatsache beispielsweise, dass noch im Zweiten Weltkrieg Feldgeistliche Waffen gesegnet haben, bevor sie zum Einsatz kamen, wird heute gewiss in keiner Kirche mehr mit Heiligung des Namens Gottes, sondern ganz klar mit dessen Missbrauch gleichgesetzt. Gewalt, die Leid und Tod über Menschen und Völker bringt oder auch nur schon eine Verfluchung, die Unheil androht und anwünscht, kann Gott nicht zur Ehre gereichen, vielmehr allen, die sie in seinem Namen üben, zur Unehre.

In jüdischer Tradition ist die Heiligung des Gottesnamens *kiddusch haschem* verbunden mit der persönlichen Bereitschaft, in Situationen der Verfolgung beispielsweise, den Tod einem Verrat am Glauben vorzuziehen. Die Hingabe des eigenen Lebens wird so zum äussersten Zeugnis für die Hingabe an den einen Gott. Eines der leuchtendsten Vorbilder dafür war und ist Rabbi Akiva, obwohl er während des Bar-Kochba-Aufstands (135 n. Chr.) seine Hoffnung auf einen falschen Messias gesetzt hatte – verzeihliche menschliche Verirrung! –, weil er bereit war, für den Ruhm und zur Ehre seines Gottes zu sterben. Als letztgültiger Erweis von Treue und Ver-Trauen (die beiden Wörter haben nicht nur sprachliche Verwandtschaft) wird angesehen, dass allein auf den Verlass sei, der sein Volk niemals zu verlassen, vielmehr ihm Leben und Zukunft zu geben versprochen hat.

Die Heiligung des Gottesnamens ist selbstverständlich nicht nur in Extremsituationen, sondern auch im Alltagsleben das erste Gebot für Juden und für Christen. Was das konkret meint, findet sich sowohl im Alten wie im Neuen Testament beschrieben und zusammengefasst im Liebesgebot. Das Gebot ist das Herzstück der Thora, es steht buchstäblich in deren Mitte, in der Mitte des mittleren der fünf Bücher Mose: «Du sollst deinen Nächsten lieben wie dich selbst. Ich bin der HERR» (Lev 19,18). Ebenso ist es das Herzstück der Verkündigung Jesu, dessen, was er nicht nur gelehrt, sondern verkörpert hat: «Das erste ist: *Höre, Israel, der Herr ist unser Gott, ist allein Herr, und du sollst den Herrn, deinen Gott, lieben mit deinem ganzen Herzen und mit deiner ganzen Seele und mit deinem ganzen Verstand und mit all deiner Kraft.* Das zweite ist dieses: *Du sollst deinen Nächsten lieben wie dich selbst.* Höher als diese beiden steht kein anderes Gebot.» (Mk 12,29–31)

Doch wer ist der, dem wir uns anheimstellen, auf den wir vertrauen und den wir lieben sollen mit ganzem Herzen, mit ganzer Seele und mit aller unserer Kraft? Können wir benennen, zu wem wir uns bekennen? Martin Luther beantwortet dies in der Auslegung des ersten Gebots im Grossen Katechismus so: «Worauf du nu (sag ich) dein Herz hängest und verlässest, das ist eigentlich dein Gott. [...] Es ist mancher, der meinet, er habe Gott, wenn er Geld und Gut hat, verlässt und brüstet sich darauf so steif und sicher, dass er auf niemanden nichts gibt. Siehe, dieser hat auch einen Gott, der heisset Mammon.»[23] Ganz unbefangen meint Luther: Wer auf sein Vermögen vertraut, wer sein Herz an Gold hängt, wer die Macht liebt, der *hat* einen Gott. Aber ist das denn einer, der Gott genannt zu werden verdient? Ist der Gott Mammon nicht bloss eine Täuschung, ist er real? Ja gewiss ist er real, wer wollte das bestreiten, wo doch alle sehen: Geld regiert die Welt! Aber seine Realität ist die des falschen Scheins. Kann man nicht auch mit einem falschen Scheck echtes Geld, mit falschen Wahlversprechen reale Macht, mit vorgetäuschter Kompetenz echtes Ansehen bekommen? Es wäre gewiss ein grosser Irrtum, anzunehmen, dass mit dem Durchschauen des falschen Scheins dessen reale Macht schon gebrochen sei.

Der Gott, dessen Name geheiligt werden soll, heisst nicht Mammon. Sein Name ist ein anderer. Dies festzuhalten ist wichtig und gar nicht so selbstverständlich, wie wir vielleicht meinen. Das Wort Mammon und das Wort Amen sind nämlich aus derselben hebräischen Wortwurzel gebildet: *aman* (deutsch: glauben oder vertrauen auf). Nicht in seinem Vermögen liegt die Macht des Mammon, sondern im Verhältnis, das der Mensch zu ihm hat. Wem der Mammon zum Wichtigsten wird, der verlässt sich auf ihn nicht nur wie auf einen Besitz, sondern wie auf seinen Gott und Herrn.

Möglicherweise liegt der Grund, dass wir es im Unservater, wo es um die Heiligung des Gottesnamens geht, mit einer Bitte zu tun haben und nicht mit einem Gebot, eben darin, dass wir den, der sich hinter seinem Namen verbirgt, nicht von uns aus begreifen und erkennen können. Ein Name ist ja nicht eine blosse Bezeichnung. Dinge, derer wir uns bedienen wollen, können wir bezeichnen. Der Name aber lässt in Erscheinung treten, was er benennt. Und eben dies liegt nicht in unserer Macht. Es ist Gott allein, der sich uns zu erkennen geben kann. Deshalb ist es die allererste und die allernotwendigste Bitte des Unservater, dass der Name Gottes geheiligt werde, dass Gott selber sich als der Heilige offenbare und erweise. Er ist nicht der, den wir zu unserem Gott machen, indem wir Amen sagen. Vielmehr ist er der, an dem alle unsere Vorstellungen immer wieder scheitern müssen, damit er als der in Erscheinung treten kann, der er in Wahrheit ist, und damit wir uns auf ihn ausrichten und an ihm aufrichten, wenn wir beten.

Es ist absolut entscheidend, dass wir uns von ihm selber sagen lassen, wer sich hinter seinem Namen verbirgt, oder vielmehr: wer sich darin offenbart. Das tun wir, wenn wir uns in den Resonanzraum seines Wortes stellen, in den Resonanzraum der Heiligen Schrift und auch der gottesdienstlichen Liturgie, wo dieser Name genannt, gepriesen und besungen wird.

In der ersten Unservater-Bitte wird deutlich, wie sehr die Betenden auf ihr Gegenüber angewiesen sind und von diesem leben. Ein

Gebet ist kein Selbstgespräch, sondern ein dialogisches Geschehen, in dem das Reden aus dem Hören kommt. Beten ist nicht vergleichbar mit dem Wählen einer Telefonnummer, die automatisch die Verbindung zum Gewünschten herstellt, damit ich dann meine Anliegen vorbringen kann. Im Gebet geht es um eine lebendige Begegnung, zu der ich lediglich so viel beitragen kann, dass ich mich auf sie einstelle und für sie öffne, in der Erwartung, der Hoffnung, ja im festen Vertrauen darauf, dass Gott diese Begegnung ebenfalls sucht, seit jeher schon und vor allem als erster. Und was gibt mir Anlass zu solchem Vertrauen? Woher nehme ich den Glauben?

Man kann Glauben nicht erwerben, produzieren, verdienen, so wenig wie man seine eigene Geburt bewerkstelligen kann. Der Glaube ist ein Geschenk wie ein Traum, wie ein Blick, wie ein Wort, wie die Liebe. Oder haben Sie schon einmal versucht, jemanden zu lieben?

Erst von solch geschenkter Liebe her wird verständlich, warum unsere Liebe ihrerseits zum Gegenstand eines Gebotes wird: Vertrauen und Nächstenliebe als Gabe und Antwort zugleich. In dem, was uns geschenkt ist, macht sich der Schenkende selbst zum Geschenk. So wird dem Glaubenden der offenbar, dessen Name über allen Namen ist. Davon geben unsere Väter und Mütter im Glauben beredtes Zeugnis, in der Bibel, in Liedern und Gebeten, in Bekenntnissen und in ihren Werken.

---

e

Biblisch ist der Name des Gottes Israels im Unterschied zu anderen Göttern oder zu einer Gottheit ganz allgemein ein *Eigenname*. Er wird mit vier hebräischen Buchstaben geschrieben, dem sogenannten Tetragramm: *JHWH*. Dieser Name wird aber seit biblischer Zeit schon nicht ausgesprochen, sondern durch ein Ersatzwort wiedergegeben, beispielsweise durch das Wort *adonai*, oder in der griechischen Übersetzung der Bibel durch *kyrios* (deutsch: der Herr; französisch: *Seigneur*). Fatalerweise ist auf Deutsch die Anrede Herr für Gott nicht zu unterscheiden von der alltäglichen oder förmlichen Anrede für die Herren der Welt und Männer überhaupt – was vielen Frauen beim Bibellesen Schwierigkeiten bereitet. Hebräisch heisst das Wort *adonai* tatsächlich Herr, aber es ist eine Gott allein vorbehaltene Herrschaftsbezeichnung.

In aller Freiheit könnten wir darum für den Herrn auf Deutsch auch andere Anreden und Lesarten vorschlagen, wie es beispielsweise die Bibel in gerechter Sprache tut: der Ewige, die Lebendige, der Heilige, die Eine, usw., damit endlich klar werde, dass Gott, von dem wir nur menschlich reden können, gleichwohl kein Mensch und auch kein Mann ist.

Vater ist kein Name. Im Wort «Vater» wird eine Beziehung benannt. Die Beziehung von ihm zu uns und auch von uns zu ihm. In jeder Sprache ist Vater eines der ersten Wörter, das Kinder lernen: Abba, Papa. Auch Gott ist kein Name, sondern ein Begriff. Auch dafür hat jede Sprache ein entsprechendes Wort. Ein Name jedoch ist unübersetzbar. Er steht für eine Person, die einzig ist. Wessen Name beschmutzt wird, dessen ganze Person wird beschmutzt. Wer seinen Namen verloren hat, ist verloren. Der Name Gottes aber soll geheiligt werden. Hinter dem Nicht-Aussprechen steht die konsequente Auffassung eines der Zehn Gebote (Ex 20,7 oder Dtn 5,7–11), das den Missbrauch des Gottesnamens untersagt. Jeder Gebrauch des Gottesnamens kann zur missbräuchlichen Instrumentalisierung dessen werden, über den wir weder verfügen sollen noch können. Weil er der Heilige ist! Und dass er sich als solcher in unserem Leben erweise und sich in unserer Welt offenbare und da sei, darum geht es in der ersten Bitte des Unservater: Dein Name werde geheiligt. Wir bitten um seine Gegenwart – wie sonst sollten wir zu und mit ihm reden?

2. Gott Gott sein lassen: «Ich werde sein, der ich sein werde»

Ich kann über Gott nicht verfügen. Es gibt Zeiten im Leben, in denen wir ihm sehr ferne sind, ja möglicherweise gar nicht (mehr) damit rechnen, dass er da sei, dass er überhaupt sei. Vielleicht haben wir zu oft schon gebetet, ohne «Erhörung» zu finden. Doch auf einmal passiert etwas in unserem Leben jenseits dessen, was wir erwartet haben oder für möglich hielten, sei es freudiger oder trauriger Natur. «Was dich berührt, kannst du nicht begreifen», sagt Elazar

Benyoëtz, ein jüdischer Dichter unserer Tage.[24] Was uns berührt, können wir aber auch nicht einfach ignorieren. Es beunruhigt, und wie Mose in der Wüste Midian beginnen wir zu fragen: Was geschieht da? Warum verbrennt der Dornbusch nicht? Er bekam keine Erklärung, aber er vernahm einen Anruf. Und er war bereit, sich diesem zu stellen, sich für eine Begegnung zu öffnen, obwohl er kaum ahnte, wer hier was von ihm wollte. Das eben heisst beten. Und so konnte er dann auch Gottes Stimme, seinen Anspruch vernehmen.

Die Begegnung geht immer von Gott aus. Gott bestimmt, wie und wo wir uns ihm nähern können. Er bestimmt, in welcher Gestalt er sich uns zeigen will. Er ist immer derselbe, aber er redet zu jeder Zeit und zu jedem Menschen neu und anders. Abraham, Isaak und Jakob hat er Segen verheissen. Und zu Mose sagte er: «Ich bin der Gott deines Vaters, der Gott Abrahams, der Gott Isaaks und der Gott Jakobs. […] Ich habe das Elend meines Volkes in Ägypten gesehen […] Führe du es heraus aus der Knechtschaft» (Ex 3). «Wie denn und in wessen Namen?», fragt Mose den Herrn. Im Namen dessen, der seit jeher versprochen hat: Ich werde da sein – für dich, für euch, sagt uns der Text (Ex 3,1–15).

b Die Berufung des Mose

«Und Mose weidete die Schafe seines Schwiegervaters Jitro, des Priesters von Midian. Und er trieb die Schafe über die Wüste hinaus und kam an den Gottesberg, den Choreb. Da erschien ihm der Bote des HERRN in einer Feuerflamme mitten aus dem Dornbusch. Und er sah hin, und sieh, der Dornbusch stand in Flammen, aber der Dornbusch wurde nicht verzehrt. Da dachte Mose: Ich will hingehen und diese grosse Erscheinung ansehen. Warum verbrennt der Dornbusch nicht? Und der HERR sah, dass er kam, um zu schauen. Und Gott rief ihn aus dem Dornbusch und sprach: Mose, Mose! Und er sprach: Hier bin ich. [wörtlich: hier hast du mich, *me voici*] Und er sprach: Komm nicht näher. Nimm deine Sandalen von den Füssen, denn der Ort, wo du stehst, ist heiliger Boden. Dann sprach er: Ich bin der Gott deines Vaters, der Gott Abrahams, der Gott Isaaks und der Gott Jakobs. Da verhüllte Mose sein Angesicht, denn er fürchtete sich, zu Gott hin zu blicken. Und der HERR sprach: Ich habe das Elend meines Volks in Ägypten gesehen und ihr Schreien über ihre Antreiber habe ich gehört [...].»

Gott verspricht, dass er Israel aus der Knechtschaft befreien werde und gibt Mose den Auftrag, sein Volk aus Ägypten herauszuführen. Mose aber fürchtet sich und sagt zu Gott:

«Wenn ich zu den Israeliten komme und ihnen sage: Der Gott eurer Vorfahren hat mich zu euch gesandt, und sie sagen zu mir: Was ist sein Name?, was soll ich ihnen dann sagen? Da sprach Gott zu Mose: Ich werde sein, der ich sein werde. Und er sprach: So sollst du zu den Israeliten sprechen: Ich-werde-sein hat mich zu euch gesandt. [...] Das ist mein Name für immer, und so soll man mich anrufen von Generation zu Generation.»

Exodus 3,1–7.13–14.15b

Eine Berufung annehmen ist nicht einfach: Das war es für Mose nicht und das ist es für keinen von uns. Es bedeutet, sich führen zu lassen. Wir sind keine autonomen Subjekte, die frei über unser Leben verfügen. Was der Sinn unseres Daseins ist, finden wir nicht in uns selber. Wir müssen es uns sagen lassen. Es sich von Gott sagen zu lassen, und allein von ihm und niemand sonst, das bedeutet Heiligung seines Namens.

3. Gott Mensch sein lassen: indem er Knechtsgestalt annahm

Gott Gott sein lassen, als den, der da sein wird – das ist in erster Linie ein Warten darauf, dass er aus seiner Verborgenheit heraustrete und uns beim Namen rufe, uns einen Namen gebe, uns *seinen* Namen (preis)gebe. Denn erst als Angesprochene lernen wir zu sprechen, erst als Zugehörige werden wir zu eigenen Menschen. Das gilt ebenso für den Glauben wie auch für die gesellschaftliche Sozialisation eines jeden.

b

Paulus schreibt an die Gemeinde in Philippi

«Seid so gesinnt, wie es eurem Stand in Christus Jesus entspricht: Er, der doch von göttlichem Wesen war, hielt nicht wie an einer Beute daran fest, Gott gleich zu sein, sondern gab es preis und nahm auf sich das Dasein eines Sklaven, wurde den Menschen ähnlich, in seiner Erscheinung wie ein Mensch. Er erniedrigte sich und wurde gehorsam bis zum Tod, bis zum Tod am Kreuz. Deshalb hat Gott ihn auch über alles erhöht und ihm den Namen verliehen, der über allen Namen ist, damit im Namen Jesu sich beuge jedes Knie, all derer, die im Himmel und auf Erden und unter der Erde sind, und jede Zunge bekenne, dass Jesus Christus der Herr ist, zur Ehre Gottes, des Vaters.»

Philipper 2,5–11

In ganz anderer Weise als Mose ist der Apostel Paulus angesprochen und bei seinem Namen gerufen worden. Er war auf dem Weg nach Damaskus als ihm plötzlich ein Licht aufging, so blendend, dass er zu Boden stürzte und dabei eine Stimme vernahm: Saul, Saul, was verfolgst du mich? So schildert der Evangelist Lukas die Berufung des Saulus in der Apostelgeschichte 9,1–25. Die Stimme, die Saulus hörte, war die Stimme Jesu. Wie denn das? Er hatte diesen Jesus ja gar nicht gekannt und gehörte keineswegs zu seinen Jüngern, vielmehr zu deren entschiedenen Gegnern. Doch die überwältigende Erfahrung vor Damaskus, wie er sie selbst in seinen Briefen erwähnt (2Kor 12,1–5 und Gal 1,12–17), beraubte ihn all seiner bisherigen religiösen Gewissheiten und Vorurteile: Blind liess er sich bei der Hand nehmen und nach Damaskus hineinführen und dort von denen die Augen öffnen, die er zuvor verfolgt hatte. Er lernte zu sehen, dass und wie der Gott Israels in der Gestalt dieses besonderen Menschen Jesus von Nazaret den seinen und vielen anderen begegnet war und begegnen will, menschlich und nah. Nicht nur in seiner Lehre und in seinen Wundertaten, sondern in seinem ganzen Leben und Leiden und schliesslich auch in seinem Sterben heiligte Jesus von Nazaret den Namen Gottes, indem er mit seiner ganzen Person dessen Verheissung konkrete Gestalt gab: Ich bin da, bei euch und für euch. Ich bin da bei den Kranken, bei den

Armen, bei den Verlorenen, bei den Sündern – ich sehe euer Elend, ich höre euer Schreien, ich befreie euch aus aller Knechtschaft, ich führe euch heraus aus dem Teufelskreis von Unrecht und Gewalt, Schuld und Vergeltung, Angst und Verzweiflung. Es gibt nichts, was euch von meiner Liebe trennen kann. Und so war auch das Kreuz nicht das Ende, weil Gott ihn auferweckte von den Toten, als Erstling der Entschlafenen.

Es war die Stimme des Auferstandenen, die Paulus zum Apostel Christi werden liess. So wurde für ihn der Name Jesu zum Namen, der über allen Namen steht – zu dem Namen, in welchem Gott sich kenntlich gemacht hat und sich von uns anrufen lässt. Denn dieser Jesus, das hatte er am eigenen Leib erfahren, ist nicht tot, sondern lebendig. Er hat als treuer Zeuge der Menschlichkeit Gottes sein Leben für die seinen hingegeben bis in den Tod am Kreuz. Daher hat ihn Gott auch über die Massen erhöht und ihm den Namen geschenkt, der über jedem Namen ist, damit im Namen Gottes jedes Knie sich beuge, derer, die im Himmel und auf Erden und unter der Erde sind, und jede Zunge bekenne, dass Jesus Christus der Herr ist, zur Ehre Gottes, des Vaters. So bekennt und schreibt es Paulus in seinem Brief an die Gemeinde in Philippi: Die Auferstehung des Gekreuzigten, das ist das Fundament allen christlichen Glaubens und Bekennens. An den Namen Jesu Christi können wir uns halten, auf diesen Namen lässt Gott sich behaften, hinter diesem Namen verbirgt er sich nicht, im Gegenteil hier offenbart er sich als unser Retter.

Peter Bichsel hat einmal gesagt: «Das Beste an der Kirche ist, dass sie diesen Jesus nie loswerden konnte.»[25] Sie war allerdings im Laufe der Jahrhunderte mehrmals in Gefahr, sich selber an seine Stelle zu setzen. Darauf haben zu ihrer Zeit die Reformatoren reagiert. Ihr *solus Christus* (Christus allein) war ein Kampfruf. Sie stützten sich auf die Schrift: Retter ist nur einer. Johannes Calvin sagte in seinem Genfer Katechismus: Der Name Jesus bedeutet Retter. Gott hat ihm diesen Namen gegeben. Und durch ihn, der für uns gestorben ist und uns das Leben erworben hat, ist er uns zum Namen Gottes geworden.[26] Und Zwingli versuchte, in der Tradition der altkirchlichen Bekenntnisse und immer von der Schrift her argumentierend, auf seine Weise zu sagen, warum dieser Mensch Jesus nicht nur wahrer Mensch, sondern ebenso wahrer Gott sei, erfüllt von der Kraft und dem Geist Gottes, der ihn selber als seinen Sohn bezeichnet habe.[27]

Im Judentum oder im Islam wäre eine solche Vergöttlichung eines Menschen unerträglich. Und noch unerträglicher wäre die Vermenschlichung, die Menschwerdung Gottes. Für uns Christen aber liegt gerade darin das Geheimnis unseres Glaubens. Durch Jesus Christus, den Gekreuzigten und Auferstandenen, mit ihm und in ihm können wir Gottes ansichtig werden als eines uns ganz zugewandten Gottes. Er bleibt nicht länger unerforschlich und verborgen, übermächtig und unheimlich, er erweist sich als verwundbar, weil er uns liebt und in seiner Liebe sogar unsere Ablehnung riskiert. Denn Liebe kann keine Gegenliebe erzwingen. Und trotzdem ist ihr Ja stärker als jedes Nein, das ihr entgegensteht. Das ist, und nichts anderes wollten die Reformatoren mit ihrem *solus Christus* ins Feld führen, die Mitte der Schrift und das Fundament der Kirche. Allein im Vertrauen auf ihn, *sola fide,* (aus Glauben allein), sind wir des Heils teilhaftig. Das ist reformatorisches Bekenntnis und für uns Reformierte das unterscheidende Kriterium des Christseins.

4. Seinen Namen tragen: Ich bin getauft auf deinen Namen

Als Christen tragen wir den Namen dessen, den Gott über alle Massen erhöht und dem er den Namen gegeben hat, der über allen Namen steht – seinen Namen. Für uns ist der Name Jesu Christi zum Namen Gottes geworden. Auf seinen Namen sind wir getauft und als Getaufte auch berufen, diesen Namen zu heiligen.

Es ist mit der Taufe jedoch wie mit der Berufung des Mose oder der Berufung des Paulus: Sie setzt unseren Glauben weder voraus noch verleiht sie ihn. Ein Täufling wird beim Namen gerufen und wird mit seinem Leben als Christenmensch auf diesen Ruf antworten. Wie er das tut, hängt von ihm ab. Aber was immer er tut, es wird Antwort sein auf ein Wort, das dem seinen vorausgeht. Dieses vorausgehende Wort ist Gottes Ja zu seinem Leben, zu seiner Person: Du bist mein geliebtes Kind, an dir habe ich Wohlgefallen. Dieses Wort, *Zu*spruch und *An*spruch zugleich, ist ein Wort, das

Kraft dem verleiht, der sich davon ansprechen lässt. Diese Kraft nennt die Bibel «Heiliger Geist».

Z

Taufbekenntnis aus dem Gesangbuch der Evangelisch-reformierten Kirchen der deutschsprachigen Schweiz

«Ich bin getauft auf deinen Namen,
Gott Vater, Sohn und Heilger Geist,
und so ist alles Ja und Amen,
was mir dein teures Wort verheisst.
Ich bin in Christi Tod versenkt;
ich bin mit seinem Geist beschenkt.»

Johann Jakob Rambach, 1734, RG 177

Bei allen Differenzen zwischen den verschiedenen Konfessionen, in diesem Punkt sind sie sich einig: Kirche ist die Gemeinschaft aller Getauften und die durch die Taufe erworbene Zugehörigkeit zur Kirche ist unverlierbar, denn sie hängt nicht von unserer Treue ab, sondern von der Treue Gottes, die unverbrüchlich ist. Darum ist die Taufe ein Sakrament, das dem, der es empfängt, eine besondere Würde verleiht – er gehört fortan zur «Gemeinschaft der Heiligen», zur Gemeinschaft derer, die beten, dass Gottes Name geheiligt werde, in ihr und durch sie. Deshalb haben die altkirchlichen Bekenntnisse die Kirche, die Gemeinschaft der Heiligen, dem dritten Glaubensartikel zugeordnet: Wir glauben an den Heiligen Geist, die eine, heilige, katholische und apostolische Kirche. Nicht aufgrund ihrer institutionellen Verfasstheit, sondern kraft des Heiligen Geistes ist sie die eine, heilige, allgemeine und apostolische Kirche. Dieser vierfachen Bestimmung folgt im Nicäno-Constantinopolitanum, dem in der römischen und orthodoxen Kirche bevorzugten Glaubensbekenntnis aus dem vierten Jahrhundert, dann auch unmittelbar: Wir bekennen die eine Taufe zur Vergebung der Sünden.

Der Heilige Geist – Lebensatem, den Gott Adam in die Nase blies, Kraft, die von Gott kommt, die Mose und den Propheten, den Aposteln, dem Paulus und vielen anderen verliehen worden war – hat auch Jesus mit jener Vollmacht erfüllt, in der er gewirkt und gelehrt hat. Den seinen versprach er, dass sie diese Kraft Gottes ebenfalls empfangen und aus derselben Vollmacht heraus die Werke, die er tat, weiter tun würden und sogar grössere als diese (Joh 14,12). Auf dem Hintergrund jüdischen Glaubens war dies einfach zu verstehen: in ihnen und durch sie würde der Name Gottes geheiligt werden. Aber für spätere Generationen von Christen, die keine Juden waren, gab solches Reden zu komplizierten theologischen Spekulationen Anlass. Auf verschiedenen altkirchlichen Konzilien zerbrachen sie sich die Köpfe darüber, in welchem Verhältnis denn nun der Heilige Geist zu Jesus Christus und dieser wiederum zu Gott dem Vater stehe. Im vierten Jahrhundert schliesslich einigten oder trennten sie sich über verschiedenen Bekenntnisformeln, die alle damit rangen, wie angemessen von Gott, von Jesus Christus und vom Heiligen Geist zu reden sei. Durchgesetzt hat sich in der Kirche dann die Lehre von der Trinität: Wir sprechen von dem einen Gott im Namen des Vaters und des Sohnes und des Heiligen Geistes. Das ist nicht biblische, sondern kirchliche Tradition. Für uns heute sind die damaligen Auseinandersetzungen und Abgrenzungen schwer nachvollziehbar, das trinitarische Reden von Gott ist jedoch liturgisch ein höchst wirksames und für unseren Glauben auch höchst fruchtbares Reden geworden. Ohne Gott begrifflich fassen zu können oder auch nur zu wollen, erlaubt es uns, seine Anwesenheit und seine Abwesenheit in der Welt dynamisch zusammenzudenken und zu verstehen, dass er immer ein Gott in Beziehung ist, sogar in sich selber: drei und doch einer! Das trinitarische Glaubensbekenntnis, das auch in den Kirchen der reformatorischen und reformierten Tradition seine Gültigkeit behalten hat, erlaubt uns im Hören auf die biblischen Zeugen und in Gemeinschaft mit allen christlichen Konfessionen zur Sprache zu bringen, wer Gott für uns ist: Schöpfer und Erlöser zugleich, Anwalt, Beistand und Tröster aller, die seinen Namen tragen.

Was heisst es nun aber konkret, als auf seinen Namen Getaufte, als Gläubige oder als Zweifelnde, als Christinnen und Christen, Träger seines Namens zu sein? Es heisst, dass wir uns wie Mose, wie Paulus, wie zahllose andere Zeugen in der Bibel und in der Geschichte, von dem einen Gott, wo und wie unerwartet er uns auch begegnet und anspricht, in Anspruch nehmen lassen. Es heisst, dass wir auf seine Kraft zählen, auf den Heiligen Geist, der uns ermächtigt und befähigt, in seinem Namen zu wirken. Es heisst, dass wir in der Nachfolge Jesu Christi als Zeugen des Auferstandenen nach Massgabe unseres Vermögens dazu beitragen, worum wir bitten: Dein Name werde geheiligt. Dass wir einstimmen in Lob und Dank und Anbetung dessen, der uns ins Leben gerufen hat und rufen wird, selbst wenn wir sterben. Er ruft immer ins Leben, selbst aus dem Tod. Denn sein ist das Reich und die Kraft und die Herrlichkeit, in Ewigkeit.

Trinität

e

Die Trinitätslehre gehört zum christlichen Glauben wie die Grammatik zu unserer Sprache: Sie hilft zu formulieren, was wir sonst gar nicht sagen könnten. Wir merken es immer, wenn wir eine andere Sprache hören oder reden oder wenn wir etwas, was nicht Sprache ist, Musik oder ein Bild oder einen Traum in Sprache übersetzen wollen, dass wir nicht alles ausdrücken können, wie wir es gerne wollten, weil sich nicht alles unseren Sprachregeln fügen will – aber ohne diese könnten wir es noch viel weniger.

Eine Lehre (griechisch: ein Dogma) ist so wenig ein Glaubensinhalt wie die Grammatik ein Sprachinhalt ist. Die eine wie die andere dient vielmehr dazu, dass wir uns verständigen und über den Glauben sprechen können. Oder über Gott.

Die Trinitätslehre, die auf den allerersten Konzilien der Kirche erarbeitet wurde, spiegelt das theologische Ringen um eine dem christlichen Glauben angemessene Form des Redens von Gott nach den Regeln griechischer und lateinischer Sprache und Philosophie, ein Stück mühsamer Übersetzungsarbeit und interkultureller Verständigung. Sie spiegelt auch ein Stück frühkirchlicher Geschichte und Machtpolitik, den Kampf um das rechte Bekennen des wahren Glaubens, der oft auch gewaltsame Züge annahm. Aber es ist dieser Lehre zu verdanken, dass wir als Christen nie von Gott reden können unter Absehung von Jesus Christus, von seinem Leben und Leiden, von seinem Tod und seiner Auferstehung. Dass wir umgekehrt aber auch nie von Jesus von Nazaret reden können unter Absehung von dem, den er seinen Vater nannte, dem Gott Israels, dem Gott Abrahams, dem Gott der Befreiung, dem Gott, der ihm seinen Geist verliehen und ihn vom Tode auferweckt hat. Und es ist dieser Lehre zu verdanken, dass wir wissen, dass alles Reden von Jesus und über Gott ein leeres Gerede ist, wenn es nicht in der Kraft des Heiligen Geistes geschieht, jener Kraft, über die wir nicht aus uns selbst heraus verfügen, die jedoch allen Christen bei der Taufe zeichenhaft übertragen wird, der Kraft Gottes, die Glauben schafft.

5. Konkretionen

Die Frage, die uns im Zusammenhang mit der ersten Bitte im Unservater beschäftigt hat, lautete: Wie ist überhaupt von Gott zu reden, den wir darum bitten, dass sein Name geheiligt werde – vielleicht weil wir selbst dazu gar nicht in der Lage sind? Auf diese Frage zurückkommend, lässt sich zum Schluss zweierlei sagen: Wir können es nicht. Gott entzieht sich unserem Begreifenkönnen und unterwirft sich unseren Sprachregeln und Wirklichkeitskonzepten in keiner Weise. Er ist immer wieder ganz anders, als wir uns das vorstellen. Paradoxerweise ist aber auch das Gegenteil wahr: Wir können sehr wohl von Gott reden, weil er zu uns geredet hat und redet, durch die Schrift und durch den Geist. Auch dies immer wieder überraschend anders als erwartet. Davon sollen wir erzählen. Unser christliches Reden von Gott ist im Unterschied zum jüdischen oder muslimischen oder dem der Philosophen eines, das sich an den Erzählungen von Jesus Christus orientiert und die Glaubenszeugnisse des Alten und Neuen Testaments auf ihn hin und von ihm her zu verstehen versucht. Dies schlägt sich nieder in den kirchlichen Überlieferungen: den Bekenntnissen unserer Väter und Mütter im Glauben. Durch sie ist für uns der Name Gottes, der unaussprechlich bleibt, ansprechbar geworden. Denn möglicherweise ist die entscheidende Frage nicht, wie wir *von* Gott reden können. Wir können es nicht besser als andere Menschen auch, beschränkt in unserem Verstehen und unzulänglich in unseren Worten. Die entscheidende Frage ist vielmehr: Wie wir als Christen auf Gott *hören* und wie wir *zu ihm* reden können. Jesus zeigt es uns: Indem wir beten. Indem wir uns Worte geben lassen. Wie beispielsweise das Unservater.

Bemerkenswerterweise trennt dieses Gebet als ein Reden *zu* Gott uns nicht von, sondern verbindet uns mit Menschen anderer Konfessionen und Religionen, die es mit uns beten könnten, auch wenn sie theologisch ganz anders von Gott reden würden als wir. Und dies nicht zuletzt aufgrund der allerersten Bitte: Dein Name werde geheiligt. Dieser Name, der im Gebet unausgesprochen bleibt und gerade damit das Geheimnis Gottes wahrt und respektiert. Dieser Name, der ein Gegenüber benennt, das für uns in Jesus Christus ein Gesicht bekommen hat, für andere aber vielleicht ein anderes. Mit dieser ersten Bitte beten wir um Befreiung aus aller Selbstbezogenheit, auch der religiösen. Denn wir wissen nur zu gut, dass auch im Namen Christi und im Zeichen des Kreuzes schon viel Blut vergossen worden ist und die Kirche gerade ihrer «allerheiligsten» Überzeugungen wegen Schuld auf sich geladen hat. Nicht wir und das, worum wir uns sorgen, sondern Gott soll den ersten Platz einnehmen in unseren Herzen, in unserem Tun und Lassen und in der Welt, damit er uns immer wieder ins Lot bringe in unserem Verhältnis zueinander, zu uns selbst und zu ihm. Darum beten wir: Dein Name werde geheiligt.

Die Welt ist nicht genug

Dein Reich komme

RicH

Die Welt ist nicht genug

Dein Reich komme

Z «Der Himmel, der ist, ist nicht der Himmel, der kommt, wenn einst Himmel und Erde vergehen.
Der Himmel, der kommt, das ist der kommende Herr, wenn die Herren der Erde gegangen.
Der Himmel, der kommt, das ist die Welt ohne Leid, wo Gewalttat und Elend besiegt wird.
Der Himmel, der kommt, das ist die fröhliche Stadt, und der Gott mit dem Antlitz des Menschen.
Der Himmel, der kommt, grüsst schon die Erde, die ist, wenn die Liebe das Leben verändert.»

Kurt Marti, 1963/1971, RG 867[28]

1. Wo ist Gott?

Wir kennen das: Auf unser Bekenntnis, dass wir an Gott glauben, kommt fast automatisch die Rückfrage: Und, wo ist dieser Gott? Spätestens dann wird es noch unbequemer. Wir verweisen auf unseren Glauben, die innere Gewissheit seiner Gegenwart, vielleicht auch auf Wahrnehmungen und Erfahrungen oder darauf, dass wir von den Glaubenswahrheiten der Bibel überzeugt sind etc. Aber jede und jeder wird zugeben, dass es nicht nur der Zweifel der anderen ist, sondern auch unser eigener: Wo ist der Gott, auf den wir unser ganzes Vertrauen setzen sollen und der unser alleiniger Trost ist? Wo, Gott, bist du? Die Frage bringt uns in Verlegenheit.

Wir gehen ihr gerne aus dem Weg, weil unsere Antworten häufig im Ungewissen bleiben, sodass wir ihnen selbst nicht recht trauen können.

Es gehört zu den Eigenarten christlicher Theologie, ganz selbstverständliche Fragen auf den Kopf zu stellen. Häufig bringt das der Theologie den Vorwurf ein, sie sei kompliziert, ihre Antworten zu intellektuell und realitätsfern. Diese Kritik trifft zu, wenn unser Alltagsdenken zum Mass aller Dinge erklärt wird oder wenn wir den Anspruch erheben, dass sich der Gott der Bibel unseren alltäglichen Denkgewohnheiten anzupassen habe. Wird diese Bedingung unhinterfragt vorausgesetzt, wirkt der Glaube schnell weltfremd. Seine Verkündigung stösst auf Unverständnis oder gilt als verstaubte, längst überholte Weltanschauung für Unverbesserliche.

Reformierte heissen nicht nur so, weil sie die Kirche reformieren wollten. Wenn Kirche und Welt zusammengehören und der Glauben deshalb nicht auf die eine Hälfte beschränkt werden kann, gilt ihr Anliegen ganz selbstverständlich auch für die Welt. Unsere Welt zu reformieren bedeutet im Kern, die Weltwirklichkeit mit anderen Augen wahrzunehmen. Was dann zunächst als weltfremd erscheint, kann sich bei genauerem Hinsehen gerade als lebensförderlicher Realismus herausstellen. Tatsächlich fragen Christinnen und Christen nicht danach, was unserer Welt dient, sondern was dem Leben nützt. Sie kritisieren nicht eine Weltfremdheit, sondern eine Lebensfremdheit. Nicht alles, was der Welt entspricht, dient auch dem Leben und nicht alles, was in unseren Augen weltfremd erscheint, ist auch lebensfremd.

Für diese besondere Sicht auf die Welt hat reformierte Theologie den Begriff «Königsherrschaft Christi» geprägt und bringen damit ein Doppeltes zum Ausdruck: Erstens ist Gott in Jesus Christus und seinem Geist nicht nur der Herr seiner Kirche, sondern ebenso der Herr der Welt. Und zweitens ist deshalb nicht alles, was in der Welt fremd erscheinen mag, auch weltfremd. Eine Welt, die nur selbstzufrieden bei sich bleibt und ihren selbst gemachten Ideen folgt, ist aus christlicher Sicht tatsächlich eine weltfremde Welt. Wer sich ein Bild von der Welt ohne ihren Schöpfer, Erhalter und Vollender macht, wer meint, dass das, was ist schon alles ist, hat ein unvollständiges, schiefes Weltbild.

Christinnen und Christen bekennen es schon seit zwei Jahrtausenden: Die Welt ist nicht genug. Und deshalb bitten sie bereits in der Bibel um das Kommen des Gottesreiches. Das ist keine symbolische oder metaphorische Bitte. Darin geht es nicht um eine esoterische oder psychische Innerlichkeit, sondern um handfeste Politik – freilich nicht um menschliche Politik, sondern um die Politik Gottes. Mit der Unservater-Bitte wird die christliche Sehnsucht in Worte gefasst: Gott soll herrschen. Die biblischen Texte verwenden für die damaligen Menschen vertraute politische Begriffe: das Reich Gottes (*basileia tou theou*), das Reich des Vaters (*basileia tou patros*) oder – bei Matthäus in jüdischer Wortwahl – das Himmelreich (*basileia ton ouranon*). Basileia meint ursprünglich die Ausübung der Königsherrschaft des *basileus*, des Königs oder Herrschers. Die Macht (hebr. *malkut;* lat. *regnum*) und Würde des Königs zeigen sich in der Herrschaftsgewalt über sein Reich.

2. Reich Gottes in der Zeit

Alles menschliche Wissen über die Zukunft ist begrenzt. Das gilt auch für die Bibel und ihre Aussagen über das anbrechende Gottesreich. Im Alten Testament begegnen Vorstellungen von der Königsherrschaft Gottes erst spät bei Jesaja und in den Psalmen (vgl. Jes 6,3f.; Ps 24,1f.). Gott herrscht auf dem Gottesberg Zion (Ps 48,3) über die Götter, die Erde und die Menschheit. In der Bibel wird mehrheitlich die Überzeugung vertreten, dass Gottes universale Herrschaft seit der Urzeit bis in alle Ewigkeit andauert. Daneben provozierte das politische Scheitern des davidischen Königtums eschatologische Deutungen, nach denen Jahwe als «König Israels» ein neues Volk zusammenführt, seine Offenbarung als König allerdings noch aussteht (Jes 24–27). Unter dem Eindruck der Krise der griechischen Weltmacht verstärken sich später die eschatologische Deutung von der Zerstörung aller Weltreiche und der Errichtung eines unzerstörbaren Reiches «am Ende der Tage» (Dan 2,28.44).

e

Eschatologie als Hoffnungslehre

Die Lehre von den letzten Dingen (griechisch: *ta eschata)* ist die theologische Hoffnungslehre vom Ziel des christlichen Glaubens. Im Zentrum steht die Frage: Wozu das alles? Die vollständige Antwort darauf liegt in der Zukunft und steht deshalb noch aus. Weil es aber um die Geschichte Gottes mit seiner Schöpfung geht, findet die Zukunft auch schon im Hier und Jetzt statt. Eschatologie eröffnet einen neuen Blick auf die Wirklichkeit aus der Perspektive des Glaubens. Es ist kein hoffender Blick der einer häufig ernüchternden Wirklichkeit trotzt, sondern umgekehrt der Blick des Glaubens, in dem das Hoffnungsvolle in dieser Wirklichkeit schon da ist. Die Realität dieser Hoffnung gründet in Jesu Wort am Kreuz: «Es ist vollbracht» (Joh 19,30). Eschatologie betrachtet Weltgeschichte von Karfreitag und Ostern aus. Kreuz und Auferstehung stehen am Anfang der Befreiungsgeschichte Gottes mit den Menschen, die an ihrem Ziel ist, wenn Jesus Christus «alles unterworfen» und «Gott alles in allem» ist (1Kor 15,28). Von dieser Reise in die Freiheit handelt die theologische Hoffnungslehre. Sie ist der menschliche Versuch, «alle Dinge so zu betrachten, wie sie vom Standpunkt der Erlösung aus sich darstellten».[29]

Die neutestamentliche Rede vom Reich Gottes weicht von den bekannten israelitisch-jüdischen Vorstellungen in einem entscheidenden Punkt ab: Der Mensch gewordene Gottessohn beansprucht für sich selbst, die Königsherrschaft aufzurichten und zu vollenden. Der Gedanke vom Reich Gottes steht im Zentrum der Verkündigung Jesu. Das Markusevangelium stellt das Wirken Jesu unter das Generalthema: «Erfüllt ist die Zeit, und nahe gekommen ist das Reich Gottes. Kehrt um und glaubt an das Evangelium!» (Mk 1,15). Zur Eigenart der Reich Gottes-Verkündigung gehört das Nebeneinander von gegenwarts- und zukunftsbezogenen Aussagen. Ein zukünftiges Verständnis vom Reich Gottes begegnet in der ersten Seligpreisung, die den Armen das Himmelreich zusagt, in der Rede vom Hineingehen in das Reich Gottes oder in dem Verzicht Jesu, von der Frucht des Weinstocks zu trinken, «bis zu dem Tag, da ich aufs Neue davon trinken werde im Reich Gottes» (Mk 14,31).

Die Gegenwart der Königsherrschaft wird betont in Jesu Deutung der Dämonenaustreibungen: «Wenn ich jedoch durch den Finger Gottes die Dämonen austreibe, dann ist das Reich Gottes zu euch gelangt» (Lk 11,20), in seiner Aufforderung, die Kranken zu heilen, denn: «Nahe gekommen ist das Reich Gottes, bis zu euch» (Lk 10,9) oder in der Antwort auf die Frage der Pharisäer nach der Ankunft des Gottesreiches: «Das Reich Gottes kommt nicht so, dass man es beobachten könnte. Man wird auch nicht sagen können: Hier ist es! oder: Dort ist es! Denn seht, das Reich Gottes ist mitten unter euch.» (Lk 17,20f.)

Die Spannung zwischen der Gegenwart und Zukunft der Königsherrschaft Christi lässt sich nicht aufheben. Und die Bibel bestätigt, dass sie auch nicht aufgehoben werden darf. So sehr das christliche Leben in den paulinischen Gemeinden Ausdruck der angebrochenen Königsherrschaft ist, wird das Reich Gottes doch erst zukünftig erlangt. Um diesen dynamischen Zusammenhang verständlich zu machen, greift Jesus häufig auf Bilder zurück: im Gleichnis vom Senfkorn (Mk 4,30–32), im Doppelgleichnis von Senfkorn und Sauerteig (Mt 13,31–33; Lk 13,18–21) und – zu Ende geführt – im Gleichnis von der selbst wachsenden Saat (Mk 4,26–29). Der ausgesäte Samen sprosst und wächst, ohne dass der Mensch aktiv daran beteiligt ist. «Von selbst bringt die Erde Frucht» (Mk 4,28). Der Wachstumsprozess ist selbständig in Gang und dauert, bis die Frucht reif ist für die Ernte (Mk 4,29). Das Reich Gottes ist ein Sein im Werden als angebrochene Heilszeit: Zeit des Erbarmen Gottes mit den Menschen, Zeit der Umkehr, Gnadenzeit und Zeit des Glaubens. Denn «im Glauben gehen wir unseren Weg, nicht im Schauen» (2Kor 5,7). Der Glaube erreicht sein Ziel, wenn «ich ganz erkennen [werde], wie ich auch ganz erkannt worden bin» (1Kor 13,12).

Die Vielstimmigkeit der im neuen Testament versammelten Reich-Gottes-Aussagen sind weder eine Verlegenheit noch Ausdruck einer Widersprüchlichkeit. Jesus redet vor allem in Gleichnissen vom Reich Gottes, nicht weil er nicht anders davon sprechen könnte, sondern weil seine Zuhörerschaft – wir! – es anders nicht verstehen würden (Mk 4,33). Unsere beschränkte Erkenntnisfähigkeit (1Kor 13,9), unsere Weltfremdheit mitten in der Welt steht uns im Weg. Menschlicher Erkenntnis ist die Welt immer schon genug. Deshalb irritiert die Verkündigung Jesu. Aber wer sie als Spekulation, religiöse Utopie, moralische Durchhalteparole oder seelsorgerliche Strategie abtut, sieht in Jesus lediglich den Sozialrevolutionär und nicht den Gottessohn: Jesus, den Christus, der verkündigt, dass in seiner Person das Reich Gottes in die Welt gekommen ist: «Zu jedem, der sich vor den Menschen zu mir bekennt, wird sich auch der Menschensohn bekennen vor den Engeln Gottes.» (Lk 12,8) In den Wundern, Gleichniserzählungen, in der Verkündigung und Nachfolge bricht seine Königsherrschaft tatsächlich an.

3. Unterwegs

Es ist schon verwirrend! Das Vergangene ist *noch* nicht vorbei, aber das Zukünftige *schon* da. Das widerspricht unserer Grammatik, nach der Vergangenes hinter uns liegt und die Zukunft uns voraus ist. Die sonderbare Zeitauffassung kommt schon im ersten Wort der zweiten Bitte zum Ausdruck: *eltheto* (deutsch: es komme) steht für ein Verständnis von Zeit, das prägnant in der Apokalyptik begegnet: «Ich bin das A und das O, spricht Gott, der Herr, der ist und der war und der kommt» (Offb 1,8; vgl. 1,4; 4,8). Die Selbstaussage Gottes steht unserer Gewohnheit entgegen, über die Vergangenheit, Gegenwart und Zukunft wie über Punkte auf einem Zeitstrahl zu sprechen. Über die zukünftige Wirklichkeit Gottes heisst es nicht «der sein wird», sondern «der kommt». Das Reich Gottes ist *schon* da, aber *noch nicht* in seiner Vollendung. Wir sind mitten drin in dem «Zur-Herrschaft-Kommen-Gottes». Am ehesten vergleichbar ist diese Dynamik mit dem Erleben einer Schwangerschaft. Obwohl das Kind noch nicht geboren wurde, ist es für die Eltern schon ganz präsent: in der Sorge um das ungeborene Leben, in den Vorbereitungen auf die Geburt und die Zeit danach. Obwohl die Eltern das Kind noch nicht wirklich gesehen haben und ihm niemals *face to face* begegnet sind, sprechen sie mit dem und über das Kind, als wäre es längst ein leibhaftiges Gegenüber. Das Kind ist lange vor seiner Geburt ganz unmittelbar da. Man könnte sagen, Eltern sind in ihrem Verhalten während der Schwangerschaft der Zeit voraus. Für sie ist die zukünftige Geburt ihres Kindes bereits lange vorher gegenwärtig. Ganz ähnlich verhält es sich mit der Wahrnehmung des Gottesreiches. Der Blick geht nicht von der Gegenwart aus *nach vorne* (in die Zukunft), sondern *von vorne* – vom Ende der Welt (Mt 28,20) her, wenn Gott «alles in allem» (1Kor 15,28) ist – auf die Gegenwart *zurück* (ins Hier und Jetzt). Dahinter steckt der folgende Gedanke:

Wenn die Zukunft in die Gegenwart hineinreicht und sie mit bestimmt,

dann ist das Gottesreich bereits in der Weise gegenwärtig, wie diese Zukunft in dem dynamischen Prozess des Kommens hier und jetzt wirksam *ist*.

In diesem Bewusstsein lebt die Christenheit seit ihren Anfängen und der Reformation ging es darum, diese Glaubenswirklichkeit gegen eine satte Selbstgenügsamkeit mit der Welt neu wachzurufen. Das Motto der Reformatoren lautete: Die Welt ist nicht genug, wir sind hier nur auf der Durchreise. Wir sind wie Zugreisende auf der Fahrt des Gottesreiches im Kommen. Wir stehen nicht auf dem Bahnhof und warten darauf, dass der angekündigte Zug eintrifft, sondern wir sitzen selbst in dem Zug, dessen Ankunft wir erwarten. Sich im Zug zu befinden bedeutet, in der Heils*wirklichkeit* Gottes zu sein und ihrer Vollendung – dem Eintreffen im Bahnhof – hoffnungsvoll entgegen zu reisen. Das Ziel, die Ankunft in der Vollendung, ist so real, wie wir uns wirklich auf der Fahrt dorthin befinden. Die Zugfahrt ist dabei weit mehr als nur ein Bild. Das Unterwegs-Sein kennzeichnet für die Reformatoren, allen voran für Johannes Calvin, das Sein der Kirche als wanderndes Gottesvolk – wie das vorstaatliche Israel im Alten Testament – auf dem Weg in ihre Heimat, dem vollendeten Gottesreich.

Aber wo erhalten wir ein Ticket für den Zug und von welchem Bahnsteig fährt er ab? Das Evangelium gibt darauf eine klare Antwort: Das Reich Gottes ist dort, wo Gott in Jesus Christus und seinem Geist den Menschen begegnet. Gott selbst verkörpert die Dynamik in seinem schöpferischen, versöhnenden und vollendenden Handeln. In seiner Zuwendung offenbart sich Gott den Menschen nicht in einem einmaligen Impuls oder Akt, sondern in einem Beziehungsprozess, der dem Aufbau seines Reiches entspricht. Für die Menschen, denen sich Gott zu erkennen gibt, gilt: «Euch ist das Geheimnis des Reiches Gottes gegeben» (Mk 4,11). Allen anderen, «die draussen sind», bleibt – wie der Vers fortfährt – diese Erkenntnis verborgen. Das klingt ausgrenzend, arrogant und elitär. Und das wäre es auch, wenn damit ein menschliches Vermögen, eine intellektuelle Leistung oder eine besondere moralische Anstrengung gemeint wären. Allerdings spricht Jesus von der *Gabe* des Geheimnisses und nicht von einem menschlichen Besitz oder Vermögen. Niemand folgt Christus aus eigenem Antrieb nach. Gott selbst holt die Menschen in seine Nachfolge, vergibt die Tickets und verteilt die Sitzplätze im Zug.

Dass unsere Geschichte nicht nur weitergeht, sondern auf ein Ziel zusteuert, ist unserem neuzeitlichen Denken fremd geworden. Die vormodernen Menschen hatten kaum Mühe damit. Der trinitarische Gott im Zentrum ihres Weltbildes bestimmte das Ziel (griechisch: *telos*), das allem Seienden seine Struktur und Ordnung vorgab. Die Rede von der göttlichen Schöpfung wurde nicht nur als Herkunftsbezeichnung, sondern ebenso als *Zielbestimmung* alles Seienden verstanden. Mit der neuzeitlichen Ersetzung Gottes durch den Menschen im Zentrum des Weltverständnisses (Anthropozentrismus) treten an die Stelle der bewegenden Kraft der göttlichen Zielsetzungen menschliche Absichten (lat. *intentio*) als Antriebe unserer Weltgestaltung. Damit sind die Ziele nicht verschwunden, aber sie kommen nun als unsere Handlungsziele, also menschliche Setzungen in den Blick. In den Mittelpunkt rücken die Absichten und Ziele, die Menschen aus sich heraus (autonom, selbstbestimmt) anstreben und verwirklichen.

Schon jetzt lautet die Devise eines solchen Selbstverständnisses. Das *noch nicht* bleibt verborgen, während das *schon jetzt* so viel Raum einnimmt, dass kein Platz für anderes bleibt. Das Defizit dieser Weltsicht zeigt sich in einem Gedankenexperiment, bei dem holzschnittartig modernes und vormodernes Denken nebeneinander gestellt werden: Teleologische Heilszeit versteht die Geschichte Gottes mit seiner Welt vom Ziel her (*telos*), intentionale Weltzeit geht von den Absichten aus, die die menschlichen Handlungsgeschichten bestimmen (*intentio*). Die Pointe der Unterscheidung besteht darin, dass beide Zeitverständnisse auf verschiedene Handlungssubjekte verweisen: Die Perspektive der Heilszeit rechnet mit dem handelnden und den Menschen gebietenden Gott. Die Sicht der Weltzeit konzentriert sich ganz auf die Menschen als tätige Subjekte. Den beiden Handlungssubjekten entspricht die, für das reformatorische Reich-Gottes-Verständnis grundlegende Aktiv-Passiv-Unterscheidung. Weltzeit interpretiert Geschichte als Ergebnis dessen, was

Menschen aktiv tun und lassen: Die Welt ist sich genug. Heilszeit begreift Geschichte als Rechtfertigungs- und Erlösungsgeschehen im Blick darauf, was den Menschen zukommt (*passio*), wie Gott an den Menschen handelnd sein Reich aufbaut. Calvin rückt diesen Ereignischarakter in einen scharfen Kontrast zur Welt: «Gott richtet also sein Reich auf, indem er die ganze Welt demütigt».[30] Die Welt ist nicht genug! Aktivität und Passivität verbinden sich in der Begegnung Gottes mit den Menschen (Rechtfertigung) und in der Nachfolge des «neuen» Menschen (Heiligung): «Wenn also jemand in Christus ist, dann ist das neue Schöpfung; das Alte ist vergangen, siehe, Neues ist geworden.» (2Kor 5,17)

4. Hoffnungsvoll

Z

«Wenn Du ein Schiff bauen willst, dann trommle nicht Männer zusammen, um Holz zu beschaffen, Aufgaben zu vergeben und die Arbeit einzuteilen, sondern lehre die Männer die Sehnsucht nach dem weiten, endlosen Meer.»

Antoine de Saint-Exupéry[31]

Niemand geht in seiner gegenwärtigen Wirklichkeit auf. Wir sind Bewohnerinnen und Bewohner von Geschichten: unseren Biografien, die nicht nur unsere eigenen, sondern mit den Lebensgeschichten vieler anderer untrennbar verwoben sind, der Geschichte unserer Familie, der Gemeinschaften in denen wir heimisch sind, der Geschichte unserer Kultur und Zivilisation und schliesslich der Menschheits- und Weltgeschichte. Keine Geschichte fängt mit uns an und keine Geschichte endet mit uns. Für Christinnen und Christen verbinden sich ihre Biografien mit der Geschichte Gottes mit seinem Volk und mit den Menschen des «neuen Bundes» (Lk 22,20). In seiner Kirche schreibt Gott seine in der Bibel bezeugte Geschichte mit den Menschen weiter. Die auf das Ziel gerichtete Hoffnung hält die ganzen Einzelgeschichten zusammen und verbindet sie. Die Menschen, die diese Geschichte bevölkern, sind durch die Hoffnung miteinander verbunden. Sie teilen die gleiche Sehnsucht nach einer Welt, die sich nicht genug ist.

Das Unservater bringt die gemeinsame Sehnsucht zur Sprache. Die Bitten sind weniger Klage über eine schlechte Gegenwart, verbunden mit dem Wunsch nach ihrer Korrektur. Vielmehr sind sie Merkmal der Sehnsucht nach dem Neuen. Die Hoffnung auf das noch zukünftige *Genug*! motiviert zum Gebet, nicht nur die Unerträglichkeit gegenwärtigen Mangels. In der Situation des Gebets scheint das *schon jetzt* durch den Nebel des *noch nicht* hindurch. Hinter dieser Hoffnung stehen zwei fundamentale Einsichten: erstens das Wissen um die Unfertigkeit der Welt und der Kirche und zweitens das Bewusstsein, dass wir diese Baustellen nicht selbst beseitigen und fertigstellen können. Wir bitten, weil wir erkennen, dass wir es aus eigener Kraft nicht schaffen. Und wir bitten, weil wir wissen, dass uns Gott bei der Vollendung seines Reiches dabeihaben will. Deshalb bitten wir nicht nur darum, dass etwas passiert, sondern in der Hoffnung, dass etwas *mit und an uns* geschieht (sonst wäre unser Gebet nichts anderes als ein Antrag oder ein Gesuch an Dritte).

5. Es wird regiert! – Kirche als Spiegelbild des Gottesreiches

Die Bitte um das Kommen des Reiches Gottes enthält eine Provokation für die Regierenden dieser Welt. Bereits Augustus betrachtete die Geburt Jesu als gewaltige Bedrohung, die allen damals Neugeborenen das Leben kostete und deshalb Maria und Josef zur Flucht ins Ausland zwangen. Den urchristlichen Gemeinden in ihrer schwierigen oder gar bedrohten Lage als Randgruppe und *outlaws* ging noch leicht über die Lippen, was dem später etablierten Christentum nicht mehr so selbstverständlich sein konnte: die Relativierung und Abwendung von der Welt in der Erwartung des nahen Gottesreiches. Wer nichts zu verlieren hat, muss die Ankunft des alles umstürzenden Neuen nicht befürchten – im Gegenteil, eine prekäre Gegenwart weckt die Sehnsucht nach radikaler Veränderung. Wer dagegen über Macht, Einfluss, Besitz und gesellschaftlichen Status verfügt und also viel zu verlieren hat, wird eine Erklärung suchen, nach der der zukünftige Machthaber keine Bedrohung für die eigene Macht darstellt. Deshalb fielen die theologischen Bestimmungen des Gottesreiches in der Kirchengeschichte ganz unterschiedlich aus und sind bis heute kontrovers geblieben. Das ändert nichts an der bleibenden Herausforderung: Wenn wir von der *Wirklichkeit* des Kommens (*adveniat*) des Reiches Gottes sprechen, dann muss unseren Worten etwas in unserer Welt entsprechen. Wo begegnet uns diese Wirklichkeit? In der Innerlichkeit der Gläubigen oder in der Kirche als der Gemeinschaft der Gläubigen oder in der Menschheits- und Weltgeschichte oder in der gesamten Schöpfung?

Gegenüber den vormodernen Menschen neigen wir heute dazu, das Reich Gottes mit dem neuen Menschen in der Innerlichkeit der Gläubigen zu suchen. Das entspricht einerseits den biblischen Zeugnissen, in denen Jesus konkreten Menschen das Gottesreich zusagt. Andererseits garantiert die Verlegung in die Innerlichkeit, dass die Aussenwelt unangetastet so bleibt, wie sie ist. Der Bibel und den Reformatoren ist ein solcher individualistischer Zugang fremd. Christlicher Glauben lebt in und aus der Gemeinschaft der Gläubigen, einem anderen Wort für die christliche Kirche. Es ist kein Zufall, dass der Bitte um das Kommen des Gottesreiches die gemeinsame Anrede «Unser Vater …» (Mt 6,9) vorausgeht. Auch im privaten, stillen Gebet, bleibt das Unser stehen und wird nicht zu Mein Vater. Das Unservater ist das Gebet der in seinem Namen und unter seinem Wort versammelten Kirche. Jede und jeder einzelne stellt sich im Nachsprechen in den Raum der bittenden Gemeinde. Die Betenden teilen eine gemeinsame Hoffnung, nicht weil sie alle das Gleiche wollen und erwarten, sondern weil sie im Gebet den *einen* Gott um die Vollendung seiner *einen* Gemeinschaft bitten. Es geht um das *eine* Ganze, um sein Reich.

Wenn also die Kirche Spiegelbild des kommenden Gottesreiches ist, in welchem Verhältnis stehen dann Kirche und Welt zueinander? Zweifellos gehört Kirche in die Welt: Kirchen sind sichtbar als Gemeinschaften (*koinonia*), Institutionen, Organisationen und Bauwerke. Sie verkünden das Evangelium öffentlich (*martyria*), verwalten die Sakramente (*liturgia*), sind karitativ in der ganzen Welt tätig (*diakonia*), ihre Mitglieder treten in der Öffentlichkeit auf und beteiligen sich an gesellschaftlichen Debatten. Ist das die Kirche, deren Haupt Jesus Christus und die sein Leib ist (Eph 1,22f.)? Ja und nein!

e

«Die Kirche ist bestimmt, als Zeugin des Evangeliums in der Welt Instrument Gottes zur Verwirklichung seines universalen Heilswillens zu sein. Sie wird dieser Bestimmung gerecht, indem sie in Christus bleibt, dem unfehlbaren, einzigen Instrument des Heils. [...] Aus der Bestimmung der Kirche als Volk Gottes ergibt sich der Auftrag für das Handeln der Christen als leiturgia (Pflege der gottesdienstlichen Gemeinschaft), zur martyria (Bezeugung der Wahrheit des Evangeliums in der gesellschaftlichen Öffentlichkeit), diakonia (der Welt Bestes suchen) und koinonia (Hinarbeiten auf die Gemeinschaft mit Gott entsprechende weltliche Gemeinschaft aller Menschen und Geschöpfe).»

Gemeinschaft Evangelischer Kirchen in Europa (GEKE)[32]

Gottes Reich steht auch der Kirche in ihrer Weltlichkeit gegenüber. Das war die eine Einsicht des innerkirchlichen Aufbruchs der Reformation, die sich um eine Neujustierung der Kirche auf die von Gott in Jesus Christus gestiftete und durch seinen Geist gewirkte Gemeinschaft bemühte. Das reformatorische Programm des vierfachen «Allein» (*solus*) galt der Reinigung der Kirche und ihrer Verkündigung von interessengeleiteten Kontaminierungen: von menschlicher Herrschaft anstatt allein Christus (*solus Christus*), von menschlichen Normen anstatt allein der Bibel (*sola scriptura*), von der Selbstüberschätzung der eigenen Fähigkeiten anstatt allein aus Gnade (*sola gratia*) und von der Selbstzufriedenheit der eigenen Erkenntnis anstatt allein aus Glauben (*sola fide*). Durch die Neu-Kalibrierung von Glauben, Kirche und Theologie rückte wieder ins Bewusstsein, was im Laufe der Erfolgsgeschichte des Christentums in den Hintergrund getreten war: Die Kirche ist genauso unfertig wie die Welt (*semper reformanda*). Auch die Kirche dieser Welt ist nicht genug!

Damit ist eine zweite Einsicht verbunden: Die Kirchen sind mehr, als von ihnen zu sehen ist und empirisch beobachtet werden kann. Kirche ist mehr und anders, als Menschen über Kirche denken und reden. Die Kirchen sind nicht genug. Kirche ist zuerst und ausschliesslich Schöpfung des göttlichen Wortes (*creatura verbi divini*). Deshalb tragen reformierte Pfarrerinnen und Pfarrer den Titel *Verbi Divini Ministra/Minister* (deutsch: Dienerin bzw. Diener des

Wortes Gottes). Die konfessionellen Kirchen und Gemeinschaften sind die weltliche Form der einen Kirche aus dem göttlichen Wort. Gott sind Konfessionen fremd. Aber wenn Gott kein Konfessionalist ist, wie kann dann die konfessionelle Aufteilung der Kirchen verstanden werden? Hilfreich ist eine Formel, die das Konzil von Chalcedon (451) für die Einheit der Göttlichkeit und Menschlichkeit Christi (Zwei-Naturen-Lehre) gefunden hat: «ungetrennt und unvermischt». Unsere Kirchen sind nicht identisch mit der einen Kirche als Leib Christi, aber sie bestehen nicht unabhängig von ihr. Die theologischen Definitionsversuche, etwa die Unterscheidung zwischen der sichtbaren und unsichtbaren Kirche oder die Rede von einer gemischten Gestalt (*corpus permixtum*) meinen nicht alternative Kirchen, zwischen denen wir wählen können. Vielmehr weisen sie darauf hin, dass der Zugang zu der einen Kirche durch die vielen Türen unserer Kirchen führt.

6. Spuren der Königsherrschaft Christi

Die Bitte um das Kommen des Gottesreiches hat etwas Irritierendes. Wäre sie nur ein frommer Wunsch, der auf ein zukünftiges Jenseits gerichtet ist, wäre sich die Welt genug. Dagegen zeigt sich der Realitätsanspruch der Bitte bereits in den biblischen Zusammenhängen, in die das Unservater eingebettet ist. Bei Lukas steht es in einem katechetischen Zusammenhang, der aus drei Texten zum Thema Gebet gebildet wird: Das Unservater (Lk 11,1–4), die Parabel über den hartnäckigen Freund (Lk 11,5–8) und die Aufforderung zum Bitten (Lk 11,9–13). Zwar findet sich auch bei Matthäus eine katechetische Rahmung, bemerkenswerter ist aber die Positionierung des Gebets im Zentrum der Bergpredigt Jesu (Mt 5–7). Das Unservater gehört direkt zur Verkündigung des Evangeliums vom Reich (Mt 4,23). Was für die ethische Lehre Jesu gilt, gilt auch für die Bitten im Unservater: Sie zielen auf die konkrete Lebenswirklichkeit der Menschen. Die Bitte um das Kommen des Gottesreiches bildet weder eine Alternative zur christlichen Lebensgestaltung noch einen utopischen Gegenentwurf zu den gegenwärtigen Verhältnissen. Jesus räumt mit einem verbreiteten Missverständnis über das Gebet auf: Beten hat nicht erst dort seine Berechtigung oder seinen Platz, wo das menschliche Handeln an seine Grenzen stösst und die Ethik nicht mehr weiter weiss. Die an Gott gerichteten Bitten gehören ebenso selbstverständlich zur Lebensform der Nachfolge, wie die Nächstenliebe, das Teilen, die Solidarität und das gerechte Tun. Sie erheben den gleichen Realitätsanspruch, wie die ethischen Forderungen, die Jesus in der Bergpredigt aufstellt. Die Einheit von Beten und Tun unterscheidet das christliche Leben von jeder anderen Moral und Ethik und gehört zum Selbstverständnis reformierter Theologie.

---

e

«Das Christentum ist ganz und gar und nicht nur im Anhang Eschatologie, ist Hoffnung, Aussicht und Ausrichtung nach vorne, darum auch Aufbruch und Wandlung der Gegenwart. [...] Es gibt darum nur ein wirkliches Problem der christlichen Theologie, das ihr von ihrem Gegenstand her gestellt [ist ...]: Das Problem der Zukunft. Denn das, was uns in den biblischen Testamenten der Hoffnung begegnet als das Andere, als das, was wir uns nicht schon aus der gegebenen Welt und unseren schon gemachten Erfahrungen mit ihr ausdenken und ausmalen können, das begegnet uns als Verheissung eines Neuen und als Hoffnung auf eine Zukunft aus Gott. [...]

Die kommende Herrschaft des auferstandenen Christus kann man nicht nur erhoffen und abwarten. Diese Hoffnung und Erwartung prägt auch das Leben, Handeln und Leiden in der Gesellschaftsgeschichte. Darum bedeutet Sendung nicht nur Ausbreitung des Glaubens und der Hoffnung, sondern auch geschichtliche Veränderung des Lebens. [...] Im praktischen Widerstand und in schöpferischer Neugestaltung stellt die christliche Hoffnung das Bestehende in Frage und dient so dem Kommenden. [...]

Mit der reformatorischen Wiederentdeckung des ‹allgemeinen Priestertums aller Gläubigen› wurde deutlich, dass an jeden die Berufung durch das Evangelium ergeht. [...] Die vita christiana besteht nicht mehr in der Flucht vor der Welt und in geistlicher Resignation von ihr, sondern sie steht im Angriff auf die Welt und im Beruf an der Welt.»

Jürgen Moltmann[33]

Die Bitte um das Kommen des Gottesreiches ist unmittelbar praktisch. Das brachte bereits die Zeitgenossen Jesu in Verlegenheit: den Sohn, dem zuerst noch das Begräbnis seines Vaters am Herzen liegt (Mt 8,21f.), den jungen Mann, der bei allem Interesse nicht gleich sein Vermögen riskieren will (Mt 19,16–26), Marta, die sich trotz ihrer Nähe zu Jesus über ungerechte Arbeitsverteilung beklagt, die dieser auch noch verteidigt (Lk 10,38–41) oder den Bauern, der aus Pflichtbewusstsein erst noch den Acker pflügen will (Lk 9,61f.). Die Verkündigung Jesu passte schon damals schlecht in den Lebensalltag seiner Mitmenschen und bürstete ihre Lebensgewohnheiten und moralischen Vorstellungen gegen den Strich. Nachfolge Jesu war damals wie heute ein Aufstehen und Losgehen gegen das Ungenügen der Welt.

Reformierte Theologie betont deshalb das paulinische Verständnis vom Reich Gottes als Gegenwart der Königsherrschaft Christi (vgl. 1Kor 15,24f.; Kol 1,13) in besonderer Weise. Eine Trennung zwischen Kirche und Gesellschaft ist ihr fremd. Das verlangt allerdings eine besondere Aufmerksamkeit dafür, den kirchlichen Auftrag und die gesellschaftspolitische Beteiligung nicht zu verwechseln oder gleichzusetzen. Das Reich Gottes ist kein Parteiprogramm. Das Kommen des Reiches Gottes mündet nicht in innerweltliche Revolution. Umgekehrt bleibt die Hoffnung, die die Verwirklichung der Königsherrschaft konsequent in die Hände Gottes legt, nicht tatenlos und ohne Konsequenzen für die Welt. Die Einsicht, dass die Welt nicht genug ist, kann an den realen politischen Verhältnissen nicht spurlos vorbeigehen.

Staat, Politik und Gesellschaft erhalten das, was ihnen zusteht – nicht weniger, aber auch nicht mehr. «So gebt dem Kaiser, was des Kaisers ist, und Gott, was Gottes ist!» (Mt 22,21) Was die Nachfolge der christlichen Gemeinde angeht, gilt ebenso klar mit den Worten des Petrus bei seiner Verhaftung: «Man muss Gott mehr gehorchen als den Menschen» (Apg 5,29). Beide Aussagen sind für die Bestimmung des Verhältnisses von Staat und Kirche bis heute massgeblich geblieben. In Glaubensdingen können Menschen nicht zwei Herren dienen (Mt 6,24). Es kann keinen Zweifel darüber geben, wem Christenmenschen allein Gehorsam schulden. In diesem Bewusstsein beendet Calvin seine *Institutio* mit dem Hinweis auf das Petruswort verbunden mit der Ermahnung des Paulus: «Ihr seid teuer erkauft; werdet nicht Sklaven von Menschen!» (1Kor 7,23) Das gilt für Pflichten gegenüber Staat und Gesellschaft ebenso, wie für Forderungen der Kirche.

Z

«In der geschichtlichen Ausformung der Kirche zeigt sich jedoch auch eine gegenläufige Tendenz, dass nämlich die Kirche sich in dieser Welt einrichtet, selbstgenügsam wird und sich den Massstäben der Welt angleicht. Sie gibt Organisation und Institutionalisierung grösseres Gewicht als ihrer Berufung zur Offenheit. Um ihrem eigentlichen Auftrag zu genügen, muss die Kirche immer wieder die Anstrengung unternehmen, sich von der Weltlichkeit der Welt lösen. Sie folgt damit den Worten Jesu nach: ‹Sie sind nicht von der Welt, wie auch ich nicht von der Welt bin› (Joh 17,16). Die Geschichte kommt der Kirche in gewisser Weise durch die verschiedenen Epochen der Säkularisierung zur Hilfe, die zu ihrer Läuterung und inneren Reform wesentlich beigetragen haben.»

Papst emeritus Benedikt XVI[34]

Weder weltangepasst noch weltvergessen – darin besteht die bleibende Herausforderung von Kirche. Kirche ist in und für die Welt da: «Gehet hin in alle Welt und verkündigt das Evangelium aller Kreatur» (Mk 16,15). Der Auftrag der Kirche ist die öffentliche Verkündigung des Evangeliums. Weil sie Öffentlichkeit beanspruchen und die Öffentlichkeit als Adressatin haben, nehmen Kirchen ihre Verantwortung in Politik und Gesellschaft wahr. Weil sie die Königsherrschaft Christi in der Welt verkünden, betrifft alles, was in dieser Welt passiert auch die Kirchen. Die ganze Welt fällt unter den Herrschaftsanspruch des Herrn der Kirche. Besonders in politisch schwierigen Situationen geraten auch die Kirchen an ihre Grenzen. Mahnend und Mut machend führt das die Barmer Theologische Erklärung von 1934 vor Augen, die auf den Irrweg der gleichgeschalteten evangelischen Amtskirche im nationalsozialistischen Deutschland reagierte. Die These II bringt die kirchliche Nachfolge unter der Königsherrschaft Christi auf den Punkt.

Z

«Durch Gott seid ihr in Christus Jesus, der uns von Gott gemacht ist zur Weisheit und zur Gerechtigkeit und zur Heiligung und zur Erlösung. (1Kor 1,30)

Wie Jesus Christus Gottes Zuspruch der Vergebung aller unserer Sünden ist, so und mit gleichem Ernst ist er auch Gottes kräftiger Anspruch auf unser ganzes Leben; durch ihn widerfährt uns frohe Befreiung aus den gottlosen Bindungen dieser Welt zu freiem, dankbarem Dienst an seinen Geschöpfen.

Wir verwerfen die falsche Lehre, als gebe es Bereiche unseres Lebens, in denen wir nicht Jesus Christus, sondern anderen Herren zu eigen wären, Bereiche, in denen wir nicht der Rechtfertigung und Heiligung durch ihn bedürften.»

Barmer Theologische Erklärung, These II[35]

Die Radikalität der Nachfolge macht Kirche nicht weltfremd, aber verdeutlicht, wie fremd sich eine Welt wird, die sich selbst genug ist. Aus der Bitte um das Kommen seines Reiches spricht die Hoffnung auf das Einbrechen des Neuen, das zum Ausgangspunkt für die Aufbrüche von Minderheiten in der Welt wird. Dafür gibt es viele Beispiele: bei Leonhard Ragaz und den Religiösen Sozialisten die Hoffnung auf eine Bändigung des Kapitalismus, bei Martin Luther King und der amerikanischen Bürgerrechtsbewegung der Traum von einer diskriminierungsfreien Welt, in den lateinamerikanischen Befreiungstheologien der Kampf gegen Armut und Unterdrückung, in der Antiapartheidbewegung die Hoffnung auf Befreiung von rassistischer Unterdrückung oder in der Accra-Erklärung des Reformierten Weltbundes der Streit für eine menschengerechte Globalisierung. Die genannten Bewegungen waren immer umstritten und stiessen auf erbitterten Widerstand. Ablehnung kam stets von denjenigen, die von den prekären Zuständen profitierten. Sie hatten allen Grund, hoffnungslos zu leben und das Wirklich-Werden der christlichen Hoffnung zu bekämpfen. Über das politische Engagement von Kirche kann und muss gestritten werden. Keinesfalls aber kann Kirche gesellschaftliche Verhältnisse unterstützen, in denen sie aufhören würde, die Kirche ihres Herrn Jesu Christi zu sein; hier ist sie im Kern ihres Glaubens und Bekennens betroffen (*status confessionis*). Ein bekanntes historisches Beispiel ist die unbedingte Ablehnung der Apartheidpolitik: dort ist kein Platz für Ermessensspielräume. In einer Welt zerstörerischer und für viele tödlicher wirtschaftlicher Ungerechtigkeit haben sich die reformierten Kirchen auf den Weg eines klareren gemeinsamen Bekenntnisses auch in politischen, wirtschaftlichen und ökologischen Fragen begeben (*processus confessionis*). Die Welt ist nicht genug – dieser Satz steht auch für den Protest gegen die Ungerechtigkeiten in dieser Welt.

7. Genug ist nicht genug!

Die Welt ist nicht genug – aber was dann? Auch hier hat die Bibel wieder eine verblüffende Antwort parat: «Du hast genug an meiner Gnade, denn die Kraft findet ihre Vollendung am Ort der Schwachheit.» (2Kor 12,9) *Sola gratia*, allein aus Gnade, lautet entsprechend eine der vier reformatorischen Grundeinsichten. Wie ist das zu verstehen? Mit Gnade allein lässt sich kein Staat machen. Tatsächlich lenkt die Betonung der Gnade den Blick darauf, was wir nicht selbst machen können. Wir können Revolutionen anzetteln, Sozialprogramme auflegen, Menschenrechte erklären, Verfassungen schreiben und einführen, Regierende wählen und abwählen. Unter dem Strich bleibt alles beim Alten. Im Westen – und den übrigen Himmelsrichtungen – nichts Neues. Das wirklich Neue kommt in die Welt – aber nicht aus der Welt. «Und ich sah einen neuen Himmel und eine neue Erde. Denn der erste Himmel und die erste Erde sind vergangen, und das Meer ist nicht mehr.» (Offb 21,1) Dann bleibt kein Stein auf dem anderen: «Siehe, ich mache alles neu!» (Offb 21,5). «Alles neu» bedeutet das Ende der vertrauten Welt, einschliesslich unserer Bemühungen um ihre Sicherung, Kontinuität, ihren Fortbestand und Fortschritt.

Lassen wir uns mit ganzem Herzen, wie die Reformatoren sagten, davon irritieren, «zu welcher Hoffnung [wir] durch ihn berufen [sind]» (Eph 1,18)? Ein Gedankenexperiment: Wie sehr können wir das Neue wirklich erbitten, wenn uns bereits ein paar Holzboote, die auf dem Mittelmeer Richtung europäischer Küste treiben, als Bedrohung des uns vertrauten Alten empfunden werden? Natürlich ist es etwas anderes, ob der Herr wiederkommt oder nur ein Asylant auf der Flucht oder eine Migrantin mit der Hoffnung auf eine sichere Lebensgrundlage um Aufnahme bittet. Aber worin besteht eigentlich der Unterschied? Schliesslich prophezeit die Bibel, dass der «Tag des Herrn» kommen wird, «wie ein Dieb in der Nacht» (1Thess 5,2). Wer wie ein Dieb kommt, dem lässt unser Asyl- und Migrationsrecht keine Chance. Wie geht es uns mit der Vorstellung, dass sich dieser Eindringling von keiner Asylgesetzgebung abhalten und durch keine Ausschaffungsinitiative wieder entfernen lässt?

Die Bitte um das Kommen seines Reiches bleibt trotz aller theologischen Bändigungen ein befremdliches Anliegen. Sie lässt sich mit unserer Welt nicht versöhnen, weil die Welt, in der wir leben unversöhnlich ist. Mehr noch, sie ist befremdlich, weil uns die Welt selbst – im Horizont des Evangeliums – fremd geworden ist: «Wir haben hier *keine bleibende Stadt*, sondern die zukünftige suchen wir.» (Hebr 13,14) Wir sind *resident aliens* (Stanley Hauerwas/William H. Willimon), Fremde mit Aufenthaltsgenehmigung. Calvin, der Flüchtling und Migrant, wusste wovon er sprach, wenn er die Kirche – wie das vorstaatliche Israel im Alten Testament – als das wandernde Gottesvolk auf ihrem Weg ansah. Dahinter steht die Vorstellung einer Kirche, die nicht einfach alte Traditionen bedient, sondern allein in Gottes Wort gründet, einer Kirche, die nicht mit vermeintlichen Besitzansprüchen die eigene Unbeweglichkeit kaschiert, sondern das *semper reformanda* als beständigen Auftrag zu kritischer Selbstreflexion im Blick auf die Schrift versteht. Das ist eine Kirche, der die Welt – und die eigene Kirche – nicht genug ist und die weiss, dass sie sich auf der Wanderung in fremder Umgebung bewegt (Joh 16,33). Heilsgeschichte ist keine Korrektur der Beulen und Macken in unserer Weltgeschichte, sondern der Weg in eine neue Welt, die dem Willen Gottes entspricht.

Weil das Hier und Jetzt nicht unsere Heimat ist, lehrt uns Jesus die Bitte um das Kommen seines Reiches. Das ist der einzige aber unaufgebbare Grund, um seine Königsherrschaft zu bitten. Das Unbequeme der Bitte bleibt. Sie verweigert sich konsequent jedem faulen Kompromiss mit einer ungerechten und unfriedlichen Welt, gegen die kein moralisches Kraut gewachsen ist. Die Bitte um das Kommen der Königsherrschaft ist die Sprache der Sehnsucht und Hoffnung der Christus nachfolgenden Gemeinde. Jedes gebetete Unservater bleibt ein Stachel im Fleisch unserer Selbstzufriedenheit – nicht weil wir keine Gründe dazu hätten, sondern weil die uns anvertraute und vertraute Welt unserer, von Gott in uns gesetzten Hoffnung nicht genug sein kann. Wenn wir um das Kommen des Gottesreiches bitten, erwarten wir eine Politik Gottes, die nicht menschlichen Massstäben und realpolitischen Machtverteilungen folgt. Über das Kommen seines Reiches entscheidet keine demokratische Mehrheit. Die Bürgerinnen und Bürger dieses Reiches sind nicht der Souverän, der die Macht nach seinen Vorstellungen verteilt. In dieser Gewissheit betet die Kirche hoffnungsvoll die Worte aus dem vorletzten Vers der Bibel «Amen, komm, Herr Jesus!» (Offb 21,20)

Der Wille Gottes

Dein Wille geschehe, wie im Himmel, so auf Erden

GESCHEHE

Der Wille Gottes

Dein Wille geschehe, wie im Himmel, so auf Erden

Die dritte Bitte des Unservater ist wohl diejenige, die uns existenziell am meisten aufwühlt und Fragen in uns weckt: Ist es nicht sinnlos, um das Eintreten des Willens Gottes zu beten? Wenn Gott wirklich Gott ist, dann geschieht sein Wille doch auch ohne unser Beten. Gibt es eine menschliche Freiheit gegenüber dem Willen Gottes, oder geschieht dieser auch ohne und gegen unseren Willen? Hat dieser Gotteswille nur das im Sinn, was uns als gut erscheint?

Auffälligerweise findet sich die dritte Bitte des Unservater nur im Evangelium des Matthäus (Mt 6,10). Lukas erwähnt sie nicht (vgl. Lk 11,2–4). Sehr wahrscheinlich handelt es sich bei dieser Bitte um eine Hinzufügung, durch die die matthäische Gemeinde zum Ausdruck bringen wollte, dass sich das erbetene Kommen des Reiches Gottes so vollzieht, dass der Wille Gottes wie im Himmel so auf Erden geschieht.

Für das Matthäusevangelium scheint diese Bitte von grosser Bedeutung zu sein, denn es nimmt sie später im Rahmen der Passionsgeschichte noch einmal auf, wenn Jesus in Getsemani betet: «Mein Vater, wenn dieser Kelch nicht an mir vorübergehen kann, ohne dass ich ihn trinke, so geschehe dein Wille» (Mt 26,42). Während die beiden ersten Bitten (Geheiligt werde Dein Name. Dein Reich komme) kurz gehalten sind, nimmt die dritte Bitte mit dem Nachsatz wie im Himmel, so auf Erden zudem relativ viel Raum im schlicht und wortkarg gehaltenen Unservater ein. Auch darin kommt ihr besonderes Gewicht zum Ausdruck.

Diese Beobachtungen werfen die Fragen auf, was denn im Unservater unter dem Willen Gottes genauerhin zu verstehen sei und was es bedeutet, um das Geschehen dieses Willens zu beten. Wir wollen diese Fragen zunächst an das Matthäusevangelium selbst richten (1.) und sie von da aus später durch weitere theologische Grundfragen präzisieren und vertiefen (2.). Besonderes Gewicht kommt dabei dem Verhältnis von menschlicher Freiheit und dem Willen Gottes zu. Abschliessend wird nach den lebensweltlichen Bezügen der dritten Bitte gefragt (3.).

1. Die Bedeutung des Willens Gottes im Matthäusevangelium

Das Matthäusevangelium ist tief in der alttestamentlich-jüdischen Tradition verwurzelt. Bereits im Alten Testament ist an verschiedenen Stellen vom Willen Gottes die Rede (vgl. z. B. Ps 40,9 oder 143,10). Auch in den Schriftrollen der jüdischen Gemeinschaft in Qumran, einer antiken Siedlung nahe dem Nordwestufer des Toten Meeres, die erst Mitte des letzten Jahrhunderts entdeckt wurde, spielt der Wille Gottes eine zentrale Rolle (z. B. in der Gemeinderegel). Zur Zeit Jesu wurde im Synagogen-Gottesdienst der Juden das sogenannte *Kaddisch* gebetet, in dem es unter anderem heisst: «Gerühmt und geheiligt sei sein grosser Name in der Welt, die nach seinem Willen geschaffen ist.»[36]

Diese kurzen Hinweise zeigen: Vom Willen Gottes zu reden, entspricht alttestamentlich-jüdischer Tradition. Einen zusammenfassenden Ausdruck der vielfältigen Äusserungsformen des Willens Gottes sah man in dieser Tradition in den Zehn Geboten, dem sogenannte *Dekalog* des Alten Testaments. Die Zehn Gebote finden sich im Alten Testament in Exodus 20,2–17 (und in geringfügiger Abweichung in Dtn 5,6–21). Die reformierten Kirchen, die griechisch-orthodoxe und die anglikanische Kirche zählen Einleitung und Fremdgötterverbot als erstes Gebot, das Bilderverbot als zweites Gebot. Bei den lutherischen Kirchen und der römisch-katholischen Kirche wird das Bilderverbot nicht als eigenes Gebot gerechnet, sie teilen dafür das unten aufgeführte zehnte Gebot in zwei Gebote auf, so dass auch sie – wenn auch in anderer Zählweise – von Zehn Geboten ausgehen.

Z

Die Zehn Gebote in reformierter Lesart

1. *Gebot:* «Ich bin der HERR, dein Gott, der dich herausgeführt hat aus dem Land Ägypten, aus einem Sklavenhaus. Du sollst keine anderen Götter haben neben mir.»
2. *Gebot:* «Du sollst dir kein Gottesbild machen noch irgendein Abbild von etwas, was oben im Himmel, was unten auf der Erde oder was im Wasser unter der Erde ist. Du sollst dich nicht niederwerfen vor ihnen und ihnen nicht dienen, denn ich, der HERR, dein Gott, bin ein eifersüchtiger Gott, der die Schuld der Vorfahren heimsucht an den Nachkommen bis in die dritte und vierte Generation, bei denen, die mich hassen, der aber Gnade erweist tausenden, bei denen, die mich lieben und meine Gebote halten.»
3. *Gebot:* «Du sollst den Namen des HERRN, deines Gottes, nicht missbrauchen, denn der HERR wird den nicht ungestraft lassen, der seinen Namen missbraucht.»
4. *Gebot:* «Denke an den Sabbattag und halte ihn heilig. Sechs Tage sollst du arbeiten und all deine Arbeit tun; der siebte Tag aber ist ein Sabbat für den HERRN, deinen Gott. Da darfst du keinerlei Arbeit tun, weder du selbst noch dein Sohn oder deine Tochter, dein Knecht oder deine Magd noch dein Vieh oder der Fremde bei dir in deinen Toren. Denn in sechs Tagen hat der HERR den Himmel und die Erde gemacht, das Meer und alles, was in ihnen ist, dann aber ruhte er am siebten Tag. Darum hat der HERR den Sabbattag gesegnet und ihn geheiligt.»
5. *Gebot:* «Ehre deinen Vater und deine Mutter, damit du lange lebst auf dem Boden, den der HERR, dein Gott, dir gibt.»
6. *Gebot:* «Du sollst nicht töten.»
7. *Gebot:* «Du sollst nicht ehebrechen.»
8. *Gebot:* «Du sollst nicht stehlen.»
9. *Gebot:* «Du sollst nicht als falscher Zeuge aussagen gegen deinen Nächsten.»
10. *Gebot:* «Du sollst nicht das Haus deines Nächsten begehren; du sollst nicht die Frau deines Nächsten begehren oder seinen Knecht oder seine Magd oder sein Rind oder seinen Esel oder irgendetwas, das deinem Nächsten gehört.»

Exodus 20, 2–17

Das Matthäusevangelium will das alttestamentliche Gesetz und seine Bündelung, den Dekalog, nicht abschaffen. In der Bergpredigt (Mt 5–7) spitzt Jesus jedoch das Gesetz zu und legt es neu aus, betreffe es nun das Töten, die Ehe, das Schwören oder die Vergeltung. Die Gerechtigkeit, die die Bergpredigt fordert, soll sogar eine bessere Gerechtigkeit sein als diejenige der Phärisäer und Schriftgelehrten (Mt 5,20). Am radikalsten erfolgt die Zuspitzung hinsichtlich der Nächstenliebe zur Feindesliebe:

b

«Ihr habt gehört, dass gesagt wurde: *Du sollst deinen Nächsten lieben* und deinen Feind hassen. Ich aber sage euch: Liebt eure Feinde und betet für die, die euch verfolgen, so werdet ihr Söhne und Töchter eures Vaters im Himmel [...] Ihr sollt also vollkommen sein, wie euer himmlischer Vater vollkommen ist.»

Matthäus 5,43–48

Das Liebesgebot bildet für das Matthäusevangelium das oberste Gebot und die Richtschnur, anhand derer alle anderen Gebote auszulegen sind. An ihm hängt das ganze alttestamentliche Gesetz (vgl. Mt 22,37–40). Im Liebesgebot konzentriert sich der Wille Gottes.

Die Ausführungen machen deutlich, dass die matthäische Ergänzung der dritten Bitte des Unservater nicht im Sinne einer Bitte um die weltabgehobene Selbstdurchsetzung des Willens Gottes verstanden werden darf. Wo im Kontext des Matthäusevangeliums vom Willen Gottes die Rede ist, da ist auch der Mensch gefordert. Er soll das Salz der Erde und das Licht der Welt sein (Mt 5,13f.) und durch seine dem Willen Gottes entsprechenden Taten (vgl. Mt 7,21) dazu beitragen, dass das Reich Gottes komme.

Es fragt sich freilich, ob der so ausgelegte Wille Gottes von den Menschen überhaupt erfüllt werden kann. Die Forderungen der Bergpredigt sind hoch, vielleicht allzu hoch. Wer kann für sich schon jene bessere Gerechtigkeit, jene Vollkommenheit reklamieren? Stellen solche Forderungen nicht eine gesetzliche, hartherzige Überforderung dar?

Zumindest im Blick auf Jesu Forderung in Matthäus 6,9 das Unservater zu beten, trifft das nicht zu. Denn in diesem Gebet wird nicht ein majestätisch-distanzierter Gott angebetet, sondern der Vater angerufen. Die Anrede Gottes mit «Vater» ist Ausdruck von kindlichem Vertrauen und besonderer Nähe Gottes. So beginnt das Unservater «mit einem Stück Heilszusage»:[37] Der Gott, den ich anrufe, ist mir bereits nahe, er ist gegenwärtig und *mit* mir, wenn ich *zu ihm* bete. Er ist der Vater, mehr noch: «unser Vater», der weiss, wessen wir bedürfen, ehe wir ihn bitten (Mt 6,8).

Die besondere Nähe Gottes gerade im Beten des Unservater wie auch im übrigen Tun seines Willens wird im Matthäusevangelium stark hervorgehoben: Es macht von Anfang an klar, dass die Jesusgeschichte, die es erzählt, die Geschichte des «Immanuel» ist, des Gottes, der in Jesus «mit uns» ist (Mt 1,23). Und es schliesst mit der Zusage, dass dieser Jesus als der Auferstandene mit uns ist alle Tage bis ans Ende der Welt (Mt 28,20). So wird der matthäischen Gemeinde und uns späteren Leserinnen und Leser des Matthäusevangeliums verheissen, dass der auferstandene Jesus auch dann mit uns ist, wenn wir im Unservater gleichsam durch seinen Mund zum Vater beten.

Es ist angesichts dieser hier zum Ausdruck kommenden Nähe Gottes kein Zufall, dass Matthäus das Unservater kompositorisch genau ins Zentrum, in die Mitte der Bergpredigt stellt. Die ethischen Forderungen laufen auf dieses Gebet zu und kommen von ihm her. Die zentrale Stellung des Unservater macht deutlich: um die Erfüllung des Willens Gottes darf, ja soll gebetet werden. Denn nur mit Gottes Hilfe ist der Mensch fähig, den Willen Gottes, die bessere Gerechtigkeit, zu erfüllen.

Der Wille Gottes bedeutet bei Matthäus freilich noch mehr. Das macht die dritte Bitte selbst deutlich, wenn in ihr um das Geschehen des Willens Gottes *wie im Himmel, so auf Erden* gebetet wird. Während etwa der Kirchenvater Origenes davon ausging, dass sich der universalisierende Nachsatz wie *im Himmel, so auf Erden* auf die drei ersten Bitten insgesamt bezieht, ist es aus heutiger Sicht wahrscheinlicher, dass damit nur die dritte Bitte präzisiert wird.

Himmel und Erde sind biblischer Ausdruck für das Schöpfungsganze, die Welt insgesamt (vgl. Gen 1,1). Der Wille Gottes bezeichnet schon im Alten Testament und in den jüdischen Gebeten zur Zeit Jesu immer auch den göttlichen Schöpferwillen: Gott hat alles nach seinem Willen geschaffen. Doch während sich im himmlischen Bereich der Schöpfung – vielleicht denkt Matthäus hier an die Engel und die himmlischen Mächte – der Wille Gottes bereits durchgesetzt hat, ist das im irdischen Bereich der Schöpfung sehr offensichtlich nicht der Fall. Und weil das so ist, muss – wie später Martin Luther betont – immer wieder gegen das teuflische und weltliche Streben um das Wahrwerden von Gottes Willen gebetet werden. So, wie er sich bereits im Himmel manifestiert hat, soll sich auch auf Erden Gottes Wille verwirklichen und damit die ganze Schöpfung durchdringen.

Nachdem bisher das Matthäusevangelium nach der Bedeutung des Willens Gottes im Unservater befragt wurde, soll im Folgenden der Fragehorizont auf unsere heutigen theologischen Verständnismöglichkeiten erweitert werden. Das geschieht, indem an die dritte Bitte theologische Grundfragen gerichtet werden, die das Verständnis des göttlichen Willens tiefer ergründen lassen.

2. Theologische Grundfragen

2.1 Ist es nicht sinnlos, um das Geschehen des Willens Gottes zu beten?

Gerhard Ebeling hat die logische Irritation, die die dritte Bitte des Unservater auslösen kann, anschaulich auf den Punkt gebracht:

Z

«Wer dem Reden von Gott entfremdet ist, kann die Bitte ‹Dein Wille geschehe in der Welt› nur für eine widerspruchvolle Torheit halten. Denn entweder geschieht Gottes Wille nicht, dann ist er nicht Gott und das Gebet sinnlos. Oder das Weltgeschehen ist doch das Geschehen von Gottes Willen, dann bedarf es nicht des Gebetes, und überdies ist dann Gott gleichfalls nicht Gott. Denn wie könnte der, der das Weltgeschehen, ohne alle Ausnahme und ungeschminkt, so will, Gott sein!?»

Gerhard Ebeling[38]

Vom Matthäusevangelium her muss man gegenüber einem so entfremdeten Reden von Gott zunächst auf die Differenz zwischen Himmel und Erde im Nachsatz der dritten Bitte hinweisen. Weder kann man behaupten, dass der Wille Gottes gar nicht geschieht (denn er geschieht immerhin im Himmel), noch dass der Wille Gottes einfach mit dem Geschehen auf Erden in Einklang zu bringen wäre (genau weil er auf Erden noch nicht hinreichend geschieht, braucht es ja die Bergpredigt).

Doch selbst wenn vorausgesetzt wird, dass der Wille Gottes erst im Begriff ist, unter den Menschen verwirklicht zu werden und ganz in die Schöpfung einzugehen, bleibt die Frage offen, warum denn überhaupt um das Wahrwerden des Willens Gottes gebetet werden soll, wenn doch Gott Gott ist und als solcher zur Durchsetzung seines Willens nicht auf Menschen angewiesen ist. Ist es also nicht sinnlos, darum zu beten? Um diese Frage zu beantworten, bedarf es eines genaueren Verständnisses, wie das Beten dieser Bitte theologisch zu verstehen ist:

Der Wille Gottes wurde oben in seiner Dimension als Gesetzes- bzw. Gebotswillen und in seiner Dimension als Schöpferwillen ausgelegt. Diesen Präzisierungen ist gemeinsam, dass sie den Willen Gottes nicht als den Willen eines willkürlichen Despoten verstehen, sondern als den *Gemeinschaftswillen* eines Gottes, der dem Menschen nahe wie ein Vater (oder eine Mutter) ist und nicht ohne ihn und die gesamte Schöpfung Gott sein will. Es ist *dieser* Wille, um den in der dritten Bitte des Unservater gebetet wird. Gott möge seinem auf die ganze Schöpfung gerichteten Willen zur Gemeinschaft entsprechen und ihn auch auf Erden und besonders für den Menschen wirklich werden lassen. Das ist gemeint, wenn gebetet wird: Dein Wille geschehe, wie im Himmel, so auf Erden. – Das Entscheidende ist nun aber, dass die Betenden, gerade indem sie diese Worte sprechen, dem von ihnen erbetenen Gemeinschaftswillen Gottes genau entsprechen. Im Sprechakt ihrer Bitte vollzieht sich das, worum inhaltlich gebeten wird: *Es entsteht die Gemeinschaft mit Gott, die Gottes Wille ist.*

Natürlich handelt es sich hier nicht um einen automatisierbaren Gebetsmechanismus. Dass unsere Bitte von Gott erhört wird, ja, dass wir überhaupt aus vollem Herzen beten können, liegt allein bei Gott. Es ist uns aber verheissen, dass wir so beten dürfen und erhört werden: «Bittet, so wird euch gegeben; sucht, so werdet ihr finden; klopft an, so wird euch aufgetan. Denn wer bittet, empfängt; wer sucht, der findet; wer anklopft, dem wird aufgetan.» (Mt 7,7–8, vgl. auch Lk 11,5–13)

Dietrich Korsch hat den oben beschriebenen Zusammenhang in aller Kürze so beschrieben: «Gott will uns beim Geschehen seines Willens [...] dabei haben. Und die Form des Dabeiseins ist die Bitte.»[39] Man muss jedoch ergänzen: Nicht nur in der Bitte will er uns dabei haben, sondern auch da, wo von dieser Bitte her im Sinne des Willens Gottes gehandelt wird. Beten und Handeln gehören untrennbar zusammen – das ist bereits an der Stellung des Unservater im Zentrum der Bergpredigt deutlich geworden.

Es wurde gefragt, ob es nicht sinnlos sei, um das Geschehen des Willens Gottes zu beten. Die Antwort darauf kann nun so formuliert werden: Es ist gerade deswegen sinnvoll um das Geschehen des Willens Gottes zu beten, weil uns verheissen ist, dass bereits im Bitten darum ein Stück dieses Willens realisiert wird und von daher in unser Handeln hineinreicht.

2.2 Wie verhalten sich menschliche Freiheit und Wille Gottes?

Die Bitte um das Geschehen des göttlichen Willens ist an sich keine besonders christliche Bitte. Sie bildete auch in der griechischen Antike einen Bestandteil der Frömmigkeit. So wird etwa vom Pythagoräer Tymaridas erzählt, ein Freund habe ihm vor einer Seereise den Wunsch mitgegeben: «Was Du willst, möge dir von den Göttern geschehen.»[40] Tymaridas antwortete darauf: «Gott bewahre, sondern ich möchte wollen, was mir von den Göttern geschieht.» Tymaridas erstrebt, zum unausweichlichen Willen der Götter ja sagen zu können, nicht sein Wille, sondern der Wille der Götter möge geschehen.

Diese Einsicht galt auch der späteren stoischen Popularphilosophie als weise. Denn einem stoischen Sprichwort zufolge gilt: «Volentem fata ducunt, nolentem trahunt» – der Willige wird vom Schicksal geführt, der Unwillige gezogen. In diesem Sinne zitiert Epiktet den Dichter Kleanthes: «Führe mich, du Zeus, und auch du, mächtiges Schicksal, wohin in eurem Rat mir zu gehen geboten ist; ich folge ohne Zögern; möchte ich – ein Frevler – die Nachfolge verweigern, so würde ich euch doch folgen müssen.»

Der Wille Gottes ist hier weniger ein göttliches (An-)Gebot, als eine unentrinnbare Schicksalsmacht. Ergebung ins Schicksal, in den Willen der Götter – muss das Unservater ebenfalls in diesem Sinne gedeutet werden? Die Bitte Dein Wille geschehe gliche dann dem krampfhaften Versuch, sich selbst einem undurchsichtigen, willkürlichen Gottesratschluss fügbar zu machen und zu beugen. Ist das die unabdingbare Demut, die von Christinnen und Christen gefordert ist? Ist das der Gehorsam, den es vor Gott zu leisten gilt und den nicht leisten zu wollen nur Ausdruck des modernen Individualismus und eines überzogenen Freiheitsstrebens ist? Schliesst Gottes Wille menschliche Freiheit aus?

Eine erste Antwort darauf lautet: Nein, die dritte Bitte des Unservater fordert keine resignative, fremdbestimmte Fügung unter eine göttliche Willensautorität. Gott will uns seinen Willen nicht aufzwingen. Kennzeichnend für den Willen Gottes ist vielmehr, dass wir davon befreit sind, seinen Willen tun zu *müssen*. Wir *dürfen* ihn tun – und zwar *gemeinsam*.

Diese Antwort ist jedoch erst eine vorläufige. Sie bedarf genauerer Erläuterung und wir müssen dazu etwas ausholen. Dabei sollen auch einige Grundeinsichten der reformatorischen Kirchenlehre und Ethik vorgestellt werden:

In der reformatorisch geprägten Tradition wird die Kirche oft als *creatura verbi*, als Geschöpf des Wortes bezeichnet. Kirche ist dort, wo das Wort Gottes ergeht. Kirche entsteht da, wo in und mit (und manchmal auch trotz) der menschlichen Verkündigung das Wort Gottes sich selber Gehör verschafft und Glauben findet. Die Kirche kann sich nicht selbst erschaffen, sie ist nicht Schöpfer ihrer selbst, sie ist Geschöpf. Dass sie als Kirche, als Gemeinschaft der Glaubenden, immer wieder neu erschaffen und erhalten wird, ist ihr unverfügbar und liegt letztlich nicht in ihrer Hand.

Die reformatorische Kirchenlehre sieht zwei Anlässe vor, bei denen es in ausgezeichneter Weise zur Verkündigung des Wortes Gottes kommen soll: in der Predigt und bei der Feier der beiden Sakramente Taufe und Abendmahl. Predigt und Sakramente werden gemeinhin als Kennzeichen der evangelischen Kirche, als *notae ecclesiae*, verstanden. Kirche ist demgemäss nicht in erster Linie als

Institution, als soziale Organisation zu definieren, sondern sie ist durch ein *Geschehen* charakterisiert: eben die Verkündigung des Wortes Gottes in Predigt und Sakrament.

Die zwei Kennzeichen der Kirche in den reformatorischen Bekenntnissen **Z**

Die Formulierung im 7. Artikel des Augsburgischen Bekenntnisses von 1530 ist auch im Blick auf diese beiden Kennzeichen für die lutherischen wie die reformierten Kirchen prägend geworden:

«Es wird auch gelehrt dass allezeit eine heilige, christliche Kirche sein und bleiben muss, die die Versammlung aller Gläubigen ist, bei denen das Evangelium rein gepredigt und die heiligen Sakramente laut dem Evangelium gereicht werden. Denn das genügt zur wahren Einheit der christlichen Kirche, dass das Evangelium einträchlig im reinen Verständnis gepredigt und die Sakramente dem göttlichen Wort gemäss gereicht werden. Und es ist nicht zur wahren Einheit der christlichen Kirche nötig, dass überall die gleichen, von den Menschen eingesetzten Zeremonien eingehalten werden, wie Paulus sagt: ‹Ein Leib und ein Geist, wie ihr berufen seid zu einer Hoffnung eurer Berufung; ein Herr, ein Glaube, eine Taufe› (Eph 4,4–5).»[41]

Es wurde oben bereits angedeutet: Das Wort Gottes ist nicht einfach identisch mit der kirchlichen Verkündigung, wenngleich diese in besonderer Weise mit der Verheissung verbunden ist, dass es in ihr gehört werden kann. Das Wort Gottes ist aber auch nicht einfach identisch mit der Bibel, es ist nicht einmal identisch mit der Geschichte Jesu Christi. Erst wo diese Geschichte in unsere Gegenwart eintritt, wo sie unser Leben existenziell verändert, wo sie als eine Geschichte *für uns* erfahren wird, wird sie uns zum Wort Gottes. Es bedarf des Heiligen Geistes, der uns das, wovon die Bibel erzählt, für unser heutiges Leben erschliesst, vermittelt und als Wort Gottes hörbar macht.

Die reformatorische Theologie hat betont, dass uns das Wort Gottes dabei in zweifacher Gestalt treffen kann: als *Gesetz und Evan-*

gelium. Das Wort Gottes begegnet als fordernder Gotteswille, es ergeht als *Gesetz*, das uns unsere Sünden aufzeigt. Sicher ist bei der Bezeichnung «Gesetz» zunächst an die Zehn Gebote, das Doppelgebot der Liebe (Mk 12,29–31) oder andere Vorschriften aus dem Alten und Neuen Testament zu denken. Zu denken ist aber auch an die Forderungen der Bergpredigt und an die Forderung Jesu, zu beten: Dein Wille geschehe. Wo diese biblischen Forderungen uns als Gesetz treffen, werden sie zum Spiegel unseres grundsätzlichen Ungenügens, unseres Versagens, Gott, unseren Mitmenschen und uns selbst gerecht zu werden. Das Gesetz wird uns zum Gericht Gottes. Die Bitte Dein Wille geschehe hängt dann wie eine übergrosse Gehorsamsforderung über uns und beraubt uns aller Freiheit. Ich muss um das Geschehen eines Willens beten, der nicht meiner ist und den ich von mir her nie erfüllen kann.

Das Gesetz ist aber keine absolute, selbständige Grösse. Es zielt als vorgeordnete Grösse auf das *Evangelium*, die zweite Gestalt des Wortes Gottes. Gott zeigt uns unsere Sünde, unsere Entfremdung von ihm, unseren Mitmenschen und uns selbst nicht auf, um uns damit definitiv zu verurteilen, sondern um uns davon freizusprechen. Wo uns das Wort Gottes als Evangelium begegnet, erfahren wir die frohe Botschaft von der Vergebung unserer Sünde und Schuld. Es ist die Botschaft von der Versöhnung, von der Befreiung von all meinem Ungenügen, gute Werke zu tun und seinem Willen zu entsprechen. Gott rechtfertigt mich und setzt mich ins Recht allein aus Gnade, ohne irgendwelche Vorbedingungen und Leistungen von meiner Seite her.

In seiner Schrift «Von der Freiheit eines Christenmenschen» (1520) führt Martin Luther die Gerechtsprechung auf den «fröhlichen Wechsel» zurück, in welchem Christus die Sünde des Menschen auf sich nimmt und ihm seine Gerechtigkeit schenkt. In Jesus Christus hat Gott uns davon frei gemacht, vor ihm besser und mehr sein zu müssen, als wir sind und sein können. Im Glauben an Jesus Christus sind wir bejaht und angenommen, wie wir sind. In diesem Glauben besteht die *christliche Freiheit*. Diese ist keine abstrakte, unbestimmte Wahlfreiheit, sondern eine *gebundene* Freiheit. Sie ist an das zurückgebunden, was Gott in seinem befreienden, versöhnenden Handeln in Jesus Christus für uns getan hat. In diesem Handeln hat christliche Freiheit ihren Grund, von da her kommt sie. Christliche Freiheit ist eine Beziehungsfreiheit, sie ist Freiheit in der Gottesbeziehung. Eine solche Freiheit kann nur im Glaubensvollzug erfahren werden.

Wird die Bitte Dein Wille geschehe nicht gesetzlich, sondern im Lichte des Evangeliums verstanden, so geht es in ihr nicht um einen resignativen, fremdbestimmten und uns überfordernden Gehorsamsakt. Im erbetenen Willen Gottes begegnet uns dann vielmehr der Wille desjenigen Gottes, der uns in Jesus Christus davon befreit hat, diesem Willen entsprechen zu müssen. Der Wille Gottes ist der Wille des gnädigen Gottes, der uns ohne gute Werke und fromme Anstrengungen so liebt und annimmt, wie wir sind. Es ist ein Wille Gottes, der auch die letzten Züge einer dunklen, undurchsichtigen und unnahbaren Schicksalsmacht verloren hat und ganz ins warme Licht der Gnade getaucht ist. Diesen Willen *muss* man nicht mehr tun, man *darf* ihn tun, man darf ihn *spontan* und *umsonst* im eigenen Leben geschehen lassen.

Es gehört zu den Merkmalen der *reformierten* Tradition, dass sie das Gesetz dem Evangelium nicht nur vorordnet, sondern es ihm auch nachordnet und gerade darin seine eigentliche Funktion sieht. Im Lichte des Evangeliums verliert das Gesetz seinen verurteilenden, unbarmherzigen Charakter, es wird zum *Gebot* des gnädigen Gottes, auch wenn es nicht von den biblischen Forderungen des Gesetzes abgelöst werden darf. Das Evangelium durchwirkt den Menschen so, dass er gleichsam von alleine das Gebot, den Willen Gottes erfüllt und Taten der Liebe vollbringt. Das Tun der Liebe geschieht aus reiner Dankbarkeit Gott gegenüber, als Lobpreis Gottes.

In der Form der Dankbarkeit bleibt das Tun der Liebe als Erfüllung des Willens Gottes ein Ausdruck christlicher Freiheit. Sie bildet die Wurzel aller protestantischen Ethik.

Heidelberger Katechismus Z

«(W)arum sollen wir gute Werke tun?» fragt der Heidelberger Katechismus eingangs seines dritten Teils, der mit dem Titel «Von der Dankbarkeit» überschrieben ist. Seine erste Antwort lautet:

«Darum, dass Christus, nachdem er uns mit seinem Blut erkauft hat, uns auch durch seinen Heiligen Geist erneuert zu seinem Ebenbild, dass wir mit unserm ganzen Leben uns dankbar gegen Gott für seine Wohltat erzeigen und er durch uns gepriesen werde.»[42]

Ein wesentlicher Zug christlicher Freiheit soll abschliessend noch hervorgehoben werden. Wir haben gezeigt, dass sie zunächst auf dem Wort Gottes in seiner Gestalt als Evangelium basiert. Und wir haben weiter gesehen, dass es das Wort Gottes ist, das die Kirche zur Kirche macht. Wo in ihrer Verkündigung das Wort Gottes gehört wird, entsteht Glaube. Es ist ein Glaube, der – weil er sich auf einen Gott richtet, der Gemeinschaft mit den Menschen sucht – nicht nur individuell gestaltet, sondern immer auch gemeinschaftlich gelebt werden will. Christliche Freiheit ist darum nie eine individualistische Freiheit, sondern eine Freiheit aus der Kraft inspirierter Gemeinschaft, sei es einer Kirche, sei es einer Gemeinschaft zwischen verschiedenen Kirchen. Christliche Freiheit ist kirchlich verankert und von da aus durchdringen ihre konkreten Gestaltwerdungen die ganze Gesellschaft.

2.3 Ist der Wille Gottes wirklich Heilswille?

Bisher wurde der Wille Gottes in seinen Dimensionen als *Gesetzes- bzw. Gebotswille* und *Schöpferwille* vorgestellt. Im vorherigen Abschnitt ist zudem deutlich geworden, dass dieser Wille uns nicht nur zum Gesetz, sondern auch zum Evangelium werden kann. Es hat sich damit gezeigt, dass der Wille Gottes auch, ja vordringlich die Dimension eines *Heilswillens* annimmt. So wird er an verschiedenen Stellen in der Bibel wahrgenommen (vgl. z. B. Joh 6,40; 1Tim 2,4; Eph 1,9f.). Die Dimension des Heilswillens wird gerade im wichtigsten innerbiblischen Bezug der dritten Unservater-Bitte deutlich – wenn auch erst auf den zweiten Blick. Es handelt sich bei diesem Bezug um die bereits eingangs erwähnte Gebetsszene in Getsemani (Mt 26,36–46).

Gemäss dem Matthäusevangelium lehrt Jesus nicht nur das Unservater, er lebt es auch gleich selbst vor und zwar in einem äusserst bedrängten Moment seines Lebens, in dem er mit seinem bevorstehenden Tod ringt. Während er sich beim ersten Gebetsgang zu Boden wirft und betet: «Mein Vater, wenn es möglich ist, so gehe dieser Kelch an mir vorüber. Doch nicht wie ich will, sondern wie du willst» (Mt 26,39), betet er beim zweiten (und dritten) Gebetsgang:

---

b

«Mein Vater, wenn dieser Kelch nicht an mir vorübergehen kann, ohne dass ich ihn trinke, so geschehe dein Wille.»

Matthäus 26,42

Es wurde oben unterstrichen, dass der Wille Gottes nicht der Wille eines despotischen Alleinherrschers oder eines kalten, mechanisch ablaufenden Schicksals ist. Es ist der Wille eines Gottes, der die Gemeinschaft will, der nicht ohne die gesamte Schöpfung und darum auch nicht ohne die Menschen Gott sein will. Sein Wille geschieht deswegen auch nicht willkürlich und völlig undurchsichtig. Auch wenn er sich uns nie ganz erschliesst und unzugänglich bleibt, so lässt sich doch – im Glauben – seine besondere Richtung, sein lichtes Gefälle, die ihn umgebende Verheissung immer wieder ahnen und zuweilen auch spüren.

Umso mehr fragt sich mit Blick auf das Gebet Jesu in Getsemani und die darauf folgende Passionsgeschichte: Wie konnte der Tod Jesu der Heilswille Gottes sein? Offensichtlich geht diese Bitte ja nicht einmal Jesus einfach über die Lippen, er tut sich schwer, sich in sie einzufinden. Zeigt sich hier der Wille Gottes nun doch von seiner gesetzlichen, ja ungeheuerlichen Seite? Ist das wirklich noch der Wille Gottes, wie er in der Bergpredigt von Jesus konkretisiert worden ist mit dem Liebesgebot an seiner Spitze? Warum konnte und wollte Jesus schliesslich doch in diesen Gotteswillen einstimmen?

Die Schriften des Neuen Testamentes gehen schlicht davon aus, dass der Kreuzestod Jesu Christi dem Willen Gottes entspricht. Sie hinterfragen nicht, ob Gott seinen Willen auch anders hätte realisieren können. Sie interessieren sich vielmehr dafür, was der Tod Jesu *für uns* bedeutet. Man findet in den neutestamentlichen Schriften zwar verschiedene Deutungen des Todes Jesu. Sie stimmen aber darin überein, dass sie den Tod Jesu als ein *Heilsereignis* verstehen. Gott ist auf verborgene Weise auch und gerade im Leiden, im Tod Jesu präsent. So meint etwa Paulus, dass Jesus «für uns», «für unsere Sünden» und zu unserer Gerechtsprechung gestorben ist (1Kor 15,3; Röm 4,25).

Für die Jüngerinnen und Jünger war der Tod Jesu zunächst jedoch keinesfalls ein Heilsereignis. Die Jünger flohen ja schon bei der Festnahme Jesu (Mt 26,56). Die Figuren des Judas (er verrät Jesus und erhängt sich später) und des Petrus (er verleugnet Jesus dreimal und weint darüber) veranschaulichen deutlich die tiefe Verzweiflung, die mit dem bevorstehenden Tod Jesu verbunden war. Nur einige Frauen haben es ertragen, von ferne der Kreuzigung Jesu zuzusehen (Mt 27,55f.).

Die Deutung des Todes Jesu als eines Heilsereignisses wurde erst möglich im Lichte seiner *Auferstehung*. Verschiedene neutestamentliche Schriften berichten von visionären Geisterfahrungen, in denen sich Jesus nach seinem Tod denen zeigt, die ihm vor seinem Tod nachgefolgt waren. Auch Paulus erzählt davon und berichtet, wie er danach sogar ihm, der ja kein Jünger Jesu war, erschienen ist (1Kor 15,3–8). Diese Visionen und das darin erfolgte Wiedererkennen Jesu setzten das Bekenntnis frei, dass «Gott ihn [Jesus] von den Toten auferweckt hat» (Röm 10,9). Die neutestamentlichen Schriften konnten es nicht anders deuten: Gott selbst hat sich zu Jesus bekannt, Gott selbst hat sich mit Jesus identifiziert, sich seine Sache zur eigenen gemacht. Die Sache Jesu geht mit ihm als Auferstandenem weiter.

Die neutestamentlichen Schriften erzählen die Auferstehung aus der Sicht des Glaubens. Sie sind an einer Beschreibung des Vorgangs der Auferstehung als solchem nicht interessiert; nicht ein raumzeitlich erfassbares Geschehen steht im Vordergrund, sondern die Erschliessung einer Begegnung, die die ganze Wirklichkeit unter neue Vorzeichen stellt. Auch der Tod Jesu bekommt im Lichte der Auferstehung eine ganz neue Färbung: Im *Rückblick* von Ostern auf Karfreitag zeigt sich, dass der Kreuzestod Jesu einen tieferen Sinn hat, dass er wirklich für uns, uns zur Erlösung geschehen ist.

Versucht man die Getsemanigeschichte Jesu vor dem Hintergrund dieser neutestamentlichen Grundüberzeugung zu deuten, so darf man in Jesu Bitte um das Geschehen des Gotteswillens doch auch die Bitte mithören, dass Gott den mit ihm gegangenen Weg bis zu Ende gehen möge, dass Gott seinen Heilswillen wider alle destruktiven Mächte und durch seinen Tod hindurch realisieren möge – zum Heil «für uns» und die ganze Schöpfung. Der Kreuzestod Jesu wird dann zu einem *notwendigen* Moment (vgl. Mt 16,21; Lk 24,26) des über den Tod ins ewige Leben hinausreichenden Heilswillens Gottes für uns und den ganzen Kosmos (vgl. Eph 1,3–14). Auf diesen zweiten Blick wird der Wille Gottes, um dessen Geschehen Jesu bittet, als heilvoll verstehbar. Der verzweifelte Jesus betet mit den Worten «dein Wille geschehe» gleichsam durch seinen bevorstehenden Tod hindurch ins Osterereignis.

3. Lebensweltliche Bezüge – Rückfragen

Die Gebetsszene in Getsemani zeigt, dass die Bitte Dein Wille Geschehe je nach Lebenssituation nicht leicht gebetet werden kann. Das wird nicht nur an Jesu Ringen mit dem Willen Gottes deutlich. Es zeigt sich auch am Verhalten der Jünger Jesu. Er bittet sie, mit ihm zu wachen, während er sich zum Gebet zurückzieht (Mt 26,38). Wachen ist an dieser Stelle ein Ausdruck für eine christliche Gehorsamshaltung gegenüber dem Willen Gottes.[43] Trotz Jesu Mahnung «wachet und betet» (Mt 26,41) findet er sie nach jedem seiner Gebetsgänge schlafend vor. Damit wird nicht nur ein Bruch in der Gemeinschaft mit Jesus signalisiert, der sich bei seiner Gefangennahme später bestätigt (Mt 26,56). Es zeigt sich darüber hinaus drastisch das Unvermögen der Jünger zu beten und Jesus in seinem Ringen mit dem Willen Gottes beizustehen. Sie sind überfordert.

Es fragt sich freilich, ob wir das nicht alle sind – zumindest in den dunklen, schmerzlichen und leidvollen Momenten unseres Lebens. In denjenigen Momenten, in denen der Wille Gottes uns kaum mehr als Heilswille erscheint, wo die Güte des Willens Gottes uns gänzlich verborgen ist und existenziell kaum noch erfahren werden kann. Wer kann da noch freimütig beten: Dein Wille geschehe?

Liest man die leidsensible Jesusgeschichte des Matthäus, so deutet sie auf dem Höhepunkt der Passionsgeschichte unauffällig an, wie mit einer Situation umzugehen ist, in der die Bitte Dein Wille geschehe nicht mehr gebetet werden kann. Während die letzten Worte Jesu im Johannesevangelium lauten «Es ist vollbracht» (Joh 19,30), schreit der Jesus des Matthäusevangeliums hingegen mit lauter Stimme: «Mein Gott, mein Gott, warum hast du mich verlassen!» (Mt 27,46) Jesus betet hier die Worte aus Psalm 22,2. Der Psalm 22 beginnt zwar mit diesen Verlassenheitsworten, er endet in den Versen 23–32 aber mit einem Lobpreis Gottes. Oft wurde die Meinung vertreten, dass dieser Lobpreis in den Worten Jesu bereits mitschwinge – gleichsam eine Vorwegnahme der künftigen Auferstehung. Das passt gut zu der eben vorgenommenen Auslegung des Willens Gottes.

Es gibt jedoch auch gute Gründe anzunehmen, dass dem matthäischen Jesus kein vorweggenommener Lobpreis Gottes unterstellt werden darf. Denn Jesu Verlassenheit ist eine totale. Sie spitzt sich in der matthäischen Erzählung immer mehr zu: Zuerst wird er von Judas verraten (Mt 26,48f.), dann von den Jüngern verlassen (Mt 26,56) und von Petrus verleugnet (Mt 26,69–75), schliesslich wird er von Menschen geschlagen und verspottet (Mt 26,57–27,44) und scheint am Kreuz nun auch von Gott verlassen.[44]

Der Schrei Jesu erinnert darum wenig an den Lobpreis von Psalm 22. Weder *Lob* und *Dank* noch die *Bitte* (um das Geschehen des Willens Gottes wie in Mt 6,10; 26,42 oder um die Erlösung vom Bösen, Mt 6,13) passen als Gebetsgattungen zur Notsituation Jesu. Einzig die *Klage* kann sie noch in Sprache fassen. Schon Hiob hat geklagt, in den Klageliedern und den alttestamentlichen Psalmen wird geklagt. Und so klagt nun auch Jesus: «Mein Gott, mein Gott, warum hast du mich verlassen!» Jesus schreit seine Klage laut und öffentlich – und nur für sich! Erst darin, dass er nur für sich schreit, schreit er dann auch stellvertretend für alles unbenannte menschliche Elend und Leiden. Die christliche Frömmigkeit hat den grauenerregenden Schrei Jesu nur selten ausgehalten und ertragen; lieber war ihr, dass das «Lamm», das da zur Schlachtbank geführt wird, seinen Mund nicht auftut (Jes 53,7). Die Moralisierung der Leiden und des Übels hat nur zu oft auch zu einer Moralisierung der Klage geführt. Jesus aber klagt, und er klagt nicht nur *mit* Gott oder *vor* Gott, sondern er klagt *gegen* Gott. Er schreit seine Gottverlassenheit – zu Gott!

Das Matthäusevangelium lehrt uns also nicht nur das Bittgebet des Unservater. Es zeigt auch, dass wir – wenn wir nicht mehr in der Lage sind, durch den Mund Jesu zu Gott, dem Vater, zu beten: «Dein Wille geschehe» – durch den Mund Jesu klagen dürfen. Auch hier scheint verborgen ein Stück Evangelium, ein Moment christlicher Freiheit auf: Wir dürfen wirklich beten, wie es uns zuinnerst zumute ist. Aus theologischer Distanz geurteilt, ist die Klage vielleicht die tiefste Gebetsform. Nicht nur weil sie so ehrlich zu Gott redet, sondern weil in keiner anderen Weise des Betens Gott so vermisst, so ersehnt und in der Welt beansprucht wird, wie in ihr. Die Klage hofft auf Gott – wider Gott!

Brot und mehr als Brot

Unser tägliches Brot gib uns heute

Brot und mehr als Brot

Unser tägliches Brot gib uns heute

Mit der Bitte um unser tägliches Brot überschreiten wir im Verlauf des Unservater eine Schwelle. Denn der Inhalt der ersten drei Bitten betraf Gott selbst: seinen Namen, sein Reich und seinen Willen. Die vierte hingegen bezieht sich ebenso wie die nachfolgenden Bitten auf unsere Bedürfnisse, auf unsere menschliche Angewiesenheit auf Nahrung, Vergebung, auf Schutz vor der Versuchung und vor dem Bösen. Eine solche Zweiteilung – der erste Teil ist Gott, der zweite dem Menschen gewidmet – findet sich auch in anderen Grundtexten der Bibel und des christlichen Glaubens, so in den Zehn Geboten und im Doppelgebot der Liebe (Gottesliebe und Nächstenliebe). Allzu schematisch sollte man diese Aufteilung allerdings nicht verstehen: Das Reich Gottes zum Beispiel verändert unser Leben genauso, wie es Gott Ehre macht; und umgekehrt wird Gott durch das Brot, das wir von ihm erbitten, auch verherrlicht, denn es manifestiert seine Freigebigkeit. Gott «wird des Gebens nicht müde», wie Huldrych Zwingli zu Recht bemerkt, «er hat Lust und Freude am Geben und kann ohne Geben nicht sein».[45]

Innerhalb des Unservater nimmt die Brotbitte einen zentralen Platz ein, der bereits durch den Stil des griechischen Originals betont wird. Die uns vertraute deutsche Fassung lässt diese Besonderheit nicht erkennen. Während die vorherigen Bitten stets mit einem Verb (geheiligt werde, komme, geschehe) und die nachfolgenden mit einer Konjunktion sowie einem Verb beginnen (und vergib uns, und führe uns nicht, sondern erlöse uns), fängt die Brotbitte mit dem Brot an: das Brot für uns (unser) für den nächsten Tag (oder: für diesen Tag) gib uns heute. Unsere wörtliche Übersetzung des Originaltextes legt sich in einem Detail nicht fest: Brot für diesen

Tag oder Brot für den nächsten Tag? Wir möchten diese – wichtige – Frage vorerst offenlassen und werden gegen Ende dieses Kapitels noch einmal auf sie zurückkommen.

1. Wovon leben wir?

Wir bitten um Brot. Das führt uns zu der Frage, welchen Stellenwert das Brot in unserem Leben hat; und was uns nährt und am Leben erhält. Wir bitten nicht ohne Hemmungen um unser Brot und wir bitten nicht ohne Hemmungen Gott darum. Für die meisten von uns, die wir in mehr oder weniger grossem Wohlstand leben, ist die Nahrung nicht nur gesichert, sie ist sogar im Überfluss vorhanden. Nach einer Studie der Ernährungs- und Landwirtschaftsorganisation der Vereinten Nationen (FAO) werden 40% der verfügbaren Nahrungsmittel in den Industrieländern verschwendet; zu einem erheblichen Teil werden sie weggeworfen, obwohl sie prinzipiell geniessbar wären. Das entspricht mengenmässig der gesamten Nahrungsmittelproduktion des subsaharischen Afrika. Dort – wie auch anderswo in der Welt – kosten Hungersnöte und chronische Unterernährung Millionen von Menschenleben. Das Bewusstsein dieser schreienden Ungleichheit beeinflusst zwangsläufig die Art und Weise, wie wir die Brotbitte im Unservater sprechen.

An dieser Stelle unserer Überlegungen sind drei Punkte zu klären. Erstens: Für wen beten wir, wenn wir darum bitten, dass unser Brot uns gegeben wird? Zweitens: Um welches Brot geht es, welche Wirklichkeit steckt hinter dem Wort «Brot»? Drittens: Wie lässt sich das an Gott gerichtete Gebet mit unserer Arbeit und unserer Verantwortung, mit unserer Wirtschaft und dem Menschenrecht auf Nahrung und Entwicklung vereinbaren, kurzum mit allem, was unter die Kategorien «menschliche Initiative» und «christliche Ethik» fällt?

1.1 Wir und die anderen

Für wen beten wir, wenn wir Gott darum bitten, uns unser Brot zu geben? In den Evangelien sind in dem Moment, in dem das Unservater zum ersten Mal gesprochen wird, mit Wir diejenigen gemeint, die Jesus nachfolgen, und zugleich auch jene, die das von Jesus gelehrte Gebet in Zukunft zusammen sprechen werden. Heute sind das über zwei Milliarden Christinnen und Christen in der ganzen Welt, die zum Teil reich sind, zum Teil arm, manche sogar so arm, dass es ihnen am Notwendigsten mangelt. In erster Linie denken wir hier an die von Hungersnöten und Nahrungskrisen Betroffenen. Doch auch bei uns kennen wir durchaus Situationen, in denen man für seine Ernährung auf jemand anderen angewiesen ist: Wir haben das als kleine Kinder erlebt, und ein hohes Alter mag uns erneut in eine solche Situation bringen. Indem wir Gott um das Brot für diesen Tag bitten, relativieren wir ein Autonomieideal, das zwar wichtig ist, das aber unser Selbstverständnis als Erwachsene, die ihr Brot verdienen, oft zu sehr dominiert. Denn es ist genauso wichtig, sein Leben als Geschenk annehmen zu können.

Gemeinsam mit allen, die an Jesus Christus glauben, beten wir also um Brot für uns hier und für uns dort. Und die anderen, die Nichtchristen? Schlössen wir sie aus, so würden wir den dynamischen Gott verraten, den Jesus uns verkündet hat, der uns ruft und herausfordert. Gott als Vater ist der Inbegriff eines dynamischen Konzeptes. Unser Vater ist sicherlich der, an den wir uns vertrauensvoll im Glauben wenden, wie Jesus selbst es tut und uns zu tun einlädt. Doch der Vater ist zugleich auch der Schöpfer der Welt, dem alles gehört, alle Geschöpfe, alle Menschen. Dieser väterliche Schöpfergott gibt sich allen Menschen durch seine Wohltaten zu erkennen: «Er hat euch Regen gesandt vom Himmel herab und Zeiten der Ernte, er hat euch gesättigt mit Speise und euer Herz erfüllt mit Freude» (Apg 14,17). Die Sorge um die Ernährung der Kinder ist ein wesentliches Element elterlicher Liebe, überall in der Welt und über alle religiösen Grenzen hinweg. Und diese – stets unvollkommene, aber ohne Unterschied allgegenwärtige – elterliche Liebe vermittelt uns eine Vorstellung davon, was Gott der Vater für uns tut: «Wer von euch gibt seinem Sohn, wenn der ihn, den Vater, um einen Fisch bittet, statt des Fisches eine Schlange, oder wer gibt, wenn er ihn um ein Ei bittet, einen Skorpion? Wenn also ihr, die ihr böse seid, euren Kindern gute Gaben zu geben wisst, wie viel mehr wird der Vater den heiligen Geist vom Himmel herab denen geben, die ihn bitten» (Lk 11,11–13).

e

Die Vorsehungslehre

Für den christlichen Glauben hat Gott den Himmel und die Erde erschaffen (Gen 1,1). Doch es handelt sich dabei weder um einen isolierten Akt im «Anbeginn» der Welt noch lediglich um eine Perspektive für «einen neuen Himmel und eine neue Erde» (Offb 21,1) am Ende der Zeit. Der Schöpfer bleibt für seine Schöpfung und in seiner Schöpfung gegenwärtig: in ihr waltet seine Vorsehung. Diese in der Antike formulierte und für die Reformatoren überaus wichtige Lehre schliesst zwei andere Vorstellungen von der Welt aus: die Vorstellung vom reinen Zufall im Lauf der Dinge (eine Welt ohne Sinn) und die Vorstellung von einem unpersönlichen Schicksal, einem objektivierenden Determinismus (eine Welt ohne Freiheit). Geht man von der Vorsehung Gottes aus, so ergeben sich vor allem zwei Schwierigkeiten: Man muss zum einen zeigen, wie Gott im «Getriebe der Welt» (Calvin) wirkt – das ist das Problem des «Lückenbüsser-Gottes». Und man muss zum anderen die Vorsehung mit der Realität des Bösen, des Leidens und des Absurden vereinbar machen – das ist das Problem der Theodizee (Versuch, einen weisen, gerechten und gütigen Gott angesichts vieler gegensätzlicher Erfahrungen zu rechtfertigen). Spricht man heute von Vorsehung, muss man streng zwischen dem Handeln Gottes und dem Zusammenspiel von Ursachen trennen (sonst landet man beim «Lückenbüsser-Gott» wie etwa im Kreationismus und im Intelligent Design bzw. bei anderen Formen von objektivierendem Determinismus, die auf Gott angewandt werden). Und wir müssen darauf verzichten, das Böse erklären zu wollen. So nimmt die Vorsehungslehre die Gestalt «einer eigentümlichen Zuversicht für die Zukunft»[46] an. Sie schliesst die Tiefen der Gotteshingabe mit ein, selbst und vor allem im Sterben des Gekreuzigten – und zwar ohne etwas zu erklären. Sie verbindet die Vorsehung Gottes mit der Berufung des Menschen: Die Vorsehung Gottes bedient sich unser; wir betrachten sie nicht von aussen, sondern lassen uns von ihrer Dynamik mitreissen. Und sie ermutigt uns auch noch zu etwas anderem als zum Handeln: zum Erkennen der Zeichen der Gnade im Leben und in der Welt, zur Gelassenheit, zum Humor.

1.2 Brot und mehr als Brot

Der letzte Satz des gerade zitierten Abschnitts aus dem Lukasevangelium überrascht. Den Heiligen Geist? Um was für ein Brot handelt es sich denn? Um ein geistliches Brot? Sollte das Brot im Unservater keine materielle, sondern eine geistliche Bedeutung haben? In der Tat: Die Bibel sagt an mehreren Stellen, dass unser Hunger und unser Durst nicht nur körperliche Bedürfnisse sind, und bereits in der Alltagssprache sprechen wir von Lesefutter und Wissensdurst. In den Psalmen, die Johannes Calvin als einen Spiegel unserer «inneren Regungen» betrachtete, lesen wir: «Meine Seele dürstet nach Gott, dem lebendigen Gott» (Ps 42,3); «Wie an Mark und Fett wird meine Seele satt» (Ps 63,6); «Schmeckt und seht, wie freundlich der Herr ist» (Ps 34,9; Lutherübersetzung). Dieses Bedürfnis nach geistlicher Nahrung ist ebenso elementar und immer wiederkehrend wie das Bedürfnis nach leiblicher Nahrung: Wir fühlen uns geistlich ausgehungert, vielleicht sogar völlig ausgelaugt, wenn wir keine Zeit finden, unsere Seele mit Nahrung zu versorgen, oder wenn die geistliche Nahrung nicht unseren Bedürfnissen entspricht. Jesus greift – vor allem im Johannesevangelium – auf diese Sprache zurück: «Ich bin das Brot des Lebens. Wer zu mir kommt, wird nicht mehr Hunger haben, und wer an mich glaubt, wird nie mehr Durst haben» (Joh 6,35). Das Brot wird im Wesentlichen mit dem Wort in Zusammenhang gebracht: «Nicht vom Brot allein lebt der Mensch, sondern von jedem Wort, das aus Gottes Mund kommt» (Mt 4,4); diesen Satz schleudert Jesus Satan ins Gesicht, als dieser ihn durch die Aufforderung versuchen will, er solle Steine in Brot verwandeln. Gott handelt also nicht durch Wunder, die die Zwänge der materiellen Welt und der sogenannten Naturgesetze durchbrechen, sondern er gibt uns sein Wort, das uns verändert und das durch die Veränderung, die es in uns bewirkt, auch die Welt verändert.

Allerdings betrifft diese Veränderung nicht nur das geistliche Wesen, sie berührt stets auch die materielle Wirklichkeit des Menschen. In der jüdischen und christlichen Tradition ist der Mensch immer ein Ganzes, und für die christliche Theologie setzt sich die menschliche Person aus Leib, Seele und Geist zusammen. Das – für die moderne Philosophie so wichtige – Konzept der Person kommt ursprünglich aus der antiken christlichen Theologie, der Theologie der Kirchenväter sowie der Konzile des vierten Jahrhunderts. Das Wort «Person» wird dort auf die drei göttlichen Personen (Vater, Sohn und Heiliger Geist) angewendet, die drei verschiedenen Gesichter Gottes, denn in der heidnischen Welt bezeichnet *persona* die Theatermaske, also das Gesicht, das für eine Identität steht. Und diese Identität wird stets in einer Beziehung gelebt, genauer, in einer Beziehung zu den anderen (*personare* bedeutet «durchklingen» und verweist somit auf das Ansprechen). In der Sprache der Philosophie könnte man sagen: Es gibt keine Identität ohne Alterität, und im Begriff der Person kommt beides zum Tragen.

Wir müssen hier keine komplexen begrifflichen Diskussionen über die Lehre von den drei göttlichen Personen führen, doch der Fall der zweiten Person, des Sohnes, ist in unserem Zusammenhang überaus bezeichnend. Als Gott und Mensch, als ganzer Mensch und ganzer Gott, vereinigt Christus zwei Naturen in sich («unvermischt und ungeteilt» in der Sprache der antiken Theologie) und stellt dennoch eine einzige Person dar. Diese Vorstellung wurde von der Theologie in die Anthropologie übertragen: Analog bildet auch der Mensch in seinem Streben nach dem Göttlichen und in seiner menschlichen Wirklichkeit als Geist, Seele und Leib eine einzige Person. Und diese Person ist in ihrer Gesamtheit zu respektieren, in all ihren Dimensionen: geistig, seelisch und physisch. Weder der Leib darf verachtet noch das menschliche Streben nach dem Göttlichen vernachlässigt werden. Die Menschenwürde, auf der die Menschenrechte unserer Moderne beruhen, darunter auch das Recht auf Nahrung und das Recht auf Entwicklung, steht der gesamten Person zu.

Vor diesem Hintergrund verwundert es nicht, wenn man bei Paulus das Wort «Leib» in einem Sinn liest, den wir in unserer heutigen Sprache mit «Person» wiedergeben würden: «Bringt euren Leib [d. h. eure Person] dar als lebendiges, heiliges, Gott wohlgefälliges Opfer – dies sei euer vernünftiger Gottesdienst!» (Röm 12,1). Gemeint ist ganz offensichtlich, dass wir all unsere Fähigkeiten und alle Elemente unserer menschlichen Existenz Gott weihen sollen. Das Geistliche und das Materielle dürfen nicht voneinander getrennt und auf keinen Fall gegeneinander ausgespielt werden. Die johanneische Tradition, deren geistliche Dimension wir weiter oben bereits erwähnt haben – Jesus als Brot des Lebens und Durst stillende Quelle –, berücksichtigt und betont gleichwohl auch die elementaren körperlichen Bedürfnisse des Menschen: «Wer immer in der Welt sein Auskommen hat und seinen Bruder Not leiden sieht und sein Herz vor ihm verschliesst: wie bleibt da die Liebe Gottes in ihm? [...] Kinder, lasst uns nicht mit Wort und Zunge lieben, sondern in Tat und Wahrheit!» (1Joh 3,17f.). Und eine Schrift mit mehr polemischem Impetus ergänzt: «Wenn ein Bruder oder eine Schwester keine Kleider hat und der täglichen Nahrung entbehrt und jemand von euch sagt zu ihnen: Geht hin in Frieden, wärmt und sättigt euch!, ohne ihnen das Lebensnotwendige zu geben, was nützt das?» (Jak 2,15f.).

Dementsprechend haben auch die Reformatoren das Brot des Unservater bereits in einem weiteren Sinne verstanden: als alles, was notwendig und förderlich ist. Alles, was wir in den Augen Gottes brauchen, «damit wir so unser Brot in Frieden essen können», sagt Johannes Calvin im Genfer Katechismus (1545).[47] Martin Luther bringt eine ganze Reihe sprechender Beispiele im Kleinen Katechismus (1529): «... Essen, Trinken, Kleider, Schuh, Haus, Hof, Acker, Vieh, Geld, Gut, fromme Eheleute, fromme Kinder, fromme Gehilfen, fromme und treue Oberherren, gute Regierung, gut Wetter, Friede, Gesundheit, Zucht, Ehre, gute Freunde, getreue Nachbarn und desgleichen».[48] Man sieht hier deutlich, dass es keinen Sinn macht, beim Verständnis des täglichen Brotes streng zwischen dem Geistlichen und dem Materiellen zu trennen. Wenn man in dieser Art von Kategorie bleiben will, bietet sich eher das «Persönliche» an: Das Brot, um das im Unservater gebeten wird, wäre somit alles, was die menschliche Person zum Leben und für ihre Entwicklung braucht. Das führt uns zum dritten Punkt, der geklärt werden muss.

1.3 Beten und Handeln

Welche Bedeutung kommt dem Beten im Verhältnis zum Handeln, zur Arbeit, zur Wirtschaft und zum Umgang mit den natürlichen Ressourcen zu? Im Genfer Katechismus (Frage/Antwort 276)[49] macht sich Calvin Gedanken über die Spannung zwischen dem Beten, das das Brot aus der Hand Gottes zu empfangen sucht (Unser tägliches Brot gib uns heute), und dem Gebot Gottes in Genesis 3,19: «Im Schweiss deines Angesichts wirst du dein Brot essen».

Er löst das Problem mit dem Hinweis, die Arbeit sei zwar sicherlich notwendig, genüge aber nicht: Wir seien auf Gottes Segen angewiesen und bäten darum, er möge ihn uns gewähren. Gott müsse uns leiten, damit wir von unserem Besitz einen nützlichen Gebrauch machen, und um diese Gnade müssten wir, Reiche ebenso wie Arme, Tag für Tag demütig bitten (Frage/Antwort 279).[50] Das Beten zielt damit nicht so sehr auf die Menge der verfügbaren Nahrung, als vielmehr auf unsere Grundhaltung beim Arbeiten, beim Herstellen sowie bei der Nutzung unseres Besitzes. Luther sagt in seinem Kleinen Katechismus ganz schlicht: «Gott gibt das tägliche Brot auch ohne unsere Bitte allen bösen Menschen; aber wir bitten in diesem Gebet, dass er's uns erkennen lasse und wir mit Danksagung empfangen unser tägliches Brot.»[51] Das Thema der Dankbarkeit ist in der Theologie der Reformatoren absolut fundamental. Unser Leben als Christen ist ein Leben «als Begnadete»; wir empfangen alles als Geschenk, ohne jeden Bezug zu den damit verbundenen Mühen und ohne jedes Verdienst unsererseits.

Es liegt auf der Hand, dass sich aus dieser theologischen Überzeugung ethische Konsequenzen ergeben: Wenn wir über das Empfangene nur aus Gnade verfügen, so müssen wir es auch gebührend schätzen, massvoll nutzen und etwas davon anderen abgeben. Calvin sagt das ganz klar: «Wenn uns nun hier geboten wird, um unser Brot zu bitten, so geschieht das, damit wir uns mit dem zugeteilten Mass zufrieden geben, das uns der himmlische Vater zu gewähren sich herbeigelassen hat, und nicht etwa mit unerlaubten Künsten Gewinn zu erhaschen suchen».[52] Das Brot ist insofern «unser», als wir es nicht «mit Betrügerei oder Raub errafft» haben, wie der Reformator es in demselben Abschnitt formuliert. «Denn was wir mit anderer Leute Schaden an uns bringen, das bleibt stets fremdes Gut.»

Der französische protestantische Philosoph Olivier Abel betont zu Recht, dass Calvins Ethik eine Ethik der Dankbarkeit bzw. der Erkenntlichkeit ist. Dieser Grundzug calvinischer Ethik wird u. a. in dem Kapitel der Institutio deutlich, das dem «rechten Gebrauch der irdischen Güter» gewidmet ist.[53] Es gilt, zwischen Masslosigkeit und «strenger Einfachheit» einen Mittelweg zu finden, den Weg des «rechten Gebrauchs». In diesem Rahmen sind kulinarische Genüsse etwa keineswegs verboten: «Wenn wir nun also bedenken, zu welchem Zweck er die Nahrungsmittel geschaffen hat, so werden wir finden, dass er damit nicht bloss für unsere Notdurft sorgen wollte, sondern auch für unser Ergötzen und unsere Freude».[54] Johannes Calvin und Paul Bocuse – ganz einer Meinung? Fast. Denn man muss auch teilen, und denen, die nichts zu essen haben etwas abgeben. Die Gesetze des Alten Testaments sind für Calvin in dieser Hinsicht ein Vorbild; zum Beispiel: «Du sollst deine Hand willig auftun für deinen bedürftigen und armen Bruder in deinem Land» (Dtn 15,11). Das führt beim Genfer Reformator zu einem ausgeprägten sozialen Gewissen. Calvin unterscheidet u. a. klar zwischen der Billigung von Darlehen gegen Zins für eine wirtschaftliche Investition und dem Verbot, einen Zins auf solche Darlehen zu erheben, die durch eine Notlage des Schuldners begründet sind. Man dürfe keinen Gewinn daraus schöpfen, dass man dem anderen das Existenzminimum, wie wir heute sagen würden, oder die Mittel für ein auskömmliches Leben gibt.

Es leuchtet ein, dass Calvins – von der Bibel inspirierte – Ethik von grosser Aktualität ist. Ohne zu ideologischen Vereinfachungen zu ermuntern, entfaltet sie ein kritisches Potenzial im Hinblick auf die globalisierte Wirtschaft, insbesondere die Finanzwirtschaft. Denken wir an die Schuldenkrise und an die Herausforderung der «kreativen Entschuldung» (für die die christlichen Hilfswerke substanzielle Vorschläge unterbreitet haben). Eine christliche Ethik für das Finanzsystem wird vor allem die Realwirtschaft, die unsere Lebensgrundlagen sichert, verteidigen gegen die mit der Zunahme spekulativer Investitionen verbundenen Gefahren. Wenn aufgrund von Spekulationsblasen die Lebensmittelpreise in armen Ländern explodieren oder Vorsorgesysteme zusammenbrechen, sollte man daran erinnern, dass die Wirtschaft für den Menschen da ist und nicht umgekehrt. Mögen diese Fragen noch so komplex und technisch sein, sie können uns nicht gleichgültig lassen, wenn wir Gott um das Brot bitten, auf das wir angewiesen sind.[55]

Brot aus Gottes Hand – ein Wunder?

Z

In seinem Roman Robinson Crusoe erzählt Daniel Defoe (1660–1731) eine Episode, die uns besser verstehen lässt, dass das Brot aus Gottes Hand nicht unbedingt und auch nicht essenziell ein Mirakel ist; das Geschehen ist durchweg rational, nicht wunderlich und wunderhaft und doch wunderbar. Die Dinge lassen sich durch völlig natürliche Ursachen erklären – doch das Wunder erweist sich als nicht minder beeindruckend:

«[...] ich [sah] etwa einen Monat später einige grüne Halme aus dem Boden ragen [...], die ich anfangs für eine früher nicht bemerkte Pflanze hielt. Aber wie war ich erstaunt, als ich kurze Zeit darauf sich zehn bis zwölf Ähren daraus entwickeln sah, die ich als vollkommen gute grüne Gerste der europäischen oder vielmehr der englischen Art erkannte. Ich vermag meine Empfindungen bei dieser Entdeckung nicht zu beschreiben. Bisher hatte ich überhaupt keine religiöse Weltanschauung gehabt; nur wenige Ideen dieser Art waren in meinem Kopf vorhanden gewesen. Alles, was mir widerfahren, hatte ich als Zufall oder, wie man so obenhin spricht, als Gottes Fügung angesehen. Um die Zwecke der Vorsehung und ihre Anordnung der Dinge dieser Welt war ich gänzlich unbekümmert gewesen. Als ich jedoch nun in einem Klima, von dem ich wusste, dass es sich nicht für Getreide eigne, Gerste wachsen sah, ohne eine Ahnung zu haben, wie sie dahin gekommen sei, wurde ich höchlichst betroffen, und ich begann zu glauben, Gott habe durch ein Wunder diese Ähren spriessen lassen, ohne dass ein Samenkorn vorhanden gewesen sei, und zwar lediglich, damit sie in dieser trostlosen Einöde mir zur Nahrung dienten.

[...] Endlich fiel mir ein, dass ich ja den Sack mit dem Hühnerfutter an jener Stelle ausgeschüttet hatte, und nun begann die Sache ihr Wunderhaftes zu verlieren. Ich muss bekennen, auch meine Dankbarkeit für die göttliche Fügung fing an, durch die Entdeckung, dass das Ganze ein gewöhnliches Ereignis sei, sich zu mindern; wiewohl ich für ein Ereignis, das ja gerade so seltsam und unerwartet wie ein Wunder war, nicht minder hätte dankbar sein sollen. War es denn nicht wirklich ein Werk der Vorsehung, dass zehn oder zwölf Getreidekörner unversehrt blieben, als die Ratten alles Übrige vernichteten; wie auch das, dass ich diese Körner gerade an der bestimmten Stelle ausschütten musste, wo sie in dem Schatten des Felsens sofort aufgingen, während sie, hätte ich sie irgend anderswo ausgestreut, in dieser heissen Jahreszeit hätten verdorren und umkommen müssen?»

Daniel Defoe[56]

Wir treffen in Defoes Robinson Crusoe auf eine ausgeprägte calvinistische und puritanische Frömmigkeit. Sein rationales Verhältnis zur Welt hindert Robinson nicht daran, das Wirken der Vorsehung zu erkennen, im Gegenteil. Der Bericht enthält im Übrigen deutliche biblische Anklänge: Viele Einzelheiten – der Hinweis auf die «trostlose Einöde», auf die «Ähren», die Gott «durch ein Wunder» habe spriessen lassen, sicherlich auch die Zahl Zwölf – erinnern an den Exodus und insbesondere an das Manna, das das Volk Israel in der Wüste nährte (Ex 16, die zwölf Stämme Israels, s. u. Die Erzählung vom Manna), bzw. auch schon zuvor an Josef, der Ägypten vor einer Hungersnot bewahrte und seine Familie unerkannt rettete (Gen 41ff., die zwölf Söhne Jakobs). Im theologischen Register der Gnade handelt es sich hier um zentrale biblische Episoden. Daneben ist in der Bewertung der günstigen bzw. ungünstigen Bedingungen für die Saat ein deutlicher Hinweis auf das Gleichnis vom Sämann zu erkennen (Mk 4,3–9).

Man kann sich sogar fragen, ob die Glaubensentwicklung, die Robinson während seines ganzen Abenteuers als Schiffbrüchiger auf einer tropischen Insel durchmacht, nicht überhaupt dem biblischen Buch Jona nachempfunden ist – sein Ungehorsam und seine Flucht auf einem Schiff, das stürmische Meer, die Verzweiflung, seine wunderbare Rettung und schliesslich die Betrachtung einer Pflanze als Sinnbild der Gnade (allerdings in einer ganz anderen Szenerie als in Jona 4). Die Pflanze bereitet die Erkenntnis der rettenden Güte Gottes vor, die allen Lebewesen gilt. Und diese Einsicht macht es uns möglich, den Menschen zu lieben, bei aller Zwiespältigkeit und all seiner Gewaltbereitschaft (die sündigen und die reuigen Niniviten bzw. die Gestalt des Freitag im Gegenüber zum Stamm der Kannibalen).

2. Das Brot für den nächsten Tag

Unser Brot für diesen Tag gib uns heute. Wir müssen wegen eines einzigen, aber entscheidenden Details auf den griechischen Text zurückkommen, den wir hier in seiner Satzstellung wiederzugeben versuchen. Es geht um das Adjektiv *epiousios*, das normalerweise mit «für diesen Tag» übersetzt wird. Man weiss nicht, was dieses Wort genau bedeutet: Es kommt im gesamten Neuen Testament nur ein einziges Mal vor – hier an dieser Stelle. Die plausibelsten Übersetzungen sind das Brot «für diesen Tag» und vor allem das Brot «für den nächsten Tag». Gib uns heute das Brot für den nächsten Tag – so könnte das Gebet der Armen und der mit den «Arbeitern im Weinberg» (Mt 20,1–16) vergleichbaren Tagelöhner lauten, die Tag für Tag nach einer neuen Anstellung suchen – der eine frühmorgens, der andere später. «Selig die Armen», «die Armen im Geist», sagt das Matthäusevangelium, «ihnen gehört das Himmelreich!» (Mt 5,3). Die erste der acht Seligpreisungen meint die gleichen Personen: die, die nur für einen Tag zu essen haben. Ihnen gibt Jesus die entscheidende Zusage für die Zukunft: die Verheissung Gottes und seines Reichs. Ganz unbeabsichtigt werden diese Armen tatsächlich zu Menschen der Verheissung. Sie haben nichts anderes, ihre Zukunft besteht in der Verheissung Gottes. Ein überaus wichtiges Motiv für die Reformatoren. Wir sollen nicht aus der Sicherheit heraus leben, auf der Grundlage von Garantien, die auf unseren eigenen Bemühungen basieren, sondern aus der Zuversicht heraus, jener subjektiven Gewissheit, die sich auf die Verheissung gründet und die überhaupt erst durch die Verheissung entstanden ist. Wir verfügen über keine andere Garantie. Dieses Motiv einer Angewiesenheit, die immer wieder neu, von einem Augenblick zum nächsten, erhält, was sie braucht, wird besonders deutlich in der matthäischen Version des Unservater. Während wir nach Lukas um das Brot für «jeden Tag» (Lk 11,3) bitten und somit eine ganze Reihe von kommenden Tagen ins Auge fassen, beschränkt sich unsere Bitte bei Matthäus auf den «heutigen» bzw. den «nächsten» Tag. «Jeder Tag hat genug an seiner eigenen Last» (Mt 6,34), doch jeder Tag lädt uns auch immer wieder aufs Neue zum Gebet ein, das die Last in Gnade verwandelt.

Wir möchten nachdrücklich für die Übersetzung «Gib uns heute das Brot für den nächsten Tag» plädieren. Es geht uns gewiss nicht darum, die liturgische Praxis zu ändern, die uns auf Französisch sagen lässt: *Donne-nous aujourd'hui notre pain de ce jour* (Gib uns heute unser Brot für diesen Tag). Doch wir nehmen uns die legitime Freiheit, aus dem griechischen Original einen anderen, genauso gut begründeten Sinngehalt zu entwickeln: «Gib uns heute das Brot für den nächsten Tag.» Damit befinden wir uns in einem gesamtbiblischen Kontext aus Verheissung, mutigem Aufbruch, Wanderung, Zug durch die Wüste und Sehnsucht nach dem verheissenen Land. Wir wandern, wie das aus Ägypten ausgezogene Volk Gottes gewandert ist. Wir wandern nicht auf die Zukunft als eine Fortsetzung der Vergangenheit zu, sondern auf die Zukunft als eine kommende Realität, als verheissenes Land und Reich Gottes. Eine wichtige Episode beim Auszug aus Ägypten ist die Speisung des Gottesvolkes in der Wüste mit dem geheimnisvollen Himmelsbrot Manna. Die Experten halten es für ein süsses Sekret von Akazienbäumen, doch das spielt keine Rolle. Das Manna erschien immer morgens «wie der Reif auf der Erde» als «das Brot, das der Herr euch zu essen gegeben hat» (Ex 16,14f.). Es kam vor allen Dingen auf das Teilen an: «der, der viel gesammelt hatte, [hatte] keinen Überschuss, und der, der wenig gesammelt hatte, [hatte] keinen Mangel» (Ex 16,18). Das Manna konnte nicht über einen Tag hinaus aufbewahrt werden! Wer Vorräte sammelte, musste dafür bezahlen: Alles verdarb und stank ekelhaft. Ein «Brot für diesen Tag», aber auch ein verheissenes «Brot für den nächsten Tag», denn am nächsten Tag würde Gott diese besondere Nahrung zuverlässig wieder vom Himmel fallen lassen. Das Manna steht für das Brot, das uns im Hinblick auf die verheissene Zukunft nährt.

b Die Erzählung vom Manna

Die Israeliten sind aus Ägypten ausgezogen und befinden sich mitten in der Wüste. Sie hungern und beklagen sich darüber. Sie trauern den «Fleischtöpfen» nach, aus denen sie sich einst als Sklaven in Ägypten satt essen konnten.

«Und der HERR redete zu Mose und sprach: Ich habe das Murren der Israeliten gehört. Sprich zu ihnen: In der Abenddämmerung werdet ihr

Fleisch zu essen haben, und am Morgen werdet ihr satt werden von Brot, und ihr werdet erkennen, dass ich der Herr bin, euer Gott. Und am Abend zogen die Wachteln herauf und bedeckten das Lager, am Morgen aber lag Tau rings um das Lager. Und als der Taunebel aufgestiegen war, sieh, da lag auf dem Boden der Wüste etwas Feines, Körniges, fein wie der Reif auf der Erde. Und die Israeliten sahen es und sprachen zueinander: Was ist das? Denn sie wussten nicht, was es war. Da sprach Mose zu ihnen: Das ist das Brot, das der HERR euch zu essen gegeben hat. Das ist es, was der HERR geboten hat: Sammelt davon so viel, wie jeder zum Essen braucht. Ein Gomer [etwa 4,5 l] je Kopf sollt ihr nehmen, nach der Anzahl der Personen, ein jeder für die, die zu seinem Zelt gehören. Und so machten es die Israeliten: Sie sammelten ein, der eine viel, der andere wenig. Als sie es aber mit dem Gomer massen, hatte der, der viel gesammelt hatte, keinen Überschuss, und der, der wenig gesammelt hatte, keinen Mangel. Jeder hatte so viel gesammelt, wie er zum Essen brauchte.

Dann sprach Mose zu ihnen: Niemand hebe etwas davon bis zum Morgen auf. Sie aber hörten nicht auf Mose, und einige hoben davon bis zum Morgen auf, aber es wurde voller Würmer und stank. Da wurde Mose zornig über sie. So sammelten sie es Morgen für Morgen, jeder so viel, wie er zum Essen brauchte. Sobald aber die Sonne heiss schien, zerschmolz es.»

Exodus 16,11–21

Danach heisst es, man dürfe nur ein einziges Mal pro Woche die doppelte Menge einsammeln und aufbewahren: am Vorabend des Sabbats, des Ruhetages, an dem das Volk Gott für seine Wohltaten dankt.

3. Das Abendmahl

Im Neuen Testament ist dieses Brot Jesus Christus selbst. Wir empfangen es bei einem Mahl, das die Kirche auf die Verheissung Jesu gründet: traditionell «heiliges Abendmahl» genannt. Sein Ursprung in der Passion Jesu, in den Tagen des Leidens vor seinem Kreuzestod, wird uns von den Evangelisten Markus, Matthäus und Lukas sowie auch vom Apostel Paulus berichtet, der überaus selten Jesusworte erwähnt. Paulus rezitiert die Einsetzung des Abendmahls:

b Die Einsetzung des heiligen Abendmahls durch Jesus

«Der Herr, Jesus, nahm in der Nacht, da er ausgeliefert wurde, Brot, dankte, brach es und sprach: Dies ist mein Leib für euch. Das tut zu meinem Gedächtnis. Ebenso nahm er nach dem Essen den Kelch und sprach: Dieser Kelch ist der neue Bund in meinem Blut. Das tut, sooft ihr daraus trinkt, zu meinem Gedächtnis. Denn sooft ihr dieses Brot esst und den Kelch trinkt, verkündigt ihr den Tod des Herrn, bis dass er kommt.»

1. Korinther 11,23b–26

«Bis dass er kommt» – mit diesem Mahl wird die Zukunft, die Begegnung mit dem Auferstandenen, gefeiert. Und diese Zukunft ist gegenwärtig. Über die Art und Weise der Gegenwart Jesu Christi wurden im Laufe der Jahrhunderte heftige theologische Debatten geführt. Ist er in Brot und Wein leibhaft da? Oder ist er gegenwärtig in der gemeinsamen kultischen Erinnerung aller Teilnehmenden am Abendmahl? Die historischen Diskussionen zwischen Theologen aus gegnerischen konfessionellen Lagern sind heute für uns nicht immer nachvollziehbar. Auf jeden Fall haben unsere Vorgänger die Realität der Gegenwart Jesu Christi mehr betont als wir heute (bzw. die meisten von uns). Das trifft in besonderem Masse auf Martin Luther zu, aber auch auf Johannes Calvin, der den Leib Christi zwar nicht in die Materialität des Brotes einschliessen mochte, die reale Gemeinschaft mit Christus jedoch ausdrücklich hervorhob; und sogar auf Huldrych Zwingli, dessen Begriff des Gedenkens («Gedächtnuss») eine reale Gegenwart implizierte, vergleichbar mit der Gegenwart der Idee beim Erkennen von Gegenständen.

Viele Gläubige und – hoffentlich – auch die Kirchen selbst empfinden die Trennung zwischen den christlichen Konfessionen bei der Feier des Abendmahls als besonders schmerzlich. Zwar sind die verschiedenen Zweige der Reformation nunmehr so weit, dass sie das heilige Abendmahl gemeinsam feiern, ohne einander aufgrund von Lehrgegensätzen auszuschliessen (die Leuenberger Konkordie von 1973 legt fest, dass die Unterschiede – insbesondere zwischen Lutheranern und Reformierten – nicht länger kirchentrennend sind); für die römisch-katholische Kirche sowie für die orthodoxen Kirchen sind jedoch die Voraussetzungen noch nicht erfüllt, um die Interkommunion mit den Protestanten zuzulassen. Diese Situation ist speziell für all diejenigen schwierig, die in ihrer Familie und in ihrem kirchlichen Engagement bereits mit grosser Überzeugung die Einheit aller Christen praktizieren – trotz und jenseits aller konfessionellen Unterschiede. In ihrer gemeinsamen Erklärung zum Unservater «Vous donc, priez ainsi» (2011) plädiert der ökumenische Gesprächskreis Groupe des Dombes ausdrücklich für eine Lockerung der aktuellen Regeln, damit diejenigen, die sich aktiv für die Einheit engagieren, gemeinsam den in seinem Mahl gegenwärtigen Christus empfangen können: «Bis dahin [d. h. bis zur vollen Tischgemeinschaft] könnten Gläubige, die den Weg des Glaubens bereits auf ökumenische Art und Weise miteinander teilen, bzw. Ehegatten, die Tag für Tag eine solche Gemeinschaft im Glauben leben, diese ihre Erfahrung auch im Teilen desselben Brotes erleben».[57]

Sowohl Zwingli als auch Calvin legten grosses Gewicht – ein weitaus grösseres als Luther – auf die Gesamtwirklichkeit des gemeinsamen Mahls und nicht nur auf die materiellen Zeichen von Brot und Wein. Ihrer Ansicht nach findet die reale Gemeinschaft mit Christus im gemeinsamen Teilen von Brot und Wein statt, und der Leib Christi manifestiert sich in der versammelten Gemeinde. Wenn wir als Christinnen und Christen Menschen auf Wanderschaft sind, so müssen wir während unseres langen Weges durch die Wüste einen Vorgeschmack dessen bekommen, was uns erwartet. Der Vergleich mit dem Manna ist in dieser Hinsicht erhellend. Das Feiern des Abendmahls ist viel mehr als ein Ritus, der lediglich eine Gemeinschaft simulieren soll, zu der Jesus Christus uns jenseits von Raum und Zeit einlädt. In der Abendmahlsfeier steckt ein gewisses Schon-jetzt, ein Siegel der Zukunft, wie etwa bei der Taufe, die uns bereits jetzt in Christus hinein versetzt, obwohl sie uns noch in der Wirklichkeit des gegenwärtigen Lebens belässt. Die Feier des Abendmahls in unseren Gemeinden ist ein überaus starkes Zeichen der Spannung, die untrennbar mit unserer christlichen Existenz verbunden ist: Wir sind in der Welt, aber nicht von der Welt (vgl. Joh 17,16). Es existiert eine enge – sogar leibliche – Verbindung mit Jesus Christus, und sie verschafft uns eine gesunde Distanz zur Welt.

e

Taufe und Abendmahl, die zwei Sakramente

Taufe und heiliges Abendmahl (das Neue Testament nennt es Herrenmahl) stellen die beiden Sakramente dar, die von der Gemeinschaft der Christen gefeiert werden. Ihr gemeinsamer Nenner ist die enge Verbindung zwischen einem materiellen Zeichen (einem Element) und der Verheissung (dem Wort), die dem Vorgang eine tiefe, im Glauben gelebte Bedeutung verleiht. Genau das meint der lateinische Kirchenvater Augustinus mit seinem berühmten Satz: «Kommt das Wort zum Element, so wird daraus ein Sakrament»[58]. Die Sakramente führen uns vor Augen, dass der Glaube an Jesus Christus viel mehr ist als die Zustimmung zu einer Lehre: Er ist ein Sich-Öffnen für die Gegenwart des lebendigen Christus. Diese Gegenwart kommt von woanders her (das wird durch die Gottheit Jesu Christi ausgedrückt), wird aber inmitten unseres Lebens und der Welt sowie auch in den Sakramenten unter der Form der konstitutiven Elemente Wasser, Brot und Wein erkennbar. Eine solche Gegenwart ist nur durch die Kraft Gottes möglich; der Glaube verbindet diese Kraft speziell mit dem Heiligen Geist, einer der drei göttlichen Personen. Aus diesem Grund wird bei der Feier der Sakramente stets der Heilige Geist angerufen.

Der Evangelist Johannes ist der Einzige, der bei seiner Darstellung der Passion Jesu das Abendmahl gar nicht erwähnt. Stattdessen berichtet er von der Fusswaschung (Joh 13): Jesus geht soweit, dass er seinen Jüngern die Füsse wäscht; er wirft die gewohnte soziale Hierarchie um und macht eine Hierarchie der Liebe und des Dienens daraus. Wahrscheinlich wollte der Evangelist auf diese Weise gegen eine oberflächliche Ritualisierung protestieren und die Gemeinschaft mit Jesus Christus in der Gestalt täglich gelebter Liebe festigen. Die anderen Evangelisten berichten neben ihren Abendmahlsdarstellungen von der Brotvermehrung, einer viel konkreteren Geste der Speisung im Alltag: Fünftausend (bzw. viertausend) Personen wurden mit Hilfe von fünf Broten und zwei Fischen gesättigt, der einzigen Nahrung, die in dieser riesigen Menschenmenge zu finden war (Mt 14 und 15, Mk 6 und 8, Lk 9, Joh 6; vgl. Joh 21). In diesen Erzählungen, deren quasiliturgischer Stil an die Abendmahlsberichte erinnert, steht nicht der Wunderaspekt im Vordergrund. Das Wesentliche besteht vielmehr im respektvollen Umgang mit dem Mitgebrachten, in der Dankbarkeit, die im Dankgebet zum Ausdruck gebracht wird, in der besonderen Betonung des Teilens sowie in der Sorge, nichts verloren gehen zu lassen (Joh 6,12). Diese Erzählungen sind, wie die ganze biblische Überlieferung, in einen jüdischen Kontext eingebettet – hier durch den Bezug auf das Passahfest als Gedenken an den Auszug aus Ägypten und somit auch an die Speisung mit Manna. Interpretieren wir sie in diesem Kontext, erhalten sie eine doppelte Bedeutung: Die zwölf Körbe verweisen auf die zwölf Stämme Israels. die fünf Brote – materielle und geistliche Nahrung gleichermassen – erinnern auch an die Thorarollen (die fünf Bücher des Pentateuchs von der Genesis bis zum Deuteronomium); und die zwei Fische sind zunächst Fische, sie stehen jedoch auch für die zwei Gesetzestafeln (die Zehn Gebote).

Die Brotvermehrung (Speisung der Fünftausend) b

«Danach ging Jesus ans andere Ufer des Sees von Tiberias in Galiläa. Viel Volk aber folgte ihm, weil sie die Zeichen sahen, die er an den Kranken tat. Jesus aber stieg auf den Berg und setzte sich dort mit seinen Jüngern nieder. Das Passa war nahe, das Fest der Juden. Als nun Jesus seine Augen aufhebt und sieht, dass so viel Volk zu ihm kommt, sagt er zu Philippus: Wo sollen wir Brot kaufen, damit diese zu essen haben? Dies sagte er aber, um ihn zu prüfen; er selbst wusste ja, was er tun wollte. Philippus antwortete ihm: Brot für zweihundert Denar [entspricht dem zweihundertfachen Tagelohn eines Landarbeiters] reicht nicht aus für sie, wenn jeder auch nur ein wenig bekommen soll. Einer von seinen Jüngern, Andreas, der Bruder des Simon Petrus, sagt zu ihm: Ein Kind ist hier, das fünf Gerstenbrote und zwei Fische hat, aber was ist das für so viele? Jesus sprach: Lasst die Menschen sich setzen! An dem Ort war viel Gras. Da setzten sich die Männer, etwa fünftausend an der Zahl. Jesus nahm nun die Brote, sprach das Dankgebet und teilte davon allen, die dasassen, aus, so viel sie wollten, ebenso von den Fischen. Als sie aber satt waren, sagte er zu seinen

Jüngern: Sammelt die übrig gebliebenen Brocken, damit nichts verloren geht. Sie sammelten sie und füllten zwölf Körbe mit den Brocken, die von den fünf Gerstenbroten übrig blieben, nachdem sie gegessen hatten. Als nun die Leute das Zeichen sahen, das er getan hatte, sagten sie: Das ist wirklich der Prophet, der in die Welt kommen soll. Als Jesus nun erkannte, dass sie kommen und ihn in ihre Gewalt bringen wollten, um ihn zum König zu machen, zog er sich wieder auf den Berg zurück, er allein.»

Johannes 6,1–15

4. Wort und Weltwirklichkeit – die materiellen Wirkungen des geistlichen Brotes

All das sind scheinbar nur Worte. Nur Worte? Worte verändern die Welt. Das Votum für das Zusammenlegen und Teilen hat als Motiv die Genossenschaftsbewegung des 19. Jahrhunderts massgeblich beeinflusst, bei den Reformierten etwa den deutschen Sozialreformer Friedrich Wilhelm Raiffeisen (1818–1888) oder den französischen Sozialökonomen Charles Gide (1847–1932; École de Nîmes). Es hat die jüngere Geschichte der Institutionen geprägt, und das gilt auch für die protestantische Diakonie. «Sammelt die übrig gebliebenen Brocken, damit nichts verloren geht» (Joh 6,12) – von diesem Satz liess sich der deutsche Pastor Friedrich von Bodelschwingh (1831–1910) inspirieren, der Begründer der ersten protestantischen Sammel- und Verkaufsstellen für gebrauchte Waren. Auf Deutsch heissen diese Läden Brockenhäuser – ohne den Bezug zum Johannesevangelium wäre der Ausdruck völlig unverständlich. Später, im 20. Jahrhundert, riefen die globalen Ungerechtigkeiten zwischen Nord und Süd die Christen zum Handeln auf. Auf reformierter Seite sei hier der Theologe und Ethiker André Biéler (1914–2006) genannt, einer der Väter der Erklärung von Bern, der sich für einen gerechten Handel sowie für eine Kontrolle der Handelsstrategie transnationaler Unternehmen durch die Aktionäre engagierte. Die Arbeit der Hilfswerke geht in dieselbe Richtung. Das reformierte Hilfswerk «Brot für alle» beruft sich bei der Neuausrichtung seiner

Strategie im Jahre 2013 auf das, was die Reformatoren zur vierten Bitte des Unservater sagten: Unser tägliches Brot gib uns heute.

Um das Brot für den nächsten Tag zu bitten, bedeutet: auf Gott vertrauen – und gleichzeitig sich dafür einsetzen.

Sünde, Schuld und Vergebung

Und vergib uns unsere Schuld

SCHULD

Sünde, Schuld und Vergebung

Und vergib uns unsere Schuld

Auf die Bitte um die Gabe des täglichen Brotes folgt die zweite Bitte des Unservater in Wir-Form: Wir bitten um die *Vergebung* unserer Schuld. So wird eine enge Verbindung zwischen *Geben* und *Vergeben* hergestellt, und diese Verbindung unterstreicht, dass Vergebung für den Menschen ebenso unerlässlich ist wie alles, was er für den Unterhalt seines Lebens braucht. Wie das Brot, so ist auch Vergebung eine Quelle neuen Lebens: Sie befreit von schweren Lasten, stiftet inneren Frieden und gibt neue Kraft.

Worin aber besteht unsere Schuld, die uns wie eine Last zu erdrücken droht? Und wie geschieht die Befreiung, die erbeten wird? Beide Fragen berühren den innersten Kern christlichen Glaubens.

1. Übersetzungs- und Interpretationsprobleme

Was soll vergeben werden? Hier unterscheiden sich die französische und die deutsche Übersetzung erheblich. Der französische Plural *offenses* («Beleidigungen») entspricht dem Plural sowohl im Matthäusevangelium («Schulden») als auch im Lukasevangelium («Sünden»). Das Deutsche benutzt hingegen den Singular «Schuld». Während der Plural die Schwere der Last durch die Vielzahl, die Quantität, betont, tut das der Singular durch die Qualität, indem er daraus ein einziges grosses Problem macht. Diese unterschiedlichen Akzentsetzungen schliessen sich nicht aus, jede von ihnen bereitet jedoch auf ihre Art Schwierigkeiten. Wenn die französische Version von «Beleidigungen» spricht, will sie besonders hervorheben, dass unser Verhalten gegenüber dem Vater, der in dem Gebet angesprochen wird, diesen verletzt, kränkt und entehrt; dadurch schadet es auch uns selbst, denn es mindert die Wertschätzung, die er uns entgegenbringt. Diesen Aspekt betont auch die französische ökumenische Übersetzung TOB, wenn sie von *torts* («Schaden», «Unrecht») spricht: *pardonne-nous nos torts envers toi, comme nous-mêmes nous avons pardonné à ceux qui avaient des torts envers nous*. Die Betonung der «Schuld» im Deutschen hingegen unterstreicht eher den Ursprung, die Wurzel dessen, was den Menschen auf Vergebung angewiesen sein lässt, das, worin er grundsätzlich Gott gegenüber schuldig geworden ist.

Wie bereits erwähnt, spricht das Lukasevangelium von «Sünden», während es bei Matthäus um «Schulden» geht. Im Vergleich zu Matthäus, der die zwischen Gläubigern und Schuldnern übliche Geschäftssprache braucht, überträgt Lukas die Bitte in eine religiösere Sprache: Bei Sünden liegt das Gewicht stärker auf einer Schuld *Gott gegenüber*. So sind sich die Exegeten darin einig, dass der Matthäustext wahrscheinlich die ältere Version ist. Der konkrete Aspekt der Schulden wird durch die ausdrückliche Erwähnung der Schuldner im zweiten Teil der Bitte verstärkt: *«Remets-nous nos dettes comme nous-mêmes nous avons remis à nos débiteurs»*[59]. Die deutsche Übersetzung bewahrt ebenfalls diesen Aspekt, wenn sie von «Schuldnern» spricht; sie unterstreicht damit, dass in Schuld auch eine Dimension von Verschuldung steckt. Das griechische Wort für Vergeben stammt ebenfalls aus diesem Kontext: Es bedeutet «eine Schuld erlassen», «von der Rückzahlungspflicht befreien».

Dass die Bitte des Unservater auf die ökonomische Sprache zurückgreift und von Schuldenerlass spricht, soll konkret bedeuten, dass der Mensch mit seinem Gott nicht im Reinen ist. Wie ein Schuldner, der seinem Gläubiger die ihm zustehende Summe nicht rechtzeitig zurückzahlt, hat der Mensch den Vertrag, der ihn an Gott bindet, nicht eingehalten; darauf mag der in den französischen Übersetzungen hervorgehobene Aspekt der Beleidigungen bzw. des Schadens zurückgehen. Es steckt aber noch mehr in dieser Bitte: Der Bittende hat hier nichts, um die Schulden zurückzuzahlen; er muss darum bitten, dass sie ihm erlassen werden, und er hofft auf das Wohlwollen des Gläubigers. Nun weiss jeder sehr gut, dass Gläubiger im Allgemeinen auf einer Begleichung der Schulden bestehen, und zwar oft ohne viel Mitleid. Die Zahlungsfrist kann zwar neu festgesetzt, die Summe in kleinere Raten aufgeteilt, die Zinsen können neu verhandelt werden usw., aber die Schulden werden nicht schlicht und einfach gelöscht. Könnte es sein, dass der hier angeflehte Gläubiger eine Ausnahme darstellt? Könnte es sein, dass es einen Gläubiger gibt, der einem Schuldner ohne jede Bedingung dessen Schulden erlässt? Darauf setzt offenbar unsere Bitte, und darauf setzt auch der christliche Glaube.

2. Schulden – Schuld – Sünde

Im Defizit sein – das gibt es nicht nur bei Geldgeschäften. Es wäre falsch, die Tragweite unserer Bitte derart einzuschränken. Schuld kann einen rechtlichen oder moralischen Sinn haben (Verstoss gegen ein Gesetz bzw. Missachtung bestimmter Normen), und sie kann dann mit Strafen (z. B. einem Bussgeld) belegt werden. In der Schuld stehen – das deckt viele andere Lebensbereiche mit ab. Vielleicht habe ich die Erwartungen, die andere – meine Familie, meine Arbeitskolleginnen und -kollegen, meine Freundinnen und Freunde – in mich gesetzt haben, nur teilweise erfüllt. Die Gesellschaft, die Welt fordern mich; sie erwarten, dass ich bestimmte Dinge tue, bestimmte Projekte verwirkliche, und ich bin meinen Verpflichtungen nicht nachgekommen. Gleichzeitig stellt jeder Mensch auch selbst – mehr oder weniger hohe – Ansprüche an sich, und es ist eine ständige Herausforderung, den Unterschied zwischen diesen Ansprüchen und dem, was im Leben daraus wird, zu erfahren. So stellt sich eine *latente* Erfahrung von *Unstimmigkeit* ein: Der Mensch kann niemals in vollem Einklang mit sich selbst leben. Im Unservater geht es jedoch um eine umfassendere, *existenzielle, relationale* Dimension: Schuld kennzeichnet ein Leben, das sich im Geflecht seiner unterschiedlichen Beziehungen als von Grund auf unharmonisch empfindet.

---

e Diese Schuld kann ein tragisches Gefühl der Ohnmacht hervorrufen, die Schuldgefühle nährt; werden diese krankhaft, so können sie den

Menschen lähmen und gefangen nehmen. Vor dieser Gefahr warnt uns die Psychoanalyse. Darum konnte Freud in seinen Schriften zur Religion dem Christentum (wie auch dem Judentum) vorwerfen, durch die massive Betonung der Schuld der psychischen Überlastung der Menschen mit Schuldempfinden Vorschub geleistet zu haben.[60] Es ist also wichtig, die christliche Botschaft richtig zu verstehen und dabei nicht zu verkennen, dass die Tradition mitunter auch auf Irrwege geriet, wenn sie durch die Vorstellung eines unseren Verfehlungen gegenüber unbarmherzigen Richtergottes Schuldgefühle nährte.

In der Unservater-Fassung des Lukasevangeliums werden die «Schulden» durch «Sünden» ersetzt. Sünde ist der klassische Begriff der christlichen Tradition, um die Schuld zu bezeichnen, von der gerade die Rede war. Doch der Begriff hat zu so vielen Missverständnissen geführt, dass man sich fragen kann, ob er weiterhin verwendet werden sollte. Es gibt vor allem drei Klippen, die die Theologen nicht immer umschiffen konnten. Die erste besteht darin, aus der Sünde eine Art Erbkrankheit zu machen, die über die Menschheit hereinbricht und die von Generation zu Generation weitergegeben wird. So wird von der Sünde oft genug wie von einer ansteckenden Seuche gesprochen. Die zweite Klippe ist, dass die Weitergabe der Sünde mehr oder minder direkt mit dem Geschlechtsakt assoziiert wurde, und das führte zur Entstehung eines sehr negativen Bildes von Sexualität. Die dritte Klippe schliesslich ist die Moralisierung: Sünden werden dabei zu Verstössen, zu verwerflichen Handlungen aus Ungehorsam, die sich zu einer hohen moralischen Schuld summieren können, die man wiederum durch gute Werke kompensieren muss.

Was wir eben skizziert haben, spiegelt insbesondere die Konzeption der mittelalterlichen christlichen Frömmigkeit wieder. Im 16. Jahrhundert versuchten die Reformatoren unter Anknüpfung an Paulus, sich davon freizumachen, ohne dass es ihnen freilich voll und ganz gelang. Die Hauptpunkte ihres Sündenverständnisses lassen sich folgendermassen zusammenfassen:

- Die Sünde ist nicht so sehr eine Summe von Verfehlungen als vielmehr eine Grundhaltung des Menschen, und darum ist es richtiger, von der Sünde im Singular zu sprechen.

- Die Sünde betrifft zunächst und grundlegend die Beziehung zwischen dem Menschen und Gott, und daher kann von ihr nur in relationaler Weise als einer Wirklichkeit *vor Gott* gesprochen werden; das schliesst sicherlich nicht aus, dass auch andere Menschen betroffen sind (Hass, Verrat, Untreue usw.), aber stets in der Perspektive der Beziehung zu Gott.
- Die Sünde besteht darin, dass Gott verleugnet wird, dass man sich gegen ihn auflehnt, dass man nicht als sein Geschöpf gelten, sondern sein eigener Schöpfer sein will; sie ist somit nichts anderes als die Weigerung, sein Vertrauen auf Gott zu setzen.
- Daher kommt es in erster Linie nicht so sehr auf die sündigen Handlungen an als vielmehr auf den Sünder, der der Mensch als Person ist.
- Die Sünde stiftet nicht nur Unfrieden in der Beziehung zwischen Gott und dem Menschen, sondern zugleich auch im Inneren des Menschen. Diesen inneren Zwiespalt bringt der Apostel Paulus im 7. Kapitel des Römerbriefes auf den Punkt:

b

«Was ich bewirke, begreife ich nicht; denn nicht, was ich will, treibe ich voran, sondern was ich hasse, das tue ich. […] Wenn ich aber gerade das tue, was ich selbst nicht will, dann bin nicht mehr ich es, der handelt, sondern die Sünde, die in mir wohnt.»

Römer 7,15.20

Mit Bezug darauf sagte der dänische Philosoph Søren Kierkegaard (1813–1855) sehr viel später: «Dies ist eine der für das ganze Christentum entscheidendsten Bestimmungen, dass der Gegensatz zu Sünde nicht Tugend ist, sondern Glaube.»[61]

Wie in der Bitte des Unservater zum Ausdruck kommt, ist diese Betonung der Sünde mit der Hervorhebung der Vergebung verbunden. Für den christlichen Glauben macht es nur dann einen Sinn, von Schulden zu sprechen, wenn es im Rahmen der Bitte um Befreiung von ihnen geschieht. Anders gesagt: Die Erkenntnis der Sünde ist nur im Lichte des Wortes möglich, das uns davon erlöst. Das liegt der Verheissung des christlichen Glaubens zugrunde: «Wo aber die Sünde grösser wurde, da strömte die Gnade umso reichlicher» (Röm 5,20). Im Folgenden wollen wir diese Heilserwartung weiter präzisieren.

3. Was ist Vergebung und woher kommt sie?

Wer das Unservater betet, bittet um etwas, was in bestimmten Gleichnissen, die Jesus in den Evangelien erzählt, in Erfüllung geht. Das markanteste Beispiel hierfür bietet die Geschichte vom *verlorenen Sohn,* in der der Vater grosse Ähnlichkeit mit dem Vater des Unservater aufweist[62].

---

b

«Ein Mann hatte zwei Söhne. Und der jüngere von ihnen sagte zum Vater: Vater, gib mir den Teil des Vermögens, der mir zusteht. Da teilte er alles, was er hatte, unter ihnen. Wenige Tage danach machte der jüngere Sohn alles zu Geld und zog in ein fernes Land. Dort lebte er in Saus und Braus und verschleuderte sein Vermögen. Als er aber alles aufgebraucht hatte, kam eine schwere Hungersnot über jenes Land, und er geriet in Not. Da ging er und hängte sich an einen der Bürger jenes Landes, der schickte ihn auf seine Felder, die Schweine zu hüten. Und er wäre zufrieden gewesen, sich den Bauch zu füllen mit den Schoten, die die Schweine frassen, doch niemand gab ihm davon. Da ging er in sich und sagte: Wie viele Tagelöhner meines Vaters haben Brot in Hülle und Fülle, ich aber komme hier vor Hunger um. Ich will mich aufmachen und zu meinem Vater gehen und zu ihm sagen: Vater, ich habe gesündigt gegen den Himmel und vor dir. Ich bin es nicht mehr wert, dein Sohn zu heissen; stelle mich wie einen deiner Tagelöhner. Und er machte sich auf und ging zu seinem Vater. Er war noch weit weg, da sah ihn sein Vater schon und fühlte Mitleid, und er eilte ihm entgegen, fiel ihm um den Hals und küsste ihn. Der Sohn aber sagte zu ihm: Vater, ich habe gesündigt gegen den Himmel und vor dir. Ich bin es nicht mehr wert, dein Sohn zu heissen. Da sagte der Vater zu seinen Knechten: Schnell, bringt das beste Gewand und zieht es ihm an! Und gebt ihm einen Ring an die Hand und Schuhe für die Füsse. Holt das Mastkalb, schlachtet es, und wir wollen essen und fröhlich sein! Denn dieser mein Sohn war tot und ist wieder lebendig geworden, er war verloren und ist gefunden worden. Und sie fingen an zu feiern.»

Lukas 15,11–24

Dieses Gleichnis erzählt, was die im Unservater erbetene Vergebung bedeuten kann, wenn sie tatsächlich gewährt wird. Der Sohn, der in sich gegangen ist und zu seinem Vater zurückkehrt, könnte zu diesem sagen: «Vergib mir meine Schuld». Und der Vater vergibt höchst grosszügig. Was für ein überraschender, freigebiger Empfang! Als der Vater den Sohn von Weitem sieht, eilt er ihm entgegen, fällt ihm um den Hals und bedeckt ihn mit Küssen; dann stattet er ihn feierlich aus mit Gewand, Ring und Schuhen, lässt schliesslich das Mastkalb für ihn schlachten und lädt das ganze Haus ein, mit ihm zu feiern. Angesichts einer derart überschwänglichen Begrüssung kann man die Eifersucht des älteren Bruders gut verstehen (vgl. Lk 15,25–32), der den Eindruck hat, er sei stets vernachlässigt worden. Doch, wie der Vater zweimal erklärt, muss man die Freude über das Wiedersehen mit dem Verlorenen zeigen; man muss die Wiederherstellung einer Beziehung, die Versöhnung, die Totes wieder lebendig macht, gebührend feiern.

Die ersten Christen haben diese Botschaft der Vergebung mit der Gestalt Jesu selbst verbunden. Da sie in ihm ihren Christus, ihren Messias, erkennen, glauben sie an ihn, denn er erzählt nicht nur von der Vergebung des Vaters, sondern er vollzieht sie auch – oft übrigens zur grossen Empörung der damaligen religiösen Obrigkeit, die ihm Gotteslästerung vorwerfen: Es komme einem Menschen nicht zu, die Vergebung von Sünden zu verkünden. Und um beim Lukasevangelium zu bleiben: Man kann sagen, dass Lukas die Passion Jesu Christi ganz im Zeichen der Vergebung und des Mitleids erzählt. Der Gekreuzigte bittet Gott um Vergebung für seine Peiniger, und zwar mit einem Gebet, das der Bitte des Unservater recht nahekommt: «Vater, vergib ihnen! Denn sie wissen nicht, was sie tun» (Lk 23,34). Und im Gegensatz zu den anderen Evangelisten unterscheidet Lukas zwischen den beiden mit Jesus gekreuzigten Verbrechern: Während der eine Jesus verhöhnt, nimmt ihn der andere in Schutz, betont seine Unschuld und bittet ihn: «Jesus, denk an mich, wenn du in dein Reich kommst.» Und Jesus antwortet ihm: «Amen, ich sage dir: Heute noch wirst du mit mir im Paradies sein.» (Lk 23,43) So wird die Zusage der Vergebung einmal mehr verkündet: als Zusage der Aufnahme ins Paradies – einer feierlichen Aufnahme, da ja ein Verlorener wiedergefunden wurde.

Spätere theologische Deutungen liessen sich von jüdischen Kultritualen inspirieren und beriefen sich auf bestimmte Zitate der Propheten sowie des Apostels Paulus, um diese Dimension der Vergebung unter Rückgriff auf eine Opfersprache weiter zu vertiefen: Jesus wurde wie ein Opfertier geopfert, um die Sünden der Menschen zu sühnen. Er ging zur Schlachtbank wie ein folgsames Lamm. Sein Leib musste geschunden, sein Blut vergossen werden, und das wurde in der Abendmahlsliturgie durch das Brechen des Brotes und die Erhebung des Weinkelchs rituell bekräftigt. Diese Opferdarstellung wurde mit einem Zitat aus dem Hebräerbrief begründet, das sich seinerseits auf Levitikus 17,11 stützt: «ohne Blutvergiessen gibt es keine Vergebung» (Hebr 9,22).

---

e

Im 11. Jahrhundert machte sich der Theologe Anselm von Canterbury daran, den Gedanken des Sühnetods weiter auszubauen, und griff dabei noch einmal auf die Vorstellung der Beleidigung und der Wiedergutmachung zurück: Die Sünde der Menschen habe die Ehre Gottes zutiefst verletzt, und für diese Verletzung müsse Genugtuung geschehen. Dieser Aspekt der verletzten Majestät Gottes wurde einige Jahrhunderte später auch von Calvin ausdrücklich betont. Die Ehrverletzung sei so schwerwiegend, dass die Menschen die Wiedergutmachung des entstandenen Schadens nicht aus eigener Kraft leisten könnten. Darum habe der Vater seinen Sohn geschickt, der an die Stelle der Menschen trat, um für sie zu sterben und so die Ehre des Vaters wiederherzustellen, indem er die von den Menschen verursachte Kränkung aufhob. Aus genau diesem Grunde musste Gott in den Augen Anselms Mensch werden (der Titel seines Werkes lautet *Cur Deus homo – «Warum wurde Gott Mensch?»*).[63]

Diese Opfersprache der Kreuzestheologie hat die christliche – und unter anderem auch die protestantische – Frömmigkeit stark geprägt. Man findet sie in Kirchenliedern, Glaubensbekenntnissen und Gebeten wieder. Sie bereitet uns jedoch auch Schwierigkeiten, vor allem, wenn sie die einzige Art und Weise ist, über die Befreiung Rechenschaft abzulegen, die sich für den christlichen Glauben am Kreuz von Golgota vollzogen hat. Daher erheben sich heute viele kritische Stimmen dagegen. Werden dadurch, dass man einen Unschuldigen anstelle der Schuldigen sterben lässt, nicht Sündenbockmechanismen gerechtfertigt? Welches Gottesbild vermittelt diese Theorie, wenn sie betont, dass es Gott in erster Linie darum geht, seine Ehre wiederherzustellen? Feministische Theologinnen haben ganz speziell auf diesen Punkt aufmerksam gemacht. Sie befürchten, dass das Bild von einem Gott, der durch ein Opfer besänftigt werden muss, dazu führt, die Opferung solcher Menschen zu rechtfertigen, die am leichtesten in die Sündenbockrolle gedrängt werden könnten: nämlich Frauen, Kinder, Ausländer usw. Besteht zudem nicht die Gefahr, dass das Heil zu einer grossen Buchhaltung wird, in der das Opfer genau gegen die Sünden aufgerechnet und abgewogen werden muss? Ist diese Vorstellung nicht zu sehr auf das Kreuz zentriert, berücksichtigt sie auch hinreichend die Botschaft der Auferstehung? Unterstreicht der Hebräerbrief nicht ganz klar, dass das Opfer Christi das letzte Opfer ist und allem Opfern ein Ende setzt – und somit auch allen Opfervorstellungen?

Im traditionellen Kontext war die Opfersprache eine der grossen Möglichkeiten, das von Jesus Christus geschenkte Heil auszudrücken; es wäre allerdings gefährlich, ihr eine Monopolstellung einzuräumen und sie heute noch bevorzugt für Heilsaussagen zu gebrauchen. In diesem Punkt gehen die protestantischen Kirchen einen anderen Weg als die fundamentalistischen und evangelikalen Bewegungen, die im Sühneopfer den einzig wahren Ausdruck des Heils in Jesus Christus sehen: Sie versuchen sich zu Recht anderen, heute angemesseneren Ausdrucksmöglichkeiten zu öffnen.

In diesem Zusammenhang ist interessant, dass das Markus- und das Matthäusevangelium in der Passionsgeschichte viel stärker mit der Einsamkeits- und Verlassenheitserfahrung von Psalm 22 arbeiten. Entsprechend ist dort die einzige Äusserung des Gekreuzigten der Aufschrei: «Mein Gott, mein Gott, warum hast du mich verlassen!» In ihm kommt zum Ausdruck, dass auf dem Hügel von Golgota Jesus nicht nur von der Welt und den Menschen verlassen ist, sondern auch von Gott selbst. Und doch spricht er in dieser totalen Verlassenheit das Gebet von Psalm 22, das Gegenwart Gottes verheisst: Selbst in der Verlassenheit ist dieser Gott immer noch «mein Gott, mein Gott», an den ich meine Klage richten kann. In der Verlassenheit ist es immer noch möglich, sich auf Gott zu verlassen, sich ihm anzuvertrauen. Und wenn der Vorhang im Tempel entzwei reisst, ist das dann nicht so zu verstehen, dass Gott aus dem Allerheiligsten tritt, um an diesen überaus profanen Ort zu kommen, zum Kreuz von Golgota? Um seine Gegenwart in der Verlassenheit kundzutun?

Z

Luther formuliert das in seinem Kommentar zum Anfang von Psalm 22 folgendermassen:

«Jedermann gibt zu, dass in Christus beieinander gewesen sei höchste Freude und höchste Trauer, ebenso höchste Schwachheit und höchste Kraft, so auch höchste Ehre und höchste Schande, höchster Friede und höchster Unfriede, höchstes Leben und höchster Tod. Dies zeigt auch unser Vers hier deutlich, wenn darin Christus wie im Widerspruch mit sich selbst ruft, er sei von Gott verlassen, und dabei doch Gott seinen Gott nennt und damit bekennt, er sei nicht von ihm verlassen. Denn niemand kann zu Gott sagen ‹mein Gott›, wenn er ganz von ihm verlassen ist.»

Martin Luther, Von wahrer und falscher Frömmigkeit[64]

Das ist eine andere *Lesart des Kreuzesgeschehens,* viel stärker beziehungs- als opferorientiert. Sie bringt anders – und vielleicht besser – als die Opfersprache die Befreiung zum Ausdruck, um die es bei der Vergebung geht, die wir im Unservater erbitten. Die Jünger werden diese Befreiungsbotschaft im Lichte von Ostern vernehmen, zusammen mit der knappen Aufforderung, den Gekreuzigten nicht unter den Toten zu suchen, sondern sich auf den Weg nach Galiläa zu machen, um ihm dort als dem Lebendigen zu begegnen (vgl. Mk 16,1–8). Das zeigt deutlich, dass sich die Bedeutung des Kreuzes erst mit der Botschaft von der Auferstehung voll und ganz erschliesst. Beide Aspekte sind eng miteinander verknüpft. Ostern unterstreicht, dass dieser Tod kein Scheitern war, wie die Jünger bei ihrem Auseinandergehen meinten, sondern ein Sieg: Der Tod am Kreuz hat jenen Tod besiegt, der uns bedroht und verfolgt. «Tod, wo ist dein Sieg? Tod, wo ist dein Stachel?» (1Kor 15,55). Damit verbindet sich die Botschaft der Vergebung: Die Sünde lässt ein tödliches, erstickendes Klima entstehen, während die Vergebung befreit, erneuert und belebt. Bei der Osterbotschaft geht es nicht so sehr darum, ob das Grab leer war oder nicht, ob ein Leichnam wieder belebt wurde oder nicht, sondern darum, die Verkündigung zu verstehen, die im Bild des vom Grab weggewälzten Steins zum Ausdruck kommt: Aus dem Tod ist neues Leben entsprungen. Ein Leben, das uns aus den Gräbern herausholt, in denen wir verharren. So machen auch wir uns in der Nachfolge des Lebendigen wieder auf den Weg. Diese Botschaft war früher ebenso schwer zu verstehen wie heute: «Da gingen sie hinaus und flohen weg vom Grab, denn sie waren starr vor Angst und Entsetzen. Und sie sagten niemandem etwas, denn sie fürchteten sich» (Mk 16,8). Doch trotz dieses anfänglichen Schweigens breitete sich die Kunde von der Auferstehung aus, und wir bezeugen sie noch heute.

4. Was heisst Vergebung leben?

Was wir soeben in Bezug auf die Kreuzestheologie festgestellt haben, gilt auch für den konkreten Ausdruck der Vergebung: Wir müssen deren Bedeutung in verschiedene Sprachen übertragen. Das ist die einzige Möglichkeit, den gesamten existenziellen Reichtum des Begriffs zu erfassen, und ihm Zugang zu den mannigfaltigen Bereichen gelebter menschlicher Erfahrung zu verschaffen. Der Abschnitt über den Tod und die Auferstehung Christi hat uns gezeigt, dass die relationale Dimension bei diesem Unterfangen von wesentlicher Bedeutung ist.

4.1 Rechtfertigung allein aus Glauben

Zu den von der Tradition bevorzugten Ausdrücken gehört die Rechtfertigung allein durch Glauben. Sie ist von der Botschaft des Apostels Paulus inspiriert, namentlich im Römer- und im Galaterbrief. Die Reformatoren griffen sie im 16. Jahrhundert wieder auf, um sich von der Frömmigkeit des Spätmittelalters abzusetzen, und machten sie zum entscheidenden Glaubensartikel bzw., mit den Worten Luther gesprochen, zu dem «Artikel, mit dem die Kirche steht und fällt».[65] Inwiefern entspricht dieser Begriff dabei der «Vergebung»? Die zentrale Frage lautet: Wie kann der Mensch vor Gott als gerecht anerkannt werden? Das Gesetz Gottes (z. B. die Zehn Gebote, aber auch andere Gesetzestexte der Bibel) ruft den Menschen auf, diese Gerechtigkeit durch bestimmte, von ihm geforderte Werke zu erlangen. So sehen sich die Pharisäer – eine überaus glaubensstrenge Gruppe, die in den Evangelien oft mit Jesus in Streitgespräche gerät – genötigt, 613 Gebote und Verbote zu beachten, um in den Augen Gottes als gerecht zu gelten. Wenn Gerechtigkeit diese Gesetzesgerechtigkeit ist, dann findet sich der Mensch für den Apostel Paulus in einer Situation des Scheiterns. Nicht so sehr deshalb, weil es ihm unmöglich wäre, diese Forderung zu erfüllen, obwohl dieses Problem durchaus auch existiert. Aber selbst wenn der Apostel sich als vor dem Gesetz untadelig betrachtet und jede Forderung des Gesetzes erfüllt, liegt das Grundproblem in der Haltung selbst, die eigene Gerechtigkeit vor Gott geltend machen zu wollen. Sie ist bereits an sich grundfalsch, denn sie zielt darauf ab, sich aus eigener Kraft in den Augen Gottes Geltung zu verschaffen, und das heisst am allerwenigsten Gott ehren und Gott lieben. Daher muss die Perspektive – im Zeichen des Evangeliums als der guten Nachricht – radikal umgekehrt werden: Es geht darum, alles von Gott zu empfangen, sich als von ihm abhängig zu erkennen und sich ihm voll und ganz anzuvertrauen. Diese Vertrauensbeziehung wird von Paulus als Rechtfertigung durch den Glauben bezeichnet: «Denn wir halten fest: Gerecht wird ein Mensch durch den Glauben, unabhängig von den Taten, die das Gesetz fordert» (Röm 3,28).

Ein Vorbild für dieses Vertrauen, das gerecht macht und eine gerechte Beziehung zwischen Gott und dem Menschen herstellt, liefert für den Apostel Paulus die alttestamentliche Gestalt Abrahams. Ein Text, den Paulus immer wieder aufgreift, lautet: «Abram glaubte dem Herrn, und das rechnete er ihm als Gerechtigkeit an.» (Gen 15,6) Die paulinische Botschaft von der durch Gott bedingungslos geschenkten Gerechtigkeit ist von weiteren alttestamentlichen Texten inspiriert, wie etwa Habakuk 2,4 in Römer 1,16f.: «Denn ich schäme mich des Evangeliums nicht; eine Kraft Gottes ist es zur Rettung für jeden, der glaubt, für die Juden zuerst und auch für die Griechen. Gottes Gerechtigkeit nämlich wird in ihm offenbart, aus Glauben zu Glauben, wie geschrieben steht: *Der aus Glauben Gerechte aber wird leben*.» Das bedeutet nicht, dass die – weiter oben als Abbruch der Beziehung zu Gott beschriebene – Sünde ein für alle Mal aus der Welt geschafft ist. Der Versuch der Selbstbehauptung vor Gott bleibt die Haltung, zu der der Mensch nach wie vor von Natur aus neigt. Um mit Paulus zu sprechen: Er bleibt in diesem Sinne immer der alte Mensch und muss ständig zum neuen Menschen werden. Der oft erwähnte Ausdruck Martin Luthers «zugleich gerecht und Sünder» ist zu statisch. Der Sünder wird von der göttlichen Verheissung in eine Dynamik des Vertrauens hineingerissen: Sünder ist er in Wirklichkeit (*in re*), gerecht jedoch in Hoffnung (*in spe*). Aus genau diesem Grund weiss er sich als Sünder, erkennt seine Sünde und will sich nicht als sündlos behaupten. Um es mit dem Gleichnis von Lukas 18,9–14 zu sagen, ist er nicht der Pharisäer, der Gott dafür dankt, dass er kein Sünder sei wie die anderen, sondern der Zöllner, der sich mit dem Wort «Gott, sei mir Sünder gnädig!» an Gott wendet.

Die Verheissung, auf der diese Bitte gründet, steht in 1 Johannes 3,20: «Denn auch wenn das Herz uns verurteilt: Gott ist grösser als unser Herz und erkennt alles.»

---

e

Auf dem Konzil von Trient (1545–1563) wurde die Lehre von der Rechtfertigung durch den Glauben ohne Werke des Gesetzes als häretisch verworfen. Das brachte ganz radikal einen Unterschied in der Akzentsetzung der Konfessionen zum Ausdruck. Für die katholische Tradition muss das Geschenk des Glaubens sich in Werken niederschlagen, die das, was die Gnade *in potentia* (potenziell) verleiht, *in actu* (real) verwirklichen sollen. In diesem Sinne, nämlich als konkrete Umsetzung des Gnadengeschenks, sind die Werke nach wie vor heilsnotwendig. In der protestantischen Tradition muss der Gläubige ebenfalls Werke vollbringen, es ist jedoch wichtig, dass diese keinerlei Heilsfunktion erfüllen, damit sie wirklich dem Nächsten, der Welt sowie der Ehre

Gottes dienen können und nicht dem persönlichen Interesse dessen, der sie ausführt. 1999 wurde auf der Basis ökumenischer Gespräche eine *Gemeinsame Erklärung* zwischen dem Lutherischen Weltbund und der Römisch-katholischen Kirche unterzeichnet, die bekundet, dass die Lehre von der Rechtfertigung durch den Glauben nicht länger Anlass für gegenseitige Verurteilungen ist. In diesem Klima der Versöhnung können wir uns auf ganz neue Art um eine gegenseitige Annäherung bemühen, ohne dabei die nach wie vor bestehenden unterschiedlichen Akzente zu ignorieren.

4.2 Rechtfertigung und Heiligung

Indem Luther den Akzent auf die Rechtfertigung allein aus Glauben legt, leugnet er in keiner Weise die Bedeutung der Werke; er befreit sie lediglich von der Aufgabe, zum Heil dessen beizutragen, der sie ausführt. Er hebt sogar hervor, dass die Person, wenn sie von der Sorge befreit ist, sich zu rechtfertigen, spontan Werke vollbringen wird, beseelt von der Dynamik der Liebe, die die Rechtfertigung in ihr wachruft. «So trägt jeder gute Baum gute Früchte» (Mt 7,17). In der reformierten Theologie wird man – insbesondere auf der Grundlage von Überlegungen Calvins – eher betonen, dass das in der Rechtfertigung durch Glauben empfangene Geschenk sich konkret in der Art und Weise niederschlagen muss, in der die Gläubigen ihr Leben in den Dienst des Evangeliums stellen. Die reformierte Theologie spricht in diesem Zusammenhang von der «Heiligung», die eine notwendige Frucht der Rechtfertigung im alltäglichen Leben ist und die den Gläubigen durch die disziplinierte Erfüllung von Gottes Willen aus der Macht der Sünde befreit. Diese Heiligung wird durch den Gehorsam gegen das Gesetz Gottes erreicht (man spricht von einem «didaktischen» Gebrauch des Gesetzes). In der lutherischen Theologie ist die Heiligung in erster Linie eine Gabe, die der Heilige Geist im Leben der Gläubigen bewirkt, und sie ist somit Teil der Rechtfertigung. Aus lutherischer Sicht enthält der reformierte Akzent auf der Notwendigkeit der Heiligung, insbesondere wenn sie vom Gottesgeschenk der Heiligung losgelöst wird, die Gefahr einer Rückkehr zur Gesetzlichkeit.

Die Heiligung des Lebens im Glauben steht in Verbindung mit der ersten Bitte des Unservater, Geheiligt werde dein Name: Wenn das Leben im Glauben geheiligt wird, geschieht das *soli Deo gloria*, allein Gott zur Ehre.

Im Zusammenhang mit der Heiligung betont die reformierte Tradition auch, von der Bibel ausgehend, das Moment der *Bekehrung*. Sie will damit unterstreichen, dass das Heil spürbar als Erneuerung wirksam wird, als grundlegende Neuorientierung des ganzen Lebens. Das kommt schon in der Verkündigung Jesu zum Ausdruck, so wie sie etwa der Evangelist Markus zusammenfasst: «Erfüllt ist die Zeit, und nahe gekommen ist das Reich Gottes. Kehrt um und glaubt an das Evangelium!» (Mk 1,15) Das griechische Wort, das hier gebraucht wird (*metanoein*), bedeutet umkehren, die Orientierung ändern, sich neu ausrichten. Der Apostel Paulus sagt es so: «Wenn also jemand in Christus ist, dann ist das neue Schöpfung; das Alte ist vergangen, siehe, Neues ist geworden.» (2Kor 5,17) Dazu muss man allerdings sofort bemerken, dass diese Verwandlung nicht ein für alle Mal, zu einem exakt datierbaren Zeitpunkt geschehen ist (obwohl man die Sache gerade so verstehen wollte). Der Apostel weiss, dass das Geschehen, das da *vorliegt*, nie schlicht und einfach *hinter uns liegt*: Vielmehr geht es um einen dynamischen Prozess, bei dem der Glaube reifen und wachsen kann, indem er die Bewegung der Erneuerung immer wieder aufgreift. Der Ruf zur Bekehrung bleibt also eine dauernde Notwendigkeit christlichen Lebens: glauben heisst nichts Anderes als sich ohne Unterlass bekehren oder, anders gesagt, neu orientieren zu lassen. Das Verb steht im Passiv, weil es zwar eine drängende Notwendigkeit gibt, der Mensch aber doch hier kein Werk aus eigener Macht verrichten kann. Letztlich ist Bekehrung Gnade: Lasst euch durchdringen, verwandeln, verändern durch die Dynamik des Reiches Gottes, und der Sauerteig wird in euch aufgehen und das Senfkorn wird ein Baum, in dem die Vögel nisten.

4.3 Die heikle Frage der Prädestination

Was aus Glauben geschieht, hat seinen Ursprung in der Gnade Gottes. Anders gesagt: Für die Reformatoren steht das *sola fide* (allein durch den Glauben) in enger Verbindung mit dem *sola gratia* (allein durch die Gnade). Um deutlich zu machen, dass dieses Gnadenhandeln Gottes allem menschlichen Tun vorausgeht, spricht die Bibel von göttlicher Erwählung: Erwählung des Volkes Israel durch

Gott, Erwählung der Jünger durch ihre Berufung in die Nachfolge Christi, Erwählung Jesu Christi als Erlöser, Erwählung der für das Heil bestimmten Menschen. Dieser Erwählungsakt, durch den Gott sich bindet, durch den er sich in eine Geschichte hinein begibt, verlangt vom erwählten Menschen eine Antwort der Dankbarkeit und des Vertrauens. Ich kann mein Heil nicht selbst bewerkstelligen, ich empfange es als ein Geschenk, das mir aus Gnade gewährt wird. «Was aber hast du, das du nicht empfangen hättest?» (1Kor 4,7). In der traditionellen Terminologie wird auch der Begriff der «Prädestination» verwendet, um die Vorzeitlichkeit der Erwählung zu betonen; und um die souveräne Freiheit Gottes hervorzuheben, wird diese Erwählung als ewiger Ratschluss Gottes aufgefasst.

Doch ein Gott, der erwählt, ist auch ein Gott, der unterscheidet. Wenn er jemanden erwählt, so beinhaltet das auch die Möglichkeit, dass andere, Nichterwählte, abgewiesen werden. Man spricht hier von göttlicher «Verwerfung», und es gibt eine ganze Reihe von biblischen Beispielen für Verworfene, beginnend mit Kain, dessen Opfer nicht angenommen wird, über den ägyptischen Pharao mit seinem von Gott verstockten Herzen und König Saul in seiner finsteren Verzweiflung bis hin zur Tragödie des Jüngers Judas, der durch einen Ratschluss Gottes für den Verrat an Jesus ausersehen war. Diese düsteren Gestalten belegen, dass die Erwählung aus Gnade stets mit der Bedrohung durch ihr Gegenteil einhergeht und somit eine dunkle, rätselhafte Seite Gottes erahnen lässt. Dieser mögliche doppelte Ausgang der Erwählung wird durch Darstellungen des Jüngsten Gerichts bekräftigt, bei denen die Erwählten mit feierlichem Prunk ins Paradies aufgenommen und damit endgültig von den Verdammten geschieden werden, die ohne Mitleid den Schrecken der Hölle anheim gegeben werden. Kirchenfresken vom Jüngsten Gericht haben jahrhundertelang viele Ängste geschürt.

Um die Dinge in aller Schärfe beim Namen zu nennen, formulierte Calvin die Lehre von der doppelten Prädestination (*gemina praedestinatio*)[66]: Gott habe durch seinen ewigen Ratschluss noch vor der Schöpfung festgelegt, wen er für das Heil und wen er für die Verdammnis bestimme. Eigentlich hätten wegen ihrer Sünde alle die Verdammnis verdient, und daher sei es eine unendliche Gnade, dass wenigstens einige verschont blieben und Zugang zum Heil bekämen. Von vielen Autoren wurde diese extreme Systematisierung des doppelten Ausgangs der Erwählung für überzogen gehalten. Im Laufe der Jahrhunderte entschied sich manch einer auf der Grundlage bestimmter biblischer Texte, insbesondere von Apostelgeschichte 3,21, für die Gegenposition eines letztlich für alle bestimmten Heils, einer letzten Wiederherstellung aller Dinge: die sogenannte *Apokatastasis*-Lehre. Doch diese könnte sich ebenfalls als überzogen erweisen: Warum sollte man hier und jetzt die Mühe des Glaubens auf sich nehmen, wenn man die Garantie hat, am Ende ohnehin gerettet zu werden?

Beide Positionen, obschon einander entgegengestellt, leiden gleichermassen unter der Gott zugeschriebenen Unwiderrufbarkeit, mit der er die Frage ein für alle Mal in dem einen oder anderen Sinne entschieden hätte. Gerade die Dimension der Vergebung bietet hier einen Ausweg aus solchen Gedankenschemata. Im Leben der Menschen geht es hier und jetzt um die Frage des Glaubens oder Unglaubens und folglich um die Frage des Heils oder des Unheils, und Gott kommt zu uns, um uns durch seine Vergebung zum Vertrauen aufzurufen, um verlorene Leben zu erneuern, die Endgültigkeit des Todes zu überwinden und das Verlorene wiederzufinden. Unzählige biblische Texte unterstreichen die nicht nachlassende Dynamik eines Gottes, der sich herausfordern lässt, Mitleid zeigt und seine Urteile revidiert, um seine Gnade walten zu lassen. Ein lebendiger Gott, dessen Versöhnungsfähigkeit keine Grenzen kennt. Und diese Überfülle der Vergebung, die von Gott kommt, speist auch die Vergebung unter den Menschen. Auf die Frage des Petrus, wie oft man vergeben müsse, antwortet Jesus: «Ich sage dir, nicht bis zu siebenmal, sondern bis zu siebenundsiebzigmal» (Mt 18,22).

4.4 Einige Konkretisierungen

Wie lässt sich diese Botschaft der Vergebung konkret in heutige Sprache übersetzen? Wir können hier einige mögliche Ansätze aufzeigen:

1. Die Schulden, von denen in unserer Bitte des Unservater die Rede ist, konfrontieren uns mit einer belastenden Vergangenheit: Alles, was bislang schiefgelaufen sein mag, die Sorgen unseres persönlichen Lebens, die Spannungen mit unserem Nächsten, das Scheitern unserer Bemühungen, unsere religiösen Krisen – all das kann sich über uns auftürmen und uns den Eindruck vermitteln, dass wir für die Gegenwart wie für die Zukunft ein für alle Mal mit

einer Hypothek belastet sind. Die Vergangenheit droht uns ständig einzuholen und erinnert uns daran, was wir in Ordnung bringen und besser machen müssten. Das Wort «Vergebung» ist ein Wort der Befreiung und des Neubeginns: Es macht unsere Gegenwart zu einem freien Raum, in dem wir dem Leben aufgeschlossen gegenübertreten und seine Herausforderungen mutig annehmen können. Das macht uns auch für die Zukunft offen. Wir müssen sie nicht meistern, wir müssen sie nicht unter den Augen eines erbarmungslosen Richters erfolgreich bewältigen. Wir können sie in allem Vertrauen *auf uns zukommen lassen* und sie in dessen Hand legen, der unser Geschick in seiner Hand hält (Ps 31,16). Dieses Vertrauen schenkt uns eine neue Achtsamkeit für die Gegenwart, um uns ihr als der entscheidenden Zeit unseres Lebens widmen zu können.

Z

Kierkegaard drückt das in seinem Kommentar zur Aufforderung von Matthäus 6,34, sich nicht um die Zukunft zu sorgen, durch das Bild eines Ruderers aus:

«Wer ein Boot rudert, kehrt dem Ziel, dem er sich doch entgegengearbeitet, den Rücken zu. So denn auch mit dem morgenden Tage. Wenn ein Mensch mit des Ewigen Hilfe als ein in den Tag heute Vertiefter lebt, so kehrt er dem morgenden Tag den Rücken zu. [...] Wendet er sich um, so verwirrt sich seinem Auge das Ewige und wird zum morgenden Tage. [...] Wenn aber heute die Arbeit recht getan werden soll, so muss der Mensch in diese Richtung blicken. Es ist stets ein Aufenthalt und eine Zerstreuung, jeden Augenblick ungeduldig nach dem Ziel sehn zu wollen, ob man ihm ein bisschen näher komme und jetzt noch ein bisschen näher. Nein, sei auf ewig und im Ernst entschlossen, so wendest du dich ganz der Arbeit zu – und kehrst dem Ziel den Rücken. Diese Richtung hat man, wenn man ein Boot rudert, ebenso hat man sich auch gestellt, wenn man glaubt. Man sollte meinen, der Gläubige sei dem Ewigen am aller entferntesten, er, der ihm ganz den Rücken zugekehrt hat und heute lebt, während der Blinzelnde dasteht und darnach ausblickt. Gleichwohl ist der Gläubige dem Ewigen am allernächsten, wohingegen ein Apokalyptiker ihm am allerfernsten ist.»

Søren Kierkegaard[67]

2. Der Mensch muss ständig um Anerkennung kämpfen. Von ihr hängen sein Wert, seine Selbstachtung und somit seine Würde ab. So erlebt ein Arbeitsloser seine Untätigkeit häufig als Anerkennungskrise: Nutzlos geworden, geniesst er keine gesellschaftliche Anerkennung mehr und hat folglich auch seine Würde eingebüsst. In dieser Hinsicht kann man sagen, dass die Botschaft von der Rechtfertigung allein durch Glauben Ausdruck einer vorbehaltlosen Anerkennung durch Gott ist: «Wie auch immer deine Situation in der Welt ist, welches Glück und welches Pech du hast, welche Erfolge und welche Niederlagen, ich erkenne dich so an, wie du bist, du bist mein und hast für mich den unschätzbaren Wert eines Gegenübers, an dem ich hänge.» So gesehen, ist sie eine Botschaft des Angenommenseins: Vor Gott ist der Mensch bedingungslos angenommen, in allem, was ihn ausmacht, und deswegen ist er zum «Bejahen des Bejahtseins» aufgerufen.[68]

3. Die Gesellschaft, in der wir heute leben, macht den wirtschaftlichen Nutzen zu ihrem wichtigsten Kriterium. Zahlreiche Personen werden für nutzlos und somit für unfähig erklärt und ausgegrenzt. Die Botschaft von der Rechtfertigung aus Glauben allein führt eine Logik der Bedingungslosigkeit ein: Das Evangelium unterscheidet nicht zwischen Verdienstvollen und Verdienstlosen. Diese Logik der Bedingungslosigkeit hat sich in der Art und Weise konkretisiert, in der Jesus im Zeichen von Gottes kommender Herrschaft die sozialen Barrieren seiner Zeit niederriss, um auch die zu integrieren, die für «unrein» erklärt waren: die Ausgegrenzten, die Kranken, die Zöllner und die Prostituierten. Dieselbe Freiheit kommt in dem «Wort vom Kreuz» zum Ausdruck, das der Apostel Paulus seiner Gemeinde in Korinth verkündigt: «Das Törichte dieser Welt hat Gott erwählt, um die Weisen zu beschämen, und das Schwache dieser Welt hat Gott erwählt, um das Starke zu beschämen, und das Geringe dieser Welt und das Verachtete hat Gott erwählt, das, was nichts gilt, um zunichte zu machen, was etwas gilt» (1Kor 1,27f.).

4. Das Thema des Schuldenerlasses, wie es in dieser Bitte des Unservater angesprochen wird, führt direkt zu einem konkreten Engagement auf dem Gebiet der Sozialethik. Die Entwicklungsländer leiden oft unter der Last ihrer Verschuldung den reichen Ländern gegenüber, an die sie enorme Zinsen zahlen müssen. Wie etwa die lateinamerikanische Befreiungstheologie vorschlägt, soll-

te die Bitte um die Vergebung der Schuld zu einem Verfahren der kreativen Entschuldung der betreffenden Länder anregen, um ihnen auf einer neuen ökonomischen Grundlage einen Neuanfang zu ermöglichen.

5. Überleitung

In der Reformation schlug sich die Botschaft von der Rechtfertigung und von der Vergebung in der Hervorhebung der *Freiheit* nieder. Bereits in ihrer ersten Version von 1536 enthielt Calvins *Institutio Christianae Religionis* ein Kapitel, das diesem Thema gewidmet war, und es wurde in allen folgenden Ausgaben beibehalten.[69] Luther schickte dem Papst 1520 bei seinem letzten Versuch, ihn von der Richtigkeit seiner Position zu überzeugen, eine kleine Denkschrift mit dem Titel *Von der Freiheit eines Christenmenschen*, die zu den schönsten Texten der Reformation gehört. Der Text gliedert sich in zwei Teile, die gleich zu Beginn durch zwei Grundthesen angedeutet werden: «Ein Christenmensch ist ein freier Herr über alle Dinge und niemand untertan. Ein Christenmensch ist ein dienstbarer Knecht aller Dinge und jedermann untertan.»[70] Durch den Glauben von dem Zwang befreit, sich vor Gott durch Werke rechtfertigen zu müssen, kann sich der Christ in den Dienst seines Nächsten stellen, indem er sich für ihn und mit ihm in Liebe engagiert. Dieselbe Dynamik enthält bereits unsere Bitte Vergib uns unsere Schuld im Unservater: Sie ruft nach der Freiheit des Glaubens, aber diese macht nur Sinn, wenn sie sich einem Engagement der Liebe für den Nächsten öffnet. Deswegen lautet die Fortsetzung: wie auch wir vergeben unseren Schuldigern. Nicht im Sinne einer Vorbedingung für die Vergebung, sondern vielmehr im Sinne einer natürlichen Frucht, die aus der empfangenen Vergebung erwächst. Das ist das Thema des nächsten Kapitels.

Das Geschenk der Freiheit

Wie auch wir vergeben unsern Schuldigern

VERGEBEN

Das Geschenk der Freiheit

Wie auch wir vergeben unsern Schuldigern

Z Abel steh auf

«Abel steh auf
Es muss neu gespielt werden
Täglich muss es neu gespielt werden
täglich muss die Antwort noch vor uns sein
[...]
Abel steh auf
damit es anders anfängt
zwischen uns allen»

Hilde Domin[71]

1. Zwei Seiten von Schuld

Du bist schuld! – der Satz lässt uns zusammenzucken und nichts Gutes erahnen. Vorwurfsvoll werden wir auf unser fehlerhaftes Verhalten – zumindest aus der Sicht der anderen – hingewiesen. Das trifft ziemlich genau die ursprüngliche Bedeutung des antiken Schuldbegriffs. *Hamartanein* meint in den Homerischen Epen ‹das Ziel (mit dem Speer) verfehlen› oder übertragen «die rechten Worte verfehlen» und «etwas vergessen». Später kommen noch die menschlichen Absichten ins Spiel: der absichtliche, trügerische Fehlschluss oder das moralische Fehlverhalten als bewusst provozierte Normverletzung. In jedem dieser Fälle wird ein Ziel verfehlt, sei es von aussen vorgegeben oder selbst gesetzt. Schuld im moralischen Sinne meint eine Abweichung oder mangelnde Entsprechung des menschlichen Verhaltens im Blick auf etwas anderes.

Das Tragische moralischer Schuld liegt darin, dass sie aus einer Tat resultiert, die in der Vergangenheit liegt, aber von dort aus Gegenwart und Zukunft bestimmt. Der Pfeil ist längst abgeschossen, bevor wir erkennen können, ob er sein Ziel treffen oder verfehlen wird. Das Spannen des Bogens, das Anvisieren der Zielscheibe und das Loslassen der gespannten Sehne sind schon Geschichte, wenn der Pfeil noch unterwegs ist. Das Drama moralischer Schuld liegt in seinem Zeitverlauf. Es führt kein Weg zur Ausgangssituation zurück. Handeln lässt sich nicht umkehren und gestattet keine Wiederholung. Handelnde bewegen sich stets auf Einbahnstrassen. Würde das Ziel mit einem neuen Pfeil noch einmal anvisiert, wäre es nicht mehr dasselbe Handeln, sondern ein zweiter Versuch. Die Bühne des Lebens kennt keine Generalprobe, keinen Rückpass, keine Szene kann korrigiert oder noch einmal gespielt werden. *Life is life.* Weil die Tat in der Vergangenheit liegt, lassen sich dic Folgen nicht rückgängig machen. Das Unumkehrbare zeigt sich darin, dass die Folgen der Vergangenheit gegenwärtig bleiben. Auch wenn wir sie nicht wahrnehmen oder längst vergessen haben, die Zerfallszeit unserer Erinnerungen ist viel kürzer als die Halbwertszeit von Handlungen und ihrer Folgen.

---

e

«‹Sünde› meint mehr und anderes als eine besondere Art von Schuld. Von Schuld unterscheidet sie sich nicht nur dadurch, dass sie eine Absonderung von Gott hinzufügt. Gewiss gehört die Absonderung von Gott wesentlich mit zu dem sie von Schuld Unterscheidenden. Der Unterschied liegt jedoch vor allem im jeweiligen Freiheitsbezug. Es spitzt sich zum Gegensatz zu: Schuld verhält sich zur Freiheit, vorläufig gesagt, konstruktiv, Sünde destruktiv. Wir können die Freiheit, die wir Menschen zuschreiben, nicht wirklich denken, ohne mitzudenken, dass Menschen Schuld auf sich laden, und wir müssen ebenso wohl annehmen, dass Menschen, sobald sie der Sünde verfallen, nicht mehr frei sind. Freiheit, jedenfalls die gegebene, fängt an mit Schuld und geht zugrunde an der Sünde.»

Michael Theunissen[72]

Schuldfähigkeit ist die Voraussetzung und gleichzeitig die Folge menschlicher Freiheit. Sünde und Schuld stimmen darin überein, dass sie eine Beziehung voraussetzen, ein Gegenüber, vor dem jemand schuldig werden kann. Jetzt aber nicht schuldig im negativen, moralischen Sinne, sondern schuldig als Ausdruck einer eingegangenen Verpflichtung, eines Versprechens oder der Übernahme von Verantwortung. Im Gegensatz zu einer moralischen Schuld kann hier von einer sozialen oder rechtlichen Schuldigkeit gesprochen werden: Jeder *deal* und Vertrag, jede Absprache und Verpflichtung, jedes Versprechen und *commitment* setzen die daran Beteiligten in ein wechselseitiges Schuldverhältnis. Die Beteiligten oder Vertragspartner schulden sich etwas – die vertraglich ausgehandelte und festgelegte Leistung, die Erfüllung einer gegebenen Zusage oder eingegangenen Verpflichtung, eine Erklärung (etwa für eine Abweichung von der Absprache) etc. Die passende Aufforderung oder Bekräftigung in solchen Kooperationsbeziehungen lautet nicht anklagend «Du bist schuld!», sondern auffordernd: «Das bist du mir schuldig!» Solche Absprachen, Vertragsbeziehungen, wechselseitige Zusicherungen und Versprechen haben eine enorme Bedeutung im Alltag. Schuldanerkennung und Schuldzurechnung sind in gewisser Weise die Bedingungen für die soziale Organisation moderner, ausdifferenzierter Gesellschaften.

2. Wie vergeben?

Wie können Menschen etwas tun, das – wie die reformatorische Rechtfertigungslehre unmissverständlich betont – allein und ausschliesslich Gott vorbehalten ist. Wenn nur vergeben kann, dem nichts vergeben werden muss, dann bleibt Menschen diese Möglichkeit verschlossen: «Wer unter euch ohne Sünde ist, werfe als Erster einen Stein auf sie!» (Joh 8,7) Wer mit sich nicht in Frieden lebt, weil die heilsame Verbindung zu Gott eine zutiefst einseitige ist und bleibt, die oder der kann nicht zum zwischenmenschlichen Friedensstifter werden.

Die Frage nach dem moralischen Umgang mit Schuld, nach den menschlichen Möglichkeiten von Vergeben und Vergessen lässt sich aus reformatorischer Sicht nicht aus dem Zusammenhang von Sünde, Erlösung und Versöhnung herauslösen. Es wäre ein Kurzschluss unseres modernen Denkens, den Nachsatz zur fünften Bitte als moralische Forderung zu lesen. Gleichzeitig wäre es ein Irrtum, die ethischen Konsequenzen des Gebets auszublenden. Besondere Aufmerksamkeit verdient die Tatsache, dass der Nachsatz nicht aus einer Forderung sondern einer Behauptung (im Indikativ) besteht – nicht: wie auch wir ... vergeben sollen, sondern: wie auch wir vergeben ... In den Satz darf nicht einfach ein moralisches Sollen eingefügt werden, weil er dann plausibler erscheint. In der Behauptung geht es nicht um Gott, sondern um die Menschen. Mit Bitten drücken wir aus, wie die Welt sein *soll*, aber noch nicht ist. Mit Behauptungen beschreiben wir, wie die Welt *ist*. Auf der einen Seite soll *werden*, was auf der anderen Seite der Fall *ist*.

Wenn wir ehrlich sind, stolpern wir bereits über das erste Wort im Nachsatz, das «wie» (Mt 6,12; Lk 11,4: *hos kai*). Wollen wir wirklich, dass Gott uns *so* vergibt, wie wir unseren Schuldnern vergeben? Wäre das nicht äusserst riskant, einem Gott zu vertrauen, der unzuverlässig, wankelmütig, von Enttäuschungen, Ohnmachtsgefühlen, Aggressionen, Mitleid oder Kränkungen hin- und hergerissen wäre wie wir? Beruht unsere ganze Hoffnung nicht darauf, dass «Euer Vater weiss, was ihr braucht, noch ehe ihr ihn bittet» (Mt 6,8)? Was kann mit diesem eigentümlichen Wie gemeint sein?

Drei Deutungen bieten sich an. 1. Das Wie als Aufforderung zur Nachahmung, etwa wie die Lehrerin einen Schüler ermuntert: Mach es genauso, wie ich es dir gezeigt habe. 2. Rückwärts gelesen, erscheint das Wie als ein begründendes Weil, also: Weil wir Menschen vergeben, sollst auch du, Gott, uns vergeben. Gott gerät hier unter den Zugzwang der menschlichen Vergebungspraxis. Wenn er nicht schlechter dastehen will als wir Menschen, muss er sein Verhalten dem unsrigen anpassen. 3. Schliesslich lässt sich das Wie auch als ethische Begründung der Bitte lesen: Weil das menschliche Vergeben ein moralisch vorbildliches Verhalten darstellt, wäre Gott ein moralisch fragwürdiger Gott, wenn er sich dieses Verhalten nicht selbst aneignen würde. Das Wie verpflichtet Gott also auf ein moralisches Handeln.

Die drei vorgestellten Varianten klingen seltsam und widersprechen unseren Vorstellungen von göttlichem und menschlichem

Handeln. Erstens braucht Gott keine Lehrmeister, zweitens ist Gottes Handeln nicht abhängig davon, was Menschen tun und drittens lässt sich Gott nicht auf eine menschliche Moral verpflichten. In allen drei Fällen wäre Gott nicht Gott, sondern Mensch. Mit Gott lässt sich nicht so einfach verhandeln – Jakobs Beharrlichkeit am Jabbok hin (Gen 32,27), Hiobs Streitgespräche mit Gott her (Hiob 14,1–6). Lässt sich die Beziehung zwischen Gott und Menschen tatsächlich so verstehen? Basteln wir uns damit nicht einen Gott nach Art der Lebensphilosophie von Pippi Langstrumpf: «Ich mach mir die Welt [den Gott], wie sie [er] mir gefällt»?

3. Freiheit und Schuld

Z

«Denn was wir notwendig tun müssen, das dürfen wir nicht aus Furcht vor irgendwelchem Anstoss unterlassen! Wie nämlich unsere Freiheit der Liebe untergeordnet werden muss, so muss wiederum die Liebe der Reinheit des Glaubens Untertan sein!»

Johannes Calvin[73]

Gott überträgt den Menschen Verantwortung für die Welt: «Und Gott segnete sie, und Gott sprach zu ihnen: Seid fruchtbar und mehrt euch und füllt die Erde und macht sie untertan, und herrscht über die Fische des Meers und über die Vögel des Himmels und über alle Tiere, die sich auf der Erde regen» (Gen 1,28). Menschen sind als Geschöpfe Gottes zugleich Mitarbeiter an seiner Schöpfung. Die Voraussetzungen dafür sind in der Schöpfung selbst angelegt: «Und der HERR, Gott, sprach: Sieh, der Mensch ist geworden wie unsereins, dass er Gut und Böse erkennt.» (Gen 3,22) Gott hat die Menschen so geschaffen, dass sie sich selbst, ihren Mitmenschen und Gott etwas schulden *können*. Schuld ist der Preis menschlicher Freiheit. So eigenartig es klingen mag, Schuld verweist auf die menschliche Begabung zur Verantwortung aus Freiheit. Menschen sind nicht die Marionetten Gottes, sondern tatsächlich Täterinnen und Täter, Urheberinnen und Urheber ihrer Handlungen. Darin besteht ihre

Würde. Und deshalb wird die menschliche Würde gebeugt, wenn sich Menschen andere zu ihren Marionetten machen. Mehr noch: Es entspricht auch nicht der den Menschen von Gott verliehenen Würde, wenn ein Mensch sich – bildlich gesprochen – zu seiner eigenen Marionette macht. Die beiden Marionettentheater stehen für den Verlust einer doppelten Freiheit. Es geht in der christlichen Tradition um die *geschöpfliche* und *christliche Freiheit:* Der Anspruch geschöpflicher Freiheit ist gegen die Fäden gerichtet, mit denen uns andere (gegen unseren Willen) beherrschen. Christliche Freiheit kappt die Fäden, an denen wir uns völlig selbstbezogen durchs Leben bewegen. Die erste Freiheit schützt die menschliche Selbst*bestimmung,* die zweite Freiheit befreit von menschlicher Selbst*zentrierung.* Mit den bekannten Worten aus der Antwort auf die erste Frage des Heidelberger Katechismus: Der Anspruch geschöpflicher Freiheit verhindert, dass ich in der Welt anderen gehöre, christliche Freiheit befreit dazu, «[d]ass ich mit Leib und Seele im Leben und im Sterben nicht mir, sondern meinem getreuen Heiland Jesus Christus gehöre».[74]

In der theologischen Ethik ist es üblich, von der Verantwortung zu sprechen, die wir uns selbst, unseren Mitmenschen und Gott schulden. Aber so einfach, wie die Verantwortungsinstanzen – Mir, die anderen und Gott – wie an einer Perlenkette aufgereiht werden, ist die Sache nicht. Die Verantwortung vor Gott entspricht nicht unserer geschöpflichen Freiheit, wie sie uns mit der Verantwortung gegenüber uns selbst und unseren Mitmenschen zugemutet wird. Auch hier muss unterschieden werden ohne zu trennen.

Verantwortung ist die Freiheit für das *Geschuldete,* das Beabsichtigte und Gesollte, auf das Menschen sich selbst verpflichten und von anderen verpflichtet werden können. Geschuldetes umfasst den Bereich, für den Menschen Verantwortung tragen. Wenn jemand einem anderen etwas schuldig bleibt – eine Rechnung nicht bezahlt, ein Versprechen nicht einhält, eine Erklärung verweigert –, geht es um eine moralische oder rechtliche *Verschuldung.* Und aus dieser Schuld kommt niemand mit dem Hinweis heraus, er glaube nicht an Gott oder er gehöre einer anderen Religionsgemeinschaft an. Schuld im moralischen, sozialen und rechtlichen Sinne ist sozusagen glaubensresistent oder -neutral – zum Glück! Auch religiöser Fundamentalismus aller Art entlastet nicht davon, was sich Menschen wechselseitig schulden. Wo kommt dann aber die Verantwortung vor Gott ins Spiel und was ist damit gemeint?

Die Art der Beziehung macht den Unterschied, wie an einem einfachen Beispiel gezeigt werden kann. Auf die Kinderfrage an die Eltern nach den Gründen ihrer liebenden Fürsorge, werden diese nicht antworten: «Weil es unsere moralische Pflicht als Eltern ist» oder «weil das die Gesetze von uns fordern» oder «weil wir die Vorwürfe der Nachbarschaft fürchten». Vielmehr lautet die einfache Antwort: «Weil Du unser Kind bist!» Und wenn das Kind weiter fragt, was damit gemeint ist, werden die Eltern keine moralischen Gründe aufzählen, sondern schlicht feststellen: «Weil wir Dich lieben!» Das Verhältnis zwischen Eltern und Kind ist durch eine besondere emotionale Beziehung und Verbundenheit gekennzeichnet. Nur darauf kommt es an. Liebe kennt keine Gründe. Niemand liebt aus Pflichtgefühl. Gäbe es moralische Begründungen für die Liebe, würde daraus eine moralische Tugend, Pflicht oder soziale Aufgabe. Der geliebte Mensch würde damit zur Vertragspartnerin, zum Verantwortungsobjekt, Adressat sozialen Engagements oder altruistischer Barmherzigkeit. Das sind moralisch ehrenwerte Zielsetzungen, aber das Ende der Liebe.

Der Respekt und die Achtung, die sich Menschen wechselseitig schulden, kann moralisch und rechtlich eingefordert werden. Aber Liebe und Empathie, eine Fürsorge, die bis zur Selbsthingabe für die andere Person führen kann, geht darüber weit hinaus. Das lässt sich weder moralisch noch rechtlich einfordern. Ausschliesslich der besondere Charakter der Beziehung zwischen den Menschen bestimmt ihr Verhalten. Richtiger muss es heissen: Die Menschen werden durch ihre Liebesbeziehung bestimmt. Liebe ist kein Prinzip, das befolgt werden kann, sondern ein Verhältnis, das durch eine ganz eigene und einzigartige Weise wechselseitiger Begegnung zwischen Menschen gekennzeichnet ist. Liebe ist eigentlich gar kein Tun *eines Menschen*, sondern ein beziehungsreiches Ereignis *zwischen Menschen*, das erfahren und nicht gemacht wird. Das ist die Pointe des Gleichnisses vom barmherzigen Samaritaner: Liebevolle Empathie statt moralische Pflichterfüllung.

Dagegen könnte eingewendet werden, dass eine so verstandene Liebe unfrei macht, weil Liebe geschieht und nicht selbst gewählt oder gemacht wird. Niemand liebt, weil sie oder er es sich vorgenommen hat. Entsteht hier nicht ein drittes Marionettentheater: Der Mensch am Gängelband der Liebe? Tatsächlich ist liebevolles Verhalten eigentlich desinteressiert an der moralischen Frage nach der eigenen Handlungsfreiheit. Wer liebt, muss nicht zwischen Gründen abwägen. Wer liebt weiss einfach, was zu tun ist. Dabei ist Liebe nicht ein diffuses Gefühl, das sich genauso unmittelbar einstellt, wie es auch wieder verschwinden kann, sondern Liebe ist Ausdruck des Geistes, aus dem Liebende aus dem Glauben leben.

Die Kehrseite geschöpflicher Freiheit ist die Schuld als Ausdruck moralischer Verantwortung. Die Kehrseite christlicher Freiheit ist die Liebe als Befreiung zur Hingabe. Christliche Freiheit trotzt den Göttinnen und Göttern der Moral, wie Zwingli in dem bekannten Streit um das Wurstessen in der Fastenzeit betont. Er verweist auf die Ermahnung des Paulus an die Gemeinden in Galatien: «Damals jedoch, als ihr Gott nicht kanntet, habt ihr den Göttern gedient, die ihrem Wesen nach gar keine Götter sind; jetzt aber, da ihr Gott kennt, vielmehr von Gott erkannt worden seid, wie könnt ihr euch da wiederum den schwachen und armseligen Elementarmächten zuwenden, um ihnen von neuem als Sklaven zu dienen?» (Gal 4,8f.). Und der Zürcher Reformator kommentiert: Der Glaube der Galater «an Gott war nicht mehr so stark, dass sie auf ihn allein vertrauten und ihre Hoffnung auf ihn allein setzten, allein auf sein Gebot und seinen Willen hörten. Töricht begannen sie wiederum, dem Diktat der Menschen zu folgen. Gleich als ob Gott etwas versäumt habe, das nun zu ergänzen oder zu verbessern sei, reden sie sich ein: an diesem Tag, in diesem Monat, zu dieser und jener Zeit darfst du dies und das nicht tun.»[75] Die Gesetze der Moral bedrohen die im Geist der Freiheit Gottes verbundene Gemeinschaft. Mit Paulus und Zwingli ist festzuhalten: Die Moral am falschen Ort ist das Ende der Liebe.

4. Vergeben und vergessen?

Wie umgehen mit Schuld? Das ist zunächst eine moralische und rechtliche Frage. Schuldbehauptungen provozieren unbequeme Reaktionen: Strafe, Kompensation, Sühne, Busse, Vergeltung oder

Rache, aber auch Entschuldung und Entschuldigung, Erlass, Verzeihung, Vergebung oder Begnadigung. Der Schuldbegriff konstruiert eine Täter-Opfer-Beziehung. Wer Schuld hat, ist Täterin oder Täter, wem etwas geschuldet wird, ist Opfer. Das sind einseitige Beziehungen und für die Opfer Beziehungen wider Willen. Niemand ist freiwillig Opfer, denn Opfer und Unfreiheit bzw. Zwang gehören untrennbar zusammen. Aktivität und Passivität, Macht und Ohnmacht, Selbständigkeit und Abhängigkeit sind völlig ungleich verteilt: Die eine Seite bestimmt, die andere Seite erleidet. Die eine Seite ist Subjekt der Geschichte, die andere Seite wird zum Objekt degradiert. Zu Objekten herabgestufte Menschen sind zwar da, aber nicht anwesend, weil ihnen das genommen wurde, was sie zu Menschen macht: ihre Subjektivität und Freiheit. Marionetten sind Opfer und Opfer sind Marionetten. Aber nicht nur Handlungen produzieren Opfer, sondern auch Strukturen. Schuldverhältnisse haben eine strukturelle Dimension. Sie kommen nicht spontan zustande, sondern verlaufen in festen gesellschaftlichen Bahnen. Wenn etwa bestimmte Menschen oder Gruppen keinen gleichberechtigten Zugang zum Recht haben, sind sie bereits Opfer ungerechter Strukturen, noch bevor ihnen irgendjemand aktiv etwas antut. Die strukturelle Dimension von Täter-Opfer-Verhältnissen darf nicht unterschlagen werden, wenn von Vergebung die Rede ist.

Z «Daher werden wir gerne sagen und dabei die Worte des Gebets auf den Kopf stellen, die Jesus nach dem Evangelium des Hl. Lukas an Gott richtet: Herr, vergib' ihnen nicht, denn sie wissen, was sie tun.»

Vladimir Jankélévitch[76]

Die Kritik an der fünften Bitte rückt die Forderung nach Vergebung in ein anderes Licht: Ist es überhaupt richtig, zu vergeben? Davon würden die Täterinnen und Täter profitieren, nicht aber die Opfer. Steckt dahinter nicht eine scheinheilige Tätermoral? Im Alltag jedenfalls orientieren wir uns nicht an der Vergebungsforderung, sondern verlassen uns auf eine funktionierende, sanktionierende Rechtsordnung. Warum Gesetze, warum Strafe und Strafverfolgung, warum Geldbussen für zu schnelles Fahren, warum Wiedergutmachung einklagen, warum Ungerechtigkeiten anprangern, wenn es am Ende doch alles auf ein Vergeben und Vergessen hinausläuft? Ist der fromme Wunsch nach Vergebung nicht am Ende durch und durch ungerecht – eine Verhöhnung und eine zweite Demütigung der Opfer?

Es ist unbestreitbar: Die fünfte Bitte im Unservater bürstet unsere Gerechtigkeitsvorstellungen gegen den Strich. Die Vergebungsbitte bricht mit den überkommenen Vorstellungen und Ordnungen von Recht und Gerechtigkeit. Moralische und rechtliche Schuld verweisen auf Spielregelverletzungen, die Kompensation, Busse oder Vergeltung verlangen. Durch die Strafe wird die Geltung der Regeln, gegen die zuvor verstossen wurde, nachträglich bestätigt. Die Begleichung einer Schuld stellt die gebrochene Ordnung wieder her. Um eine solche Gerechtigkeit geht es nicht im Gebet. Es hält sich gar nicht bei der Spielregelverletzung auf, sondern setzt – im Gegenteil – noch eine weitere drauf. Gott wird gebeten, auf die Spielregelverletzungen der Menschen selbst mit einer Spielregelverletzung zu reagieren: Nicht gerechte Strafe, sondern erlösende Vergebung. Und im Nachsatz verpflichten sich die Betenden selbst auf eine Spielregelverletzung: nicht Strafe und Entschuldung, sondern Entschuldigung. Im Evangelium folgen auf die Schuld nicht Strafe und Sühne, sondern Vergebung und Erlösung.

Mündet die Forderung, den Täterinnen und Tätern des Holocaust, den Führern des südafrikanischen Apartheidregimes, den Diktatoren dieser Welt oder Sexualstraftätern, die Kinder missbrauchen und ermorden, zu vergeben, nicht in einen menschenverachtenden Zynismus? Was wäre das für eine Vergebung, wenn dadurch für die Opfer alles beim Alten bliebe? Was wird aus Abel, wenn Kain vergeben wird? Die Vernichtung eines jeden Opfers macht die Tat zu einer endgültigen. Gerechtigkeit für die Opfer und das ihnen angetane Unrecht sind nicht verhandelbar. Menschenliebe ist ein starkes Motiv für Gerechtigkeit, aber keine Alternative zur Gerechtigkeit. Die letzte, in ihrer Nachträglichkeit erbärmlich kleine Solidarität mit den Opfern kann nur in der konsequenten Verweigerung gegenüber jeder Verharmlosung der Taten und jeder (vorschnellen) Rehabilitierung der Täter bestehen. Der Gedanke der Vergebung prallt brutal mit der Wirklichkeit des Leidens der Opfer menschlicher Schuld zusammen. An dieser Wirklichkeit kommt auch die christliche Haltung der Nächstenliebe nicht vorbei.

Gibt es überhaupt eine Vergebung, die nicht die Opfer mit Füssen tritt? Jesus wirft dieses Problem im Himmelreich-Gleichnis vom unbarmherzigen Knecht auf (Mt 18, 21–35): Am Anfang steht die Frage von Petrus, wie häufig wir vergeben sollen. Sein Vorschlag sieben Mal kontert Jesus mit dem Wortspiel «siebenundsiebzigmal» (22). Zur Erklärung erzählt Jesus das Gleichnis von dem Knecht, der seinem König zehntausend Talent schuldete. Aber der König hatte Mitleid mit dem flehenden Knecht und erliess ihm die Schulden. Der von der Schuldenlast Befreite hatte einem Kollegen selbst hundert Talent geliehen, die dieser ebenfalls nicht zurückzahlen konnte. Der entschuldete Knecht gewährte allerdings keinen Aufschub sondern brachte den Schuldner ins Gefängnis. Als der König davon erfuhr, liess er seinen Knecht zu sich kommen: «Du böser Knecht! Die ganze Schuld habe ich dir erlassen, weil du mich gebeten hast! Hättest nicht auch du Erbarmen haben müssen mit deinem Mitknecht, so wie ich Erbarmen hatte mit dir? Und voller Zorn übergab ihn sein Herr den Folterknechten, bis er ihm die ganze Schuld bezahlt hätte. So wird es auch mein himmlischer Vater mit euch machen, wenn ihr nicht vergebt, ein jeder seinem Bruder von Herzen.» (33–35)

Obwohl das Gleichnis einen erwarteten Verlauf nimmt, setzt Jesus auch hier eine unerwartete Pointe. Es geht nicht darum, *was* oder *wem* wir vergeben sollen, sondern *wie* das geschehen soll: «von Herzen». Eine eigenartige Antwort: Über Schuldenerlass lässt sich diskutieren, aber auch über die Einstellung der Kreditgeber? Die Forderung, dass ein Gläubiger die Schulden von Herzen erlassen solle, hat etwas Unverschämtes. Einen anderen Sinn bekommt die Forderung, wenn wir umformulieren: Wir sollen unseren Schuldnern von Herzen ihre Verbindlichkeiten erlassen. Es kommt nicht nur darauf an, *dass* wir es tun, sondern *wie* wir es machen. Das Von-Herzen nimmt die ganze Person in Anspruch und begnügt sich nicht mit einer Laune des Augenblicks, einem Verzicht aus Gleichgültigkeit oder weil die Forderungen für den Kreditgeber kaum ins Gewicht fallen. Der König begründet seinen Schuldenerlass nicht mit solchen ökonomischen Argumenten, sondern damit, dass ihn der Schuldner darum gebeten hat.

Mit einem formalen Ausgleich ist es nicht getan. Die Sache der Vergebung verlangt den ganzen Menschen, weil es um die Beziehung zwischen Gläubiger und Schuldner geht. Weil die Gefährdung der Gemeinschaft selbst auf dem Spiel steht, kann Vergebung nicht ernst genug genommen werden. Der existenzielle Lage der Person, die sich darum bemüht, ihre Schuld(en) abzutragen und Gerechtigkeit (wieder)herstellen, besteht darin, dass sie sich nicht selbst vergeben kann. Eine schuldige Person kann sich in der *Sache* entschulden. Die eine gestörte *Beziehung* widerherstellende Entschuldigung muss von den anderen kommen. *Entschuldung* ist nicht *Entschuldigung*. Das Zurückzahlen der Schulden oder der Schulderlass entschuldigen nicht den Schuldner oder die Schuldnerin. Das Vertrauen ist gestört, die Zuverlässigkeit hat gelitten, die Grundlage verlässlicher Gegenseitigkeit besteht nicht mehr. Kain hat die Beziehung zu seinem Bruder zerstört. Er steht ausserhalb des Beziehungsgefüges. Das macht die ohnmächtige Endgültigkeit seines Handelns aus. Als Folge seiner Tat wird er aus der Gemeinschaft herausgeschleudert. Er wird nicht durch ein Tribunal ausgeschlossen, von einer menschlichen Strafaktion ist nirgendwo die Rede. Kain wird sich selbst zum Opfer: Er verfehlt seine von Gott zugewiesene menschliche Bestimmung. «Zu gross ist meine Schuld, um sie zu tragen.» (Gen 4,13) Das ist nicht nur die deprimierende Einsicht eines Täters, sondern die Tragik der menschlichen Existenz schlechthin.

Bereits auf den ersten Seiten der Bibel findet sich der Gedanke, der viel später im Zentrum der Botschaft von Karfreitag und Ostern stehen wird. Allein die Opfer können vergeben und die Täter mit Gott, der Gemeinschaft und sich selbst versöhnen. Vergebung macht nicht die Schuld vergessen, sondern holt die Schuldige oder den Schuldigen in die Gemeinschaft zurück – nicht irgendeine Gemeinschaft, sondern in die Gemeinschaft mit den Gläubigern! Deshalb muss Vergebung «von Herzen» kommen, weil Schuld menschliche Beziehungen an ihrem Lebensnerv trifft.

Um ihres eigenen Lebens willen braucht Kain den ermordeten Abel und die Menschheit den gekreuzigten Christus. Die Menschen des Alten Testaments sehen das viel realistischer als wir mit unseren humanitär bemäntelten Ermässigungsversuchen. Das Versöhnungshandeln Gottes in Jesus Christus taugt nicht für ein weichgespültes Vorabendprogramm. Hinter den Versuchen einer Humanisierung

Gottes steckt nur der Wunsch nach einer Humanisierung der eigenen Schuld und Unmenschlichkeit. Die Geschichte von Kain und Abel lässt keinen Zweifel daran: «In WIRKLICHKEIT geht es nicht so krass zu. In wirklichkeit ist es viel schlimmer.»[77] Vergebung zu verniedlichen, ist bloss die Kehrseite der Ignoranz gegenüber dem himmelschreienden Unrecht, das den Opfern angetan wurde und angetan wird. Wir kommen nicht darum herum, den Anblick zu ertragen und es dem Erschlagenen direkt ins Gesicht zu sagen: Abel steh auf.

5. Entschuld(ig)ung

Was vergeben wir, wenn wir – wie im Unservater behauptet – unseren Schuldigern vergeben? Eigentlich ist die Frage falsch gestellt, denn im Gegensatz zur göttlichen Vergebung, von der in der Bitte die Rede ist, geht es im Nachsatz nicht darum, *was*, sondern *dass* wir vergeben. Die vorangegangenen Überlegungen haben gezeigt: Wir können keine Tat ungeschehen, rückgängig oder folgenlos machen – weder unsere eigenen, noch die der anderen. Nichts, was vergangen ist, vergeht. Wir haben keine Macht über die Geschichte unseres Tun und Lassens, weil wir mitten in der Geschichte stecken. Wir wohnen mit unseren Geschichten in der Geschichte. Eine Vergebung des Tuns käme einer Selbstrechtfertigung des Menschen und seiner Geschichte(n) gleich. Aus dem Verstricktsein in die Geschichte und unsere Geschichten kommen wir nicht heraus.

Z «Das Heilmittel gegen Unwiderruflichkeit – dagegen, dass man Getanes nicht rückgängig machen kann [...], liegt in der menschlichen Fähigkeit zu verzeihen. Und das Heilmittel gegen Unabsehbarkeit – und damit gegen die chaotische Ungewissheit alles Zukünftigen – liegt in dem Vermögen, Versprechen zu geben und zu halten. [...] Könnten wir einander nicht vergeben, d. h. uns gegenseitig von den Folgen unserer Taten wieder entbinden, so beschränkte sich unsere Fähigkeit zu handeln gewissermassen auf eine einzige Tat, deren Folgen uns bis an unser Lebensende im wahrsten Sinne des Wortes verfolgen würden, im Guten wie im Bösen; gerade im Handeln wären wir das Opfer unserer selbst. [...] Gäbe es nicht eine Mitwelt, die unsere Schuld vergibt, wie wir unseren Schuldigern vergeben, könnten wir uns kein Vergehen und keine Verfehlung verzeihen, weil uns, eingeschlossen in uns selber, die Person mangeln würde, die mehr ist als das Unrecht, das sie beging.»

Hannah Arendt[78]

Die jüdische Philosophin Hannah Arendt bringt die unbequeme Tatsache auf den Punkt. Vergebung und Versöhnung sind kein privates religiöses Erlösungsprogramm, sondern eine unhintergehbare Bedingung menschlichen Lebens schlechthin. «Denn der Sünde Sold ist der Tod» (Röm 6,23). Das gilt nicht nur für den endgültigen Gerichts-Tod als Ausschluss aus der ewigen Gemeinschaft mit Gott, sondern auch für den sogenannten sozialen Tod als Ausschluss aus der menschlichen Gemeinschaft. Verzeihen und Vergeben ermöglichen und erhalten die Lebensgrundlage der menschlichen Gemeinschaft. Das beginnt in der Partnerschaft, setzt sich fort in der Familie und im Freundeskreis und reicht über die Arbeitswelt und den Staat bis hin zur globalen Menschheitsgemeinschaft.

Für alle Beziehungsverhältnisse gilt die Wechselseitigkeit von der Bitte um Entschuldigung an andere und der Annahme der Entschuldigung von anderen. Das Bemühen um die Begleichung einer Schuld und der Bitte um Entschuldigung lassen sich nicht gegenseitig verrechnen. Denn zwischen dem Begleichen einer Schuld und der Bitte um Entschuldigung passiert etwas ganz Entscheidendes: das Umschlagen von dem *aktiven Sich-Entschulden* – etwa mit der Begleichung einer offenen Rechnung – in das passive *Entschuldigt-Werden*. Das Erste muss selbst getan, das Zweite kann nur erbeten werden. Die schuldige Person kommt aus ihrer Schuldisolation nicht heraus, wenn sie nicht von einer anderen Person ent*schuldigt* wird. Eine Entschuldigung ist im Kern das Bekennen: «Ja, so ist es!» Sich entschuldigen bedeutet einerseits die *Anerkennung der Ohnmacht* gegenüber der eigenen Schuld und andererseits das *Bekennen dieser Ohnmacht* vor der Person, der gegenüber die Schuld besteht. Auch sie kann die Schuld nicht auflösen, weil es die Schuld der anderen Person bleibt. Sie kann der Schuld der anderen Person aber die beziehungsstörenden oder -vergiftenden Wirkungen nehmen, indem sie deren Entschuldigung annimmt. Deshalb lautet die Forderung nicht: «Kain stell dich» oder «Kain steh für deine Tat ein» oder «Kain bereue, was du getan hast», sondern: «Abel steh auf». Das Opfer muss paradoxerweise zum Subjekt in der Täter-Opfer-Geschichte werden und der Täter zum Objekt. Die eigentliche Täter-Opfer-Geschichte beginnt erst mit der Tat. Die Beziehungsgeschichte davor ist eine andere.

Entschuldigt werden die Taten, nicht ihre schuldverstrickenden Wirkungen. Die Tat kehrt insofern zur Täterin oder zum Täter zurück. «Was ich bewirke, begreife ich nicht; denn nicht, was ich will, treibe ich voran, sondern was ich hasse, das tue ich» (Röm 7,15). Aus dieser Sackgasse menschlicher Schuld gibt es keinen eigenen Ausweg. Auch Paulus beschreibt die menschliche Situation als ein Marionettentheater – die vierte Bühne: «verkauft unter die Sünde» (Röm 7,14). Menschen tanzen an den Schnüren der Sünde. Sie sind nicht Herren ihrer selbst, sondern Dienerinnen und Diener fremder Herren (Lk 16,13). Gegen diesen Frondienst hilft kein Entschuldungsprogramm oder Sklavenaufstand, keine Befreiungsbewegung oder staatliche Amnestie. Das Gefangensein in der Sünde ist schöpfungsimmanent und revolutionsresistent. Wir leben – mit einem Bild von Augustinus – in Unfrieden mit unserem eigentlichen Wesen. So sehr wir uns auch bemühen, wir sind – wie Calvin paradox formuliert – willentlich unfrei im Blick auf unser eigentliches Ziel. Die Orientierungslosigkeit geht so weit, dass wir unsere menschliche Fehljustierung nicht einmal mehr wahrnehmen.

Deshalb liegt den Reformatoren so viel an einer Neujustierung des menschlichen Kompass: dem Gewissen. Das Gewissen ist die Instanz im Menschen, die durch keine äussere Pflicht überboten werden darf (vgl. 1Kor 8,7–13). Folgerichtig fordern die Reformatoren Gewissensfreiheit ein und werden darin zu Vorkämpfern eines fundamentalen Menschenrechts: «Ist das gläubige Gewissen mit jenem Vorrecht der Freiheit beschenkt, […] so hat es damit durch Christi Wohltat dies erlangt, dass es in solchen Dingen, in denen es nach Gottes Willen frei sein muss, nicht in die Fesseln irgendwelcher Verpflichtungen verstrickt werden kann. Wir stellen also fest, dass es der Gewalt aller Menschen entnommen ist.»[79] Das Gewissen gehört nach reformatorischer Auffassung zum geistlichen Regiment: «es unterweist das Gewissen zur Frömmigkeit und zur Verehrung Gottes.»[80] Evangelische Freiheit hat ihren Bezugspunkt in der inneren Freiheit des Gewissens. Freiheit steht dabei für nichts anderes als das Bestimmtsein durch Gott.

Ich bin nicht selbst der Urheber meines Gewissens. Im Gewissen wird die Beziehung Gottes für den einzelnen Menschen vernehmbar. Hier trifft den Menschen das anklagende und befreiende Wort Gottes. So verweigerte Martin Luther die Widerrufung seiner Lehre auf dem Reichstag zu Worms mit dem Hinweis, dass sein «Gewissen gefangen [sei] in den Worten Gottes».[81] Der Reformator entscheidet nicht nach reiflicher Überlegung, sondern er «kann nicht anders», weil er – von den Marionettentheatern befreit – ganz an das Wort Gottes gebunden ist. Dein Wille geschehe lautet die Bitte des fragenden und hörenden Gewissens. Das griechische und lateinische Wort für Gewissen – *syn-eidesis* und *con-scientia* (Mitwissen) – verdeutlichen: Nicht das eigene Wissen wird befragt, sondern die Aufmerksamkeit gilt dem Mit-Wissen des anderen. Die Forderung nach Gewissensfreiheit muss also ganz wörtlich genommen werden: Mein Gewissen ist frei von mir, frei für die Begegnung mit Gott, damit ich von ihm bestimmt werde.

6. Abel steh auf!

Z

«Wer Mt 6,12 betet, vernichtet im Beten selbst den Schuldschein ihrer/seiner SchuldnerInnen. Für die, die in die fünfte Vaterunserbitte einstimmen, wird – in genauer Umkehrung der Ausgangssituation – nun das Nicht-Vergeben zur unmöglichen Möglichkeit.»

Magdalene L. Frettlöh[82]

Die unaufhebbare Verbindung von Freiheit und Schuld markiert die Grenze geschöpflicher Freiheit. Das eine ist ohne das andere nicht zu haben. Weil die Menschen für sich frei sind, bedürfen sie der Befreiung durch Gott. «Zur Freiheit hat uns Christus befreit!» (Gal 5,1). Der Mensch kann nicht aus sich heraus zu sich selbst kommen. Er muss von Gott bestimmt werden um seiner Bestimmung zu entsprechen. Das Ich zeigt sich im Menschen nur vom anderen her. Das eigene Ich bleibt sich fremd, solange es bei sich bleibt. Die Forderung im Gedicht von Hilde Domin «Abel steh auf / Es muss neu gespielt werden» ist ein Fundamentalangriff auf unsere Souveränitätsideale und verlangt ein radikales Umdenken. Abel und die Opfer der Menschheitsgeschichte werden nicht aufstehen, solange nach den Regeln der Täter gespielt wird. Die trotzige, einem Filmtitel von Bud Spencer und Terence Hill entnommene Reaktion eines US-amerikanischen Senators auf die Attentate von 9/11 trifft – wenn auch in ganz anderer Hinsicht – den Nagel auf den Kopf: «Gott vergibt, wir nicht!» Allerdings: Unsere Vergebung scheitert daran, dass wir nicht vergeben *können* und nicht etwa daran, dass wir nicht vergeben *wollen*.

Wir können verzeihen und versöhnen, aber wir können nicht vergeben und erlösen. Vergeben bedeutet nichts weniger, als ein anderes Spiel zu beginnen; kein neues Spiel nach den bekannten Regeln, sondern ein Spiel, das einer ganz anderen Anleitung folgt. Vergebung bezieht sich – im Anschluss an den französischen Philosophen Jacques Derrida – auf Unvergebbares (*l'impardonnable*), weil es das Ende jenes Spieles verlangt, das Vergebung einfordert. Vergebung ist kein Spielzug, um eine Ordnung wiederherzustellen, zu bewahren, oder zu stabilisieren. Im Gegenteil, Vergebung bringt das vertraute Spiel durcheinander, ist im wahrsten Sinne des Wortes irregulär und stiftet Unordnung.

Wir können nicht vergeben, weil das, worum es bei der Vergebung geht, unvergebbar ist. Diese These widerspricht klar dem Nachsatz zur fünften Bitte, in der die Betenden das Gegenteil behaupten. So kehrt an dieser Stelle die offene Frage vom Anfang zurück, wie die Bitte um Gottes Vergebung mit der Aussage von unserer Vergebung zusammenpasst. Wie ist das verbindende Wie gemeint?

Eine Antwort auf die Frage findet sich in der Verkündigung Jesu. «Bittet, so wird euch gegeben» (Mt 7,7). In dieser Aufforderung steckt eine Gebrauchsanweisung für das Beten. Dem Wie im Unservater entspricht das So in der Erklärung von Matthäus 7,7: Der Nachsatz zur fünften Bitte handelt von der Wirkung oder Reaktion des Bittens. Die Betenden reagieren nicht selbst, sondern Gott wirkt in ihnen. Die Menschen wirken nicht, sondern Gott bewirkt in ihnen. Er macht die Menschen, die um Vergebung bitten, mit seiner Vergebung selbst vergebungsfähig. Dass Menschen vergeben können, beruht nicht auf ihrem eigenen Können, sondern verdankt sich der Gabe Gottes. Gott schenkt nicht nur Vergebung sondern auch Vergebungsfähigkeit. Passives Vergeben-Werden und aktives Vergeben-Können sind durch das Wie zu einer unauflösbaren Einheit zusammengeschweisst: Auch hier gilt, dass es das eine ohne das andere nicht geben kann. Die göttliche Vergebung bewirkt das menschliche Vergeben und das menschliche Vergeben zeugt von der göttlichen Vergebung. Die Gabe der Vergebung hat also eine untrennbare Doppelwirkung. Die reformierte Theologie hat diese Einheit in besonderer Weise hervorgehoben. So betont Calvin: «Weil wir im Glauben die Gerechtigkeit Christi ergreifen, durch die allein wir mit Gott versöhnt werden! Diese aber kann man nicht ergreifen, ohne zugleich auch die Heiligung zu erfassen! Denn Christus ist uns gegeben ‹zur Gerechtigkeit und zur Weisheit, zur Heiligung und zur Erlösung!› […] Willst du also in Christus Gerechtigkeit erlangen? Dann musst du zuvor Christus besitzen! Du kannst ihn aber nicht besitzen, ohne zugleich auch an seiner Heiligung teilzuhaben! […] Denn wir werden ja nur dadurch gerecht, dass wir an Christus Anteil haben – und darin ist die Heiligung nicht weniger beschlossen als die Gerechtigkeit!»[83]

Vergebung ist Heiligung und Heiligung befähigt zur Vergebung. Die Gleichzeitigkeit von Versöhnung, Erlösung und Heiligung gehört zu den Eigenarten reformierter Theologie. Kein Nacheinander, keine Gleichzeitigkeit von Sünder und Gerechtem, sondern Heiligung als Teilhabe an Christi Gerechtigkeit. Gerechtigkeit gründet ausschliesslich in der unverdienten Vergebung, wie Calvin wenig später bemerkt. Als Menschen, denen Gott Vergebung schenkt, können wir gar nicht anders, als diese Gabe weiterzugeben, *indem* wir vergeben. Darin ist auch eine Antwort auf die ethische Herausforderung der Vergebung enthalten: Dürfen wir um der Gerechtigkeit der Opfer willen den Täterinnen und Tätern überhaupt vergeben? Die reformierte Antwort darauf klingt paradox. Ja, weil Vergebung nicht Gerechtigkeit herstellt, sondern mit unseren Massstäben der Gerechtigkeit bricht. Vergebung ist im wahrsten Sinne des Wortes ungerecht. Gegen die menschlichen Massstäbe der Gerechtigkeit kommt in Jesus Christus das Geschenk der göttlichen Gerechtigkeit in die Welt. Christi Gerechtigkeit erklärt jede menschliche Gerechtigkeit für ungerecht.

Der Nachsatz der fünften Bitte nimmt die Menschen selbst ins Gebet. Die Behauptung, dass es so ist, wird erbeten. Das Dass der Heiligung ereignet sich im Gebet. Was dort geschieht ist eine schlichte sprachliche Unmöglichkeit: Wenn wir Gottes Vergebung erbitten, ereignet sich unser Vergeben gegenüber dem Anderen nicht im Aktiv der Tat, sondern im Passiv der Gabe. Vergebung ist also kein friedfertiges, versöhnendes Handeln, sondern ein wirkungsvolles Widerfahrnis. Die Vergebung «von Herzen» ist widerfahrene Be*gab*ung, die mit unseren Spielregeln bricht und buchstäblich irreguläre Begegnung ermöglicht, die jeder menschlichen Gerechtigkeit spottet. Das ist das andere Spiel, an dem mit Abel alle Opfer dieser Welt beteiligt sind.

Der Glaube in Konfrontation mit dem Unglauben

Und führe uns nicht in Versuchung

NICHT

Der Glaube in Konfrontation mit dem Unglauben

Und führe uns nicht in Versuchung

1. Einleitung: eine verwirrende Bitte

Diese Bitte ist die einzige *negative* Bitte im Unservater. Sie deutet auf eine Schwierigkeit, auf eine Verwirrung hin: Bittet man nämlich jemanden, etwas nicht zu tun, schwingt implizit immer die Annahme mit, dieser jemand könnte es doch tun. Es könnte also sein, dass derjenige, an den diese Bitte gerichtet ist, uns in Versuchung führt, und so bitten wir ihn, dies nicht zu tun. Der Ausdruck «führe uns» entspricht dem Griechischen *eispherein*. Das theologische Sachproblem, das damit gegeben ist, spiegelt sich allerdings auch in verschiedenen Sprachfassungen, weniger im Deutschen als im Französischen. Die geläufige Form *Ne nous soumets pas à la tentation* bedeutet «Unterwirf uns nicht der Versuchung», ja fast «Lass uns nicht der Versuchung erliegen». Diese letztere Bedeutung hat nun die im November 2013 veröffentlichte französische liturgische Bibel der römisch-katholischen Kirche noch weiter abgeschwächt. Dort heisst es jetzt *Ne nous laisse pas entrer en tentation,* also etwa: «Lass uns nicht auf die Versuchung eintreten». Diese Änderung geschah mit der Absicht, den als ‹gotteslästerlich› beurteilten Eindruck zu vermeiden, Gott selber veranlasse die Versuchung. Das Original ist jedoch weitaus verstörender: dort ist Gott nicht nur eine Kraft des Widerstands *in* der Versuchung, sondern geradezu *der* Verursacher der Versuchung selbst. Befassen wir uns also mit diesem Gott, der uns in Versuchung führen könnte.

2. Ein Gott auch des Bösen?

Was soll man von einem Gott halten, von dem wir etwas befürchten müssen, der sich als bedrohlich erweist? Das ist eine beunruhigende Frage: Das Gebet beginnt doch mit der Anrede «Unser Vater», und weiter oben zitierten wir einen Text von Luther, der sagte: «Ein Gott heisst das, dazu man sich versehen soll alles Guten und Zuflucht haben in allen Nöten; also dass einen Gott haben nichts anders ist, denn ihm von Herzen trauen und glauben.»[84] Kann ein solch tiefes Vertrauen einhergehen mit der Möglichkeit, dass Gott uns Fallstricke legen und uns Leidvolles antun könnte? Müssen wir annehmen, dass Gott uns in Versuchung führen könnte? Dass er also böse ist, statt die Quelle alles Guten und Ort der Zuflucht in allen Nöten? Dass er uns Übles schickt und unsere Nöte vermehrt, statt sie zu lindern?

Die Frage ist umstritten. Schon Jesus Sirach sagte: «Sag nicht: Meine Sünde kommt von Gott. Denn was er hasst, das tut er nicht.» (Sir 15,11). Und der Jakobusbrief schliesst ausdrücklich aus, dass Gott jemanden versuchen könnte: «Niemand, der in Versuchung gerät, sage: Von Gott werde ich in Versuchung geführt! Gott nämlich lässt sich vom Bösen nicht versuchen, und er führt niemanden in Versuchung.» (Jak 1,13) Gewöhnlich löst man dieses Problem, indem man die Rolle des Versuchers dem Satan, dem Teufel zuweist. Dies ist auch der Fall bei Jesus zu Beginn seines Wirkens. Er wird in die Wüste getrieben und während vierzig Tagen «vom Satan versucht» (Mk 1,12–13). Auch am Anfang des Buchs Hiob ist es der Satan, der viel Unglück über Hiob kommen lässt, um ihn zu prüfen. Doch diese Passage zeigt die Mehrdeutigkeit dieser Aufgabenteilung: Satan ist nicht einfach ein autonomes Gegenprinzip, er kann nicht einfach nach seinem freien Willen handeln, denn das würde zu einem reinen Dualismus führen: Gott, Prinzip des Guten, kämpft gegen Satan, Prinzip des Bösen. Gott erlaubt Satan, gegen seinen Diener Hiob vorzugehen: «Da sprach der HERR zum Satan: Sieh, alles, was er hat, ist in deiner Hand. Nur gegen ihn selbst strecke deine Hand nicht aus!» (Hiob 1,12) Satan erhält von Gott die Erlaubnis, und so kann man sich fragen, ob sich dadurch nicht ein noch problematischeres Gottesbild ergibt: Ist er weniger böse, weil er das Böse nicht selber ausübt, sondern es an den Teufel delegiert?

Wird seine Güte weniger gemindert durch die Tatsache, dass er sich damit zufrieden gibt, das Böse zu *erlauben*, statt es selber zu tun? Die Mehrdeutigkeit bleibt übrigens ganz bestehen, denn Hiob wird am Ende des Buchs getröstet «über all das Unglück, das der HERR auf ihn gebracht hatte.» (Hiob 42,11)

Oder müssen wir den Blickwinkel komplett ändern und den Ursprung der Versuchung in uns selbst suchen? Wie im Jakobusbrief im Anschluss an den bereits zitierten Text zu lesen ist: «Ein jeder wird von seiner eigenen Begierde in Versuchung geführt, wenn er sich von ihr locken und ködern lässt.» (Jak 1,14) Könnte es sein, dass wir falsche Wünsche und Erwartungen in Bezug auf Gott haben und dass er uns aus diesem Grund ambivalent erscheint? Projizieren wir unsere satanischen Versuchungen auf ihn, so dass er sich uns nicht in seiner makellosen Güte zeigen kann?

Wie dem auch sei: Unsere Bitte ist ein Zeichen einer Störung, einer Verwirrung zwischen dem Empfänger und dem Sender dieser Bitte, zwischen Gott und Mensch. Wir müssen uns damit auseinandersetzen und uns bemühen, diesen Punkt zu klären. Gewiss, wir könnten versucht sein, diese Schwierigkeit stillschweigend zu übergehen und uns möglichst rasch auf die Fortsetzung des Gebets zu konzentrieren: sondern erlöse uns von dem Bösen. Das ist schon einfacher: ein Gott, der erlöst! Doch genau das wäre erst recht eine Versuchung: sich der Versuchung zu entziehen. Man sollte der Bitte Und führe uns nicht in Versuchung die nötige Zeit geben, die Zeit eines Kapitels, bevor man zur nächsten Bitte übergeht. Es wäre allzu einfach, voreilig zu sagen: «Selig der Mann, der die Prüfung besteht, denn wenn er sich bewährt, wird er die Krone des Lebens empfangen, die Gott denen verheissen hat, die ihn lieben.» (Jak 1,12) Erst am Ende einer langen Auseinandersetzung – über ein ganzes biblisches Kapitel hinweg – kann der Apostel Paulus endlich ausrufen: «Ich elender Mensch! Wer wird mich erretten aus diesem Todesleib? Dank sei Gott durch Jesus Christus, unseren Herrn!» (Röm 7,24–25). Es gibt diesen Ausgang nicht ohne den vorangehenden Kampf, und mit unserer Bitte gehen wir vielleicht mitten in ein solches Ringen hinein; die Dinge klären sich erst *nachträglich*, im Rückblick.

3. Was ist die Versuchung?

Spontan bringen wir die Versuchung stark mit der Moral in Verbindung: die Versuchung einer Patisserie mit zu viel Kalorien, eines neuen Autos, das wir uns nicht leisten können, einer Boshaftigkeit gegenüber einem Kollegen, der uns auf die Nerven geht, einer Lüge, die uns das Gesicht wahren lässt, einer nicht erfüllten Verpflichtung usw. Sie kann aber auch eine erotische Dimension annehmen, in Kombination mit dem, was von der Tradition her «fleischliche Sünde» genannt wird: Deshalb zeigen fast alle Darstellungen der Versuchung des Heiligen Antonius in der Wüste neben Grimassen schneidenden kleinen Teufeln auch eine verführerische nackte Schönheit. Die Ausdeutungen der Unservater-Bitte auch in den reformierten Katechismen bestätigen manchmal diese Moralisierung:

Z

«289. Was ist der Inhalt?
Der Herr möge es nicht geschehen lassen, dass wir in Sünde geraten oder ihr verfallen, und so vom Teufel und den Begierden unseres Fleisches, die uns ständig bekriegen, besiegt werden (Röm 7,23). Er möge uns vielmehr mit seiner Kraft zum Widerstand ausrüsten, uns durch seine Hand stützen und mit seinem Schutz versehen und decken, damit wir so beschirmt unter seiner treuen Obhut leben können.

290. Auf welche Weise geschieht dies?
Indem wir unter der Leitung seines Geistes von solcher Liebe und Sehnsucht nach Gerechtigkeit erfüllt werden, dass wir Sünde, Fleisch und Teufel überwinden, und entsprechend von einem solchen Hass gegen die Sünde, dass er uns von der Welt unangefochten in reiner Heiligkeit erhält. Denn auf der Kraft seines Geistes beruht sein Sieg.»

Johannes Calvin[85]

Wenn wir unsere Bitte vertieft verstehen möchten, müssen wir von dieser einfachen Moralisierung Abstand nehmen. Die Versuchung hat hier eher mit einer *Prüfung* des Glaubens im spirituellen und existenziellen Sinn zu tun, indem er dem Risiko des Unglaubens ausgesetzt wird. Der Glaube ist keine Vollkaskoversicherung, und so kann der Glaube immer wieder vom Zweifel versucht sein. Glaubend zweifeln wir am Glauben selbst und an dem, an den wir uns glaubend wenden. Die Bitte Und führe uns nicht in Versuchung erfleht von Gott, den Glauben nicht schutzlos dem Zweifel auszuliefern, ihn in Konfrontation mit dem Unglauben nicht im Stich zu lassen.

In seinem *Grossen Katechismus* fügt Luther der langen Liste der fleischlichen und weltlichen Versuchungen (Unzucht, Faulheit, Fressen und Saufen, Geiz, Täuscherei, Zorn, Ungeduld, Hass und Neid, Feindschaft, Gewalt und Unrecht, Untreue, Rache, Fluchen, Schelten, Verleumden, Hoffart und Stolz zusammen mit überflüssigem Schmuck, Ehre, Ruhm und Macht) die Versuchungen des *Teufels* in Bezug auf «das Gewissen und geistliche Dinge» hinzu:

Z

«Dazu kommpt nu der Teufel, hetzet und bläset auch allenthalben zu, aber sonderlich treibt er, was das Gewissen und geistliche Sachen betrifft, nämlich dass man beide, Gottes Wort und Werk, in den Wind schlage und verachte, dass er uns vom Glauben, Hoffnung und Liebe reisse und bringe zu Missglauben, falscher Vermessenheit und Verstockung, oder wiederümb zur Verzweifelung, Gottes Verleugnen und Lästerung und andern unzähligen greulichen Stücken.»

Martin Luther[86]

In diesem Sinne ist die Versuchung Teil eines dynamischen Prozesses, in dem der Glaube unaufhörlich mit dem Unglauben, dem Zweifel konfrontiert ist. Kommt diese Versuchung von Gott? Kommt sie von ihm direkt oder über den Umweg einer satanischen Macht, die Karl Barth «das Nichtige» nannte? Oder entsteht sie aufgrund falscher Vorstellungen von Gott und Erwartungen an Gott? Schleichen sich diese Fehlvorstellungen von selbst in uns ein oder werden sie uns von einer bösen Macht oder vielleicht von Gott selber eingegeben? Man könnte versucht sein, sich der Einfachheit halber zu sagen: «Das ist der Teufel!» oder «das sind wir!» oder «das ist Gott!». Eine klare und endgültige Antwort kann es auf diese Fragen jedoch nicht geben. Was sie vielmehr verdeutlichen, ist, dass der Glaube immer wieder *in eine Krise* geraten kann und dadurch auf seine Beständigkeit hin geprüft wird, wie die Reinheit eines Edelmetalls im Schmelztiegel geprüft. Eine solche Krise kann sich als heilsam erweisen und zur Klärung, Reifung und Vertiefung beitragen – wie beim Heranwachsen, wo man von Wachstumskrisen spricht. Nichts allerdings ist hier von vornherein garantiert. Der Kampf wird uns nicht erspart, und einzig durch ihn hindurch können wir zu neuer Einsicht gelangen.

Die Krise kann sehr unterschiedliche Gestalten annehmen. Eine ist auch heute noch die Frage der Theodizee: Weshalb lässt Gott das Leiden zu? Weshalb verhindert er es nicht, wenn er doch allmächtig ist? Weil er das Leiden will oder weil er weniger mächtig ist, als wir meinen? Aber es können sich noch weitere Zweifel melden. So wollten in der Tradition Calvins die Gläubigen wissen, ob sie zu den Auserwählten oder zu den Verdammten gehörten. Sie bemühten sich um eine hohe Arbeitsmoral und um florierende Unternehmen, denn Erfolg schien ein Zeichen des Segens und damit der Erwählung zu sein. Auch in viel schlichterer Form kann sich die Frage stellen, ob Glaube und Leben zusammenpassen: Gibt mein Glaube meinem Leben wirklich Sinn und Gehalt oder belastet er mein Leben mit Zwängen, Sorgen und Ängsten? Ermöglicht er mir, meine alltäglichen Aufgaben zu erfüllen, oder lässt er mich in einer trügerischen Illusion Zuflucht suchen? Heisst einen Gott haben wirklich, «… dazu man sich versehen soll alles Guten und Zuflucht haben in allen Nöten»?[87] Wäre es nicht besser, seine Zuflucht woanders zu suchen? Und als wohl radikalste Versuchung des Unglaubens: Wäre es nicht besser, nur sich selbst zu vertrauen? Besagt doch eine Volksweisheit: Selbst ist der Mann. So könnte dem Gottesglauben entgegengetreten werden, er könnte durch den Glauben an sich selbst, an die eigenen Kräfte, Sicherheiten und Taten ersetzt werden.

Zahlreiche biblische Figuren tragen diesen Glaubenskampf aus. Wir sprachen bereits von Hiob: In einem langen Dialog kämpft er mit Gott, richtet ununterbrochen seine Gebete an ihn, bis dieser ihm endlich zu antworten geruht. Skepsis ist auch bei Kohelet (dem Prediger) zu finden. Aus manchen Psalmen bricht das Wehgeschrei heraus über Gottes Abwesenheit im menschlichen Leid, andere beklagen sich darüber, dass die Gottlosen ungestraft gedeihen, während die Gerechten kaum überleben können. Der Prophet Jesaia drückt dies aus, indem er von einem verborgenen Gott spricht: «*Fürwahr, du bist ein Gott, der sich verbirgt, der Gott Israels, der rettet!*» (Jes 45,15).[88] Eine weitere zentrale Erzählfigur für dieses Ringen finden wir im nächtlichen Kampf des Erzvaters Jakob:

b

«Noch in jener Nacht aber stand er auf, nahm seine beiden Frauen, seine beiden Mägde und seine elf Kinder und ging durch die Furt des Jabbok. Er nahm sie und brachte sie über den Fluss. Dann brachte er hinüber, was er sonst noch hatte. Jakob aber blieb allein zurück. Da rang einer mit ihm, bis die Morgenröte heraufzog. Und er sah, dass er ihn nicht bezwingen konnte, und berührte sein Hüftgelenk, so dass sich das Hüftgelenk Jakobs ausrenkte, als er mit ihm rang. Und er sprach: Lass mich los, denn die Morgenröte ist heraufgezogen. Er aber sprach: Ich lasse dich nicht, es sei denn, du segnest mich. Da sprach er zu ihm: Wie heisst du? Und er sprach: Jakob. Da sprach er: Du sollst nicht mehr Jakob heissen, sondern Israel, denn du hast mit Gott und mit Menschen gestritten und hast gesiegt. Und Jakob fragte und sprach: Bitte nenne mir deinen Namen. Er aber sprach: Was fragst du nach meinem Namen? Und dort segnete er ihn. Und Jakob nannte die Stätte Peniel. Denn, sagte er, ich habe Gott von Angesicht zu Angesicht gesehen und bin mit dem Leben davongekommen. Und als er an Peniel vorüber war, ging ihm die Sonne auf. Er hinkte aber wegen seiner Hüfte.»

Genesis 32,23–32

Man kann diesen Text als Erklärung lesen, wie Jakob zum Stammvater des Volkes Israel wurde. Doch dringt man etwas tiefer ein, liest er sich auch als die Erfahrung einer grundlegenden Prüfung: einer Begegnung mit Gott, bei der sich Jakob während einer langen Kampfesnacht im Staub wälzt. Gemäss dem Propheten Hosea (Hos 12,5) kämpfte er mit einem Boten Gottes, und so ergab sich die Tradition, die den Kampf Jakobs als einen Kampf mit einem Engel deutet. Doch der Text ist klar: Zunächst beginnt irgendein Mann den Kampf, später im Text heisst es, Jakob habe «mit Gott und mit Menschen gestritten». Rückblickend auf jene Nacht sagt Jakob schliesslich, er habe «Gott von Angesicht zu Angesicht gesehen». Deshalb nennt er den Ort des Kampfes «Pniel» (Angesicht Gottes). Die Furt des Jabbok kennzeichnet somit eine Schwelle im Leben des Erzvaters: Jakob erhält in seinem Kampf einen neuen Namen, eine neue Identität, vor allem aber auch den Segen. Der Unbekannte, der mit ihm gekämpft hat, ist auch der Gott, der segnet. Am Ende der Nacht, als die Sonne aufgeht, kann Jakob diesen Ort verlassen. Gewiss, er hinkt an der Hüfte, dieses Mal wird bleiben. Doch er geht gestärkt mit dem göttlichen Segen, den er im Kampf erhalten hat. Das nächste Kapitel schildert, wie er sich nun der verletzten Rivalität seines Bruders Esau stellen kann: Seine Erfahrung mit Gott «von Angesicht zu Angesicht» macht ihn fähig, nun auch seinem Bruder von Angesicht zu Angesicht zu begegnen (vgl. Gen 33,10).

4. Der versuchte Christus

Die Menschwerdung Gottes gehört zum Kern des christlichen Glaubens. Jesus Christus ist Mensch und kein Übermensch, der über alle Spannungen und Schwierigkeiten der Menschen hinwegschwebt. Auch Jesus durchlebt die Versuchung des Zweifels, bevor er im Garten Getsemani den Soldaten ausgeliefert wird. Er nimmt drei Jünger mit sich und bittet sie, zu wachen. Doch sie schlafen ein, während Jesus anfängt «zu zittern und zu zagen». Bei Lukas heisst es sogar: «Und er rang mit dem Tode und betete heftiger. Und sein Schweiss wurde wie Blutstropfen, die auf die Erde fielen.» (Lk 22,44) Dreimal betet Jesus: «Abba, Vater, alles ist dir möglich. Lass diesen Kelch an mir vorübergehen!» Und fügt gleichzeitig hinzu: «Doch nicht, was ich will, sondern was du willst.» (Mk 14,32–42)

Wie wir bereits gezeigt haben, markiert die Versuchung auch den Beginn des Wirkens Jesu: In die Wüste geführt, wird er vom Teufel versucht. Bei Markus wird diese Episode nur knapp skizziert, mehr Einzelheiten bieten die Erzählungen von Matthäus 4,1–11 und Lukas 4,1–13. Dreimal führt ihn der Teufel in Versuchung, fordert ihn auf, Wunder zu vollbringen und verspricht ihm dafür unermesslich viel Macht. Jesus widersteht den Versuchungen, indem er sich jedes Mal auf die Heilige Schrift beruft. Als der Teufel ihm nahelegt, Steine zu Brot werden zu lassen, um seinen Hunger zu stillen, antwortet Jesus: *«Nicht vom Brot allein lebt der Mensch, sondern von jedem Wort, das aus Gottes Mund kommt.»* (Mt 4,4) Als der Versucher ihn auf die Zinne des Tempels stellt und ihn auffordert, sich hinabzustürzen, damit die Engel ihn auf den Händen tragen, antwortet Jesus: «Wiederum steht geschrieben, *Du sollst den Herrn, deinen Gott, nicht versuchen.*» (Mt 4,7) Als der Teufel ihn auf einen hohen Berg führt und ihm verspricht, er werde ihm alle Königreiche der Welt geben, wenn Jesus sich vor ihm niederwirft, spricht Jesus zu ihm: «Fort mit dir, Satan. Denn es steht geschrieben: *Zum Herrn, deinem Gott, sollst du beten, und ihm allein dienen.*» (Mt 4,10) Der Teufel bleibt also ohne Erfolg und lässt von ihm ab.

Z

Im Roman *Die Brüder Karamasow* des russischen Schriftstellers Fjodor M. Dostojewskij (1821–1881) gesteht Iwan seinem Bruder Aljoscha sein Aufbegehren gegen Gott und erzählt ihm das Gleichnis vom Grossinquisitor. Die Geschichte spielt im Sevilla des 16. Jahrhunderts «auf dem Höhepunkt der Inquisition». Jesus ist zurückgekommen und hat kaum Zeit, auf dem Platz vor der Kathedrale einige Wunder zu vollbringen, als er abgeführt wird. Hinter seiner Verhaftung steht der «Kardinal-Grossinquisitor [...], ein Greis von bald neunzig Jahren, hochgewachsen, aufrecht, mit ausgemergeltem Gesicht und tief eingesunkenen Augen.» In der Nacht besucht er Jesus in seinem Verlies. In einem langen Monolog vor dem schweigenden Jesus bezieht sich der alte Mann auf die drei Versuchungen des Teufels. Damit will er Jesus zeigen, wie sehr er sich in den Menschen geirrt hat. Er habe ihnen die Freiheit geben wollen, doch sie hätten nichts damit anzufangen gewusst. «Es gibt keine Sorge, die für den frei gewordenen Menschen anhaltender und quälender wäre als die, sobald wie möglich jemanden zu finden, vor dem man sich in Anbetung verneigen könnte.» Indem sich Jesus weigerte, diesem Bedürfnis nach Unterwerfung nachzukommen, habe er grosse Pein auf die Menschen geladen. «Dadurch hast Du selbst mit der Zerstörung Deines eigenen Reiches den Anfang gemacht und darfst keinem anderen die Schuld daran geben. Und was wurde Dir in Aussicht gestellt? Drei Kräfte auf Erden, einzig und allein diese drei Kräfte, vermögen das Gewissen dieser kraftlosen Rebellen für alle Ewigkeit zu unterwerfen und zu bannen, zu ihrem eigenen Glück – diese Kräfte sind: Das Wunder, das Geheimnis und die Autorität.» In diesem Punkt habe die Kirche die Botschaft Jesu zurechtrücken müssen: «Wir haben Deine Opfertat korrigiert und sie auf *Wunder*, *Geheimnis* und *Autorität* gegründet. Und die Menschen haben sich gefreut, dass sie wieder geführt wurden wie eine Herde und dass die Last der furchtbaren Gabe, die ihnen so viele Qualen verursacht hatte, endlich von ihren Herzen genommen war.» Der Greis fährt fort: «So höre denn: Seit langem schon sind wir nicht mit Dir, sondern mit *ihm*, das ist unser Geheimnis». Dadurch, dass er wiederkam, stört Jesus. Der Grossinquisitor fordert ihn auf, wegzugehen. Sonst werde er ihn am nächsten Tag zum Tode verurteilen. Jesus schweigt.[89]

5. Die Versuchung und die Lehre von der Beharrlichkeit des Glaubens

Die Tatsache, dass Christus versucht wurde, befähigt ihn, jenen zu helfen, die ebenfalls versucht werden, wie im Brief an die Hebräer zu lesen ist: «Denn dadurch, dass er gelitten hat und selber versucht worden ist, vermag er denen, die versucht werden, zu helfen.» (Heb 2,18) Wer glaubt, kann mit dieser Gewissheit Erfahrungen des Geprüftwerdens gelassener entgegensehen. Prüfungen sind Teil seines Lebens in der Nachfolge. Das Matthäusevangelium hebt diesen Aspekt besonders hervor, indem es den Glauben der Jünger als «Kleinglauben» bezeichnet. Der Kleinglaube ist ein Glaube, der sich ununterbrochen mit dem Zweifel auseinandersetzt. Der Jünger Petrus will so wie sein Herr über das Wasser schreiten, doch er bekommt Angst und beginnt zu sinken. «Sogleich streckte Jesus seine Hand aus, hielt ihn fest, und er sagt zu ihm: Du Kleingläubiger! Warum hast du gezweifelt?» (Mt 14,31) Der Kleinglaube ist der wankende Glaube, das Gegenteil des erprobten, des den «Test» bestehenden Glaubens (das Wort stammt vom lateinischen *testum*, das den Tiegel der Alchemisten bezeichnet).

Wenn wir also beten Und führe uns nicht in Versuchung, bitten wir nicht, uns von der Versuchung zu befreien, sondern eher, dass «er uns Kraft und Stärke zu widerstehen gibt, doch so, dass die Anfechtung nicht weggenommen noch aufgehoben wird. Denn Versuchung und Reizungen kann niemand umgehen, [...] und wird nichts anderes draus: wir müssen Anfechtung leiden, ja darin stecken. Aber da bitten wir drum, daß wir nicht hineinfallen und darin ersaufen. Darum ists ein sehr ander Ding: Anfechtung fühlen und darein willigen oder Ja dazu sagen.»[90] In seinen Kommentaren zu unserer Bitte verweist Luther wiederholt auf eine Anekdote aus einer Chronik der Kirchenväter. Einer von ihnen soll einem jungen Bruder, der von seinen schlechten Gedanken befreit werden wollte, gesagt haben: «Lieber Bruder, dass die Vögel in der Luft dir über dem Haupte fliegen, kannst du nicht verwehren; du kannst aber wohl dem verwehren, dass sie dir in den Haaren ein Nest machen.»[91]

«Darum: Wer zu stehen meint, sehe zu, dass er nicht falle!» (1Kor 10,12) Die Anfechtung, die Versuchung mahnt den Glauben, dass er nicht ein für alle Mal gesichert ist. Andernfalls wäre er festgefahren, würde erstarren und hart und intolerant werden. Die Anfechtung erhält den Glauben dynamisch und lebendig. Deshalb führt der Apostel Paulus seine Gedanken weiter und stellt nicht in Aussicht, dass die Versuchungen ausbleiben, sondern dass inmitten dieser Versuchungen das Vertrauen in die Treue Gottes trägt: «Noch ist keine Versuchung über euch gekommen, die nicht menschlich wäre. Gott aber ist treu: Er wird nicht zulassen, dass ihr über eure Kräfte versucht werdet, sondern mit der Versuchung auch den Ausweg schaffen, dass ihr die Kraft habt, sie zu bestehen.» (1Kor 10,13) Im Gegensatz zu den anderen oben zitierten biblischen Stimmen zögert der Apostel nicht zu sagen, dass Gott die Versuchung stiftet. Dennoch bleibt darin seine Treue bestehen, dass er sie auf ein menschliches Mass einschränkt und die Kraft schenkt, sie zu bestehen und einen Ausweg zu finden. Von diesem Text des Apostels Paulus ausgehend, können wir also sagen, dass wir Gott mit unserem Gebet Und führe uns nicht in Versuchung bitten, uns unter der Versuchung nicht zusammenbrechen zu lassen. Wir bitten ihn:

- uns nicht über unsere Kräfte zu versuchen;
- uns die Kraft zu geben, die Versuchungen zu bestehen, die im Rahmen des menschlich Erträglichen bleiben;
- uns auf dem Weg durch die Versuchung hindurch zu begleiten und uns den Ausweg finden zu lassen;
- und bei alldem der schlimmsten Versuchung nicht zu erliegen, nämlich der, die uns an seiner Treue zweifeln und uns eine andere Zuflucht suchen lässt als ihn.[92]

In der christlichen Tradition, insbesondere in der reformierten, entwickelte sich vor dem Hintergrund der ständigen Herausforderung und Prüfung des Glaubens eine Lehre von der *Beharrlichkeit des Glaubens*, in Entsprechung zur göttlichen Vorsehung (oder Fürsorge). Im Zeichen des Vertrauens in einen Gott, der für alles Fürsorge trägt, empfängt der Gläubige von diesem Gott Wohlergehen ebenso wie Widrigkeit. Er strebt nicht einen Glauben jenseits aller Schwierigkeiten an, sondern einen Glauben, der ihn durch diese Schwierigkeiten hindurch führt und der in den Spannungen des Lebens zu bestehen hat. Das Leben ist kein «langer, ruhiger Fluss», sondern ein Wildbach voller guter und schlechter Überraschungen, in dem wir unser Boot bedachtsam durch allerlei Strudel lenken müssen. Dieser Aspekt nimmt in Calvins *Institutio* einen wichtigen Platz ein, und zwar sowohl in der Lehre von der Vorsehung als auch in der Auffassung des Glaubens und des christlichen Lebens. «Wenn wir lehren, dass der Glaube gewiss und sicher sein soll, so verstehen wir darunter ganz gewiss nicht eine Gewissheit, die kein Zweifel mehr berührte, keine Sicherheit, die keine Sorge und Angst mehr bedrängte; nein, wir sagen, dass die Gläubigen immerfort im Kampfe liegen gegen ihren eigenen Mangel an Vertrauen. Wir denken nicht daran, dass ihr Gewissen etwa in friedlicher Ruhe dahinlebte, die keine Erschütterung mehr in Frage stellen könnte.»[93] Doch der Glaube verleiht die Zuversicht – ohne Sicherheit! –, dass Gott uns auf dieser Reise in allen Situationen treu bleibt. «Werden wir auch erschüttert, so fallen wir trotzdem nicht aus unserem Stand! Solcher Kampf geht doch immer so aus, dass der Glaube jene Bedrängnisse, die ihn ringsum belagern und in Gefahr zu bringen scheinen, schliesslich siegreich überwindet.»[94] Wer glaubt, ist wie ein Pilger, der durch die Welt wandert, und deshalb von zerbrechlicher Konstitution ist. Der Glaube ist kein Safe, sondern vielmehr ein «irdenes Gefäss», wie es in der Antike als Behältnis für den Transport verwendet wurde.

---

b

«Denn der Gott, der gesagt hat: Aus der Finsternis soll Licht aufstrahlen, er ist es, der es hat aufstrahlen lassen in unseren Herzen, so dass die Erkenntnis aufleuchtet, die Erkenntnis der Herrlichkeit Gottes auf dem Angesicht Jesu Christi. Wir haben diesen Schatz aber in irdenen

Gefässen, damit die Überfülle der Kraft Gott gehört und nicht von uns stammt. In allem sind wir bedrängt, aber nicht in die Enge getrieben, ratlos, aber nicht verzweifelt, verfolgt, aber nicht verlassen, zu Boden geworfen, aber nicht am Boden zerstört. Allezeit tragen wir das Sterben Jesu an unserem Leib, damit auch das Leben Jesu an unserem Leib offenbar werde.»

2. Korinther 4,6–10

Dieser Text zeigt eindrücklich, wie der Glaube beharrlich bleibt in allen Spannungen menschlichen Lebens; er ist wie die *leibhafte* Wirklichkeit einer ständigen Anfechtung. Die Zerbrechlichkeit der irdenen Gefässe ist in Jesus Christus verwurzelt: Indem sie sein Sterben an ihrem Leib tragen, offenbaren die Gläubigen auch das Leben Jesu an ihrem Leib; dieses Leben, das sich von seinem Sterben erhebt, die Kraft der Auferstehung. Sie ist es, die den Widerstand dieses kleinen «aber» aufrechterhält, das viermal wiederholt wird und den *Unterschied zwischen der Versuchung und der Niederlage* kennzeichnet. «In allem sind wir bedrängt, aber nicht in die Enge getrieben, ratlos, aber nicht verzweifelt, verfolgt, aber nicht verlassen, zu Boden geworfen, aber nicht am Boden zerstört.» Die Versuchung ist also nicht nur innerlicher, spiritueller Art, sondern zeigt sich auch am Leib des Gläubigen, so wie sie auch im Leib Jesu Christi gegenwärtig ist.

6. Konkretisierungen für die Lebenspraxis

Wie sieht diese Beharrlichkeit im gelebten Leben aus? Dazu möchten wir im Folgenden sechs Überlegungen anstellen.

1. Da die Bitte Und führe uns nicht in Versuchung Teil eines Gebets ist, kommen wir zuerst auf das *Gebet* zu sprechen. Wie kann man im Zeichen der Beharrlichkeit beten? Der Vater des epileptischen Kindes in Markus 9 dürfte uns wohl den klarsten Hinweis geben. Als Jesus sagt, alles sei möglich für denjenigen, der glaubt, schreit der Vater des Kindes sogleich: «*Ich glaube! Hilf meinem Unglauben!*» (Mk 9,24) Dieses Gebet erfolgt in einer

Prüfung, in der Spannung zwischen Glauben und Unglauben, und es muss sich dieser Spannung stellen, statt ihr auszuweichen. Eine solche Auseinandersetzung wird aus dem Gebet manchmal einen nächtlichen Kampf machen, wie ihn Jakob an der Furt des Jabbok erlebte, ohne die Hoffnung auf eine Morgenröte im «Angesicht Gottes» zu verlieren, auch wenn die Morgenröte sich nur langsam erhob.

2. Der Glaube, dessen Beharrlichkeit geprüft wird, befindet sich ständig im Spannungsfeld eines «Trotzdem», eines «Dennoch». Der Glaube sieht sich nicht einfach bestätigt und gestärkt durch die Erfahrung, den gesunden Menschenverstand oder die Dinge des Lebens. Seine Kraft schöpft er anderswo, und muss häufig seine Hoffnung behaupten, wenn die Lebensweisheit allzu oft der Resignation, der Ermüdung, der Verwirrung stattgibt. Ein französisches reformiertes Glaubensbekenntnis drückt diese ständige Präsenz des «Trotzdem» im Wesen des Glaubens wunderbar aus:

Z

«Wir glauben an Gott!
Trotz seines Schweigens und seiner Verborgenheit glauben wir, dass er lebendig ist.
Trotz allem Bösen und allem Leid glauben wir, dass er die Welt für das Glück des Lebens erschaffen hat.
Trotz der Grenzen unserer Vernunft und aller Auflehnung unseres Herzens glauben wir an Gott.

Wir glauben an Jesus Christus!
Trotz der langen Epochen, die uns trennen von der Zeit, in der er unter uns war, glauben wir an sein Wort.
Trotz so vielem, was wir nicht verstehen und nicht akzeptieren können, glauben wir an seine Auferstehung.
Trotz seiner Schwachheit und seiner Armut, glauben wir an sein Reich.

Wir glauben an den Heiligen Geist!
Trotz allem äusseren Anschein glauben wir, dass er die Kirche führt.
Trotz des Todes glauben wir an das ewige Leben.

Trotz Unkenntnis und Unglauben glauben wir, dass das Reich Gottes Allen verheissen ist.
Amen.»[95]

---

3. Weil der Glaube weiss, wie sehr er immer wieder in Frage gestellt ist, muss er nicht die Kraft, die Macht und die Perfektion anstreben, derer man sich rühmen könnte. Der Glaube kennt auch die Schwäche, die Unvollkommenheit und das Leiden. So sind auch die irdenen Gefässe beschaffen, die den Schatz des erleuchteten Angesichts Christi bergen. In der Auseinandersetzung mit den korinthischen Superaposteln, die sich höherer spiritueller Gaben brüsten, sagt der Apostel Paulus, auch er könne sich rühmen, bis in den dritten Himmel entrückt worden zu sein, doch etwas hält ihn zurück: Ihm ist «ein Stachel ins Fleisch gegeben, ein Satansengel, der mich schlagen soll» (2Kor 12,7). Wir wissen nicht genau, worauf sich Paulus bezieht, doch es geht zweifellos um eine Prüfung leiblicher Art, vielleicht um eine Krankheit. Als er darum betet, davon erlöst zu werden, lautet die Antwort Gottes: «Du hast genug an meiner *Gnade; denn die Kraft findet ihre Vollendung am Ort der Schwachheit.*» (2Kor 12,9) Darauf sagt der Apostel: «Denn wenn ich schwach bin, dann bin ich stark.» (2Kor 12,10) So ist die Versuchung für den Apostel also auch eine leibliche.

4. Dies wirkt sich auf das gemeinschaftliche Leben aus: In seinen Briefen wiederholt der Apostel Paulus mehrmals, dass jene, die sich im Glauben stark wähnen, die anderen respektieren müssen, die noch schwach und unsicher sind, damit sie ihnen nicht zum Ärgernis werden, sondern zur gegenseitigen konstruktiven Stärkung in Liebe und Geduld beitragen. Diese Sorge um den Schwachen, den Kleinen im Glauben, widerspiegelt die Erkenntnis, dass der Glaube nie ein für alle Mal gesichert ist.

5. Die Bitte Und führe uns nicht in Versuchung geht Hand in Hand mit dem Erlernen der Fähigkeit, der Versuchung zu widerstehen. Ein Leben im Glauben sollte dem entsprechen, was das Gebet von Gott erbittet, und die Treue *von* Gott so gut wie möglich in die Treue *zu* Gott umsetzen. Hier sind wir wieder beim reformierten Thema der Heiligung. So betrachtet, kann man sagen, dass die Versuchung – auch wenn sie sich nicht reduzieren lässt auf eine

simple schlechte Tat, die man vermeiden sollte – moralisch relevante Auswirkungen hat. Sie hat mit der grundlegenden Haltung eines Menschen in Bezug auf ethische Überzeugungen zu tun. Sich seiner Verantwortung durch Gleichgültigkeit zu entziehen, sich an Ungerechtigkeiten zu gewöhnen, nur an den Profit und die eigenen Interessen zu denken, andere zu verachten und sich dadurch über sie zu erheben, aber durchaus auch der Wahn, alles Übel aus eigener Macht in einem übermenschlichen Kraftakt ausmerzen zu wollen: Es gibt viele Formen der Versuchung der Untreue. Die Versuchung als Haltung ist, so gesehen, durchaus auch unmoralisch, und gegen sie anzukämpfen erweist sich in diesem Kontext als eine moralische Anstrengung im Bemühen um die Heiligung des Lebens.

6. Humor enthüllt Spannungen, Widersprüche und Absurditäten des täglichen Lebens und bietet einen Freiraum, um sie kreativ und mit der Möglichkeit, über sie zu lachen, anzugehen. Wir werden dieses schwierige Kapitel deshalb mit einer lustigen Geschichte abschliessen, die den Glauben in seiner Auseinandersetzung mit dem Unglauben darstellt:

Ein Mann klettert an einer steilen Klippe entlang. Plötzlich verliert er den Boden unter den Füssen und fällt, kann sich aber gerade noch mit den Händen an einen Felsvorsprung klammern. Er hängt über dem Abgrund und sieht keinen Ausweg. Mit zaghafter Stimme ruft er: «Ist da jemand?». Keine Antwort. Etwas lauter ruft er: «Ist da jemand?». Wieder keine Antwort. Beim dritten Mal ruft er so laut er kann: «Ist da jemand?» Alsdann vernimmt er eine tiefe und beruhigende Stimme: «Fürchte dich nicht! Ich bin da. Lass dich fallen, ich werde dich auf meinen Händen tragen.» Nach langem Schweigen ruft der Mann zögernd: «Ist vielleicht sonst noch jemand da?»

7. Abschluss

Am Ende dieses Kapitels ist die Zeit reif für die nächste Bitte: sondern erlöse uns von dem Bösen. Vielleicht erleichtert uns das ja. Doch es sei daran erinnert, dass wir die Bitte Und führe uns nicht in Versuchung damit nicht überwinden. Wir lassen sie nur als Leser und Leserin hinter uns, doch niemals als Glaubende in unserem Alltag. Sie begleitet uns bis ins letzte Amen.

Wer sind wir und was ist das Böse?

Sondern erlöse uns von dem Bösen

E

E Ö L S

R

Wer sind wir und was ist das Böse?

Sondern erlöse uns von dem Bösen

Ist Gott böse? – so wurde im letzten Kapitel gefragt. Seit der Antike wurde neben dieser Frage auch eine andere Frage heftig diskutiert, die mit ihr in Zusammenhang steht und uns bis heute existenziell umtreibt und bedrängt. Es handelt sich um die Frage, ob Gott wirklich *gut, gerecht* und *mächtig* ist – gut, gerecht und mächtig angesichts *des unübersehbaren Bösen* in der Welt. (Die Bezeichnung «Böses» wird hier und im Folgenden in einem weiten Sinne verstanden, sie schliesst auch das ein, was wir im Deutschen «Übel» nennen, also Leiden und Schmerz.) Es ist eine Frage, die auf keinem Glaubensweg ganz stillgelegt werden kann.

An sich liesse sich eine erste Antwort darauf bereits an der Bitte, Gott möge uns vom Bösen erlösen, ablesen: Jesus selbst fordert uns mit dieser letzten und entscheidenden Bitte des Unservater auf, Gott als *Erlöser vom Bösen* zu erkennen. Er ist es, der uns vom Bösen erlösen kann und auch will, er allein. Die Bitte unterstellt: Gott ist gut, mächtig und gerecht – sonst wäre es sinnlos, sie zu beten.

Nicht immer fällt es uns jedoch leicht, das zu glauben und Gott wirklich von ganzem Herzen zu vertrauen, ihn wirklich als Erlöser anzunehmen. Sicher gibt es viele Momente im eigenen Leben, in denen man so etwas wie «Erlösung» erfahren hat. Und sicher gibt es sogar Momente, in denen das geschehen ist, ohne dass es uns überhaupt bewusst geworden ist. Trotzdem: Es gibt auch deutlich andere Erfahrungen. Die Tatsache, dass Menschen mitten im Leben todkrank werden, dass Kinder unschuldig leiden, dass alte Menschen längst sterben wollen und nicht können, der Anblick schrecklicher Naturkatastrophen, die Existenz von grenzenloser Ungerechtigkeit, von Folter und Genozid. – Was in dieser Welt geschieht, ist nicht immer dazu angetan, einen Erlöser in ihr am Werk zu sehen. Von solchen Eindrücken kann auch der Gottesgedanke nicht unberührt bleiben. Die sich stellende Frage nach der *Güte und (All-)Macht* oder nach der *Güte und Gerechtigkeit Gottes* konnte nie endgültig beantwortet werden, ohne dass sie an irgendeiner Stelle wieder neu aufgebrochen wäre. Mit dem Philosophen Gottfried Wilhelm Leibniz (1646–1716) sprechen wir hier vom Problem der «Theodizee». Dieses bildet das Leitthema unserer Ausführungen. Zunächst wird die Theodizeeproblematik in einem ersten Abschnitt allgemein vorgestellt und diskutiert, bevor sie dann im zweiten und dritten Abschnitt genauer auf den Charakter und den Inhalt der Erlösungsbitte des Unservater bezogen wird. Auch lebenspraktische Beobachtungen werden in diese Überlegungen eingebracht.

1. Das Problem der Theodizee

Wenngleich die Bezeichnung «Theodizee» erst in der Neuzeit aufkommt, findet sich ihre klassische Ausformulierung bereits viel früher. Sie stammt von Lactantius (ca. 250–320 n. Chr.), der sie dem Philosophen Epikur (341–271 v. Chr.) zuschreibt:

Z

«Gott, so sagt er [Epikur], will entweder das Böse in der Welt abschaffen und kann nicht; oder er kann und will nicht; oder er kann nicht und will nicht; oder kann und will.

Wenn er will und nicht kann, dann ist er schwach; was auf Gott nicht zutrifft. Wenn er kann und nicht will [dann ist er] schlecht, was ihm ebenfalls fremd ist. Wenn er nicht will und nicht kann, ist er schwach und schlecht und somit auch kein Gott. Wenn er will und kann, was allein Gott angemessen ist, woher kommt dann das Böse? Und warum beseitigt er es nicht?»

Lactantius[96]

Die zentrale Frage, die hier aufgeworfen wird, lautet also: Wie kann Gottes Güte und (All-)Macht angesichts des Bösen in der Welt behauptet werden? Wie ist dieses Problem denkerisch zu bewältigen? Das Problem hat im Laufe der Geschichte nicht nur Theologen, sondern auch Philosophen beschäftigt. Sie versuchten, es mit den Mitteln der Vernunft zu lösen. Berühmt ist der Vorschlag von Gottfried Wilhelm Leibniz geworden.

---

e

Leibniz unterscheidet drei Arten des Bösen: 1. das metaphysische Böse, 2. das moralische Böse und 3. das physische Böse.

Das metaphysische Böse besteht in der Endlichkeit und Unvollkommenheit der Welt. Wollte Gott nicht einen zweiten Gott kreieren, so war es unvermeidlich, diese Welt und ihre Geschöpfe als endliche, beschränkte und unvollkommene Wesen zu schaffen. Diese Beschränkung ist aber der Harmonie der Welt nicht abträglich.

Das moralische Böse bezeichnet das, was wir heute gemeinhin als das von Menschen verantwortete Böse ansehen. Mit dem metaphysischen Bösen ist auch die Möglichkeit des moralischen Bösen gegeben. Dass diese Möglichkeit tatsächlich verwirklicht wird, ist eine Folge der Freiheit des Menschen. Das moralische Böse stellt zwar einen entscheidenden Mangel an Gutem dar und ist von Gott nicht gewollt. Er lässt es aber doch zu, zumal dadurch oft das Gute auch wieder vermehrt wird.

Das physische Böse bezeichnet das Leiden, den Schmerz. Dieses Böse ist eine Folge des moralischen Bösen. Es dient als Strafe und Erziehungsmittel, oft auch als Mittel um weiteres Böses zu verhindern, und wo es mit Geduld ertragen wird, dient es dem Menschen zum Besten.

Leibniz' Argumentation ist getragen vom Optimismus, dass das Böse auf das Ganze besehen in der Ordnung und Harmonie der Welt seine Funktion so einnimmt, dass man behaupten kann, Gott habe zwar nicht die beste denkbare, aber doch die bestmögliche aller Welten geschaffen. Leibniz hat diese Argumentation in seiner 1710 erschienenen Schrift «Studien zur Theodizee, über die Güte Gottes, die Freiheit des Menschen und den Ursprung des Übels» veröffentlicht. Das Wort «Theodizee» (griechisch, wörtlich: Gottes Gerechtigkeit) hat durch Leibniz grosse Breitenwirkung erfahren und ist zur Bezeichnung für alle philosophischen und theologischen Versuche geworden, mit Vernunftgründen Gottes Gerechtigkeit und Güte angesichts des Bösen in der Welt zu erweisen. Das hinter dieser Bezeichnung stehende Setting besteht in einem Gerichtsverfahren, in dem Gott mit den Mitteln der menschlichen Vernunft gerechtfertigt wird. (Hier zeigt sich eine seltsame Umkehrung des Rechtfertigungsgedankens der Reformation, gemäss dem nicht Gott, sondern der gottlose Sünder gerechtfertigt wird.)

Der gross angelegte Versuch der Theodizee von Leibniz hat im Zeitalter der Aufklärung zwar viel Unterstützung gefunden, ihr Optimismus brach aber bereits aufgrund des grossen Erdbebens in Lissabon im Jahre 1755 in sich zusammen. Eine so optimistische Verrechnung des Bösen hielt dem Leid infolge dieses Erdbebens nicht stand. Spätere Philosophen wie Immanuel Kant bestritten die Möglichkeit eines leibnizschen Rechtserweises Gottes vor dem Gerichtshof der Vernunft grundsätzlich.

Erst recht musste jede Theodizee angesichts der abgründigen Ereignisse scheitern, die man mit den Namen «Auschwitz» und «Shoah» assoziiert. Das Böse hat im Zweiten Weltkrieg eine grauenerregende Intensität angenommen, die sich beim besten Willen nicht mehr mit Vernunftgründen verstehbar machen liess. Die Theologie hat dementsprechend nach der Shoah das Leiden und Mitleiden Gottes in allem menschlichen Leiden betont. Sie hat dadurch versucht, die Güte Gottes angesichts dieses Übermasses an Bösem zu retten. Sie hat dabei aber die Frage nach der (All-)Macht und Gerechtigkeit Gottes nicht beantwortet. Warum schreitet Gott nicht machtvoll ein wider das Böse? Wo bleibt seine Gerechtigkeit? Lässt er seine Geschöpfe sich selbst vernichten, lässt er seine Schöpfung zugrunde gehen? Was nützt es, wenn Gott auch noch leidet, wem hilft diese Verdoppelung des Leidens, wem hilft seine Ohnmacht?

e

In traditionellen oder evangelikalen Theodizeeversuchen wird oft die Freiheit des Menschen unterstrichen: Liebe schenkt Freiheit. Gott hat den Menschen so geliebt, dass er ihm die Freiheit zur Gegenliebe geschenkt hat. Diese Freiheit wurde missbraucht, es sind die in Freiheit begangenen Sünden des Menschen und ihre Folgen, die den Grund alles Bösen in der Welt bilden. Gott ist dafür nicht zu belangen. – Es stellt sich angesichts dieser Argumentation zunächst die Frage, ob mit der hier unterstellten Wahlfreiheit zwischen gut und böse das Wesen der christlichen Freiheit wirklich getroffen wird. Christliche Freiheit ist Freiheit in und aufgrund der Gottesbeziehung, sie lebt schon im Guten, sie steht nicht vor der Entscheidung, auch noch das Böse wählen zu können. Weiter stellt sich die Frage, warum Gott denn überhaupt die Möglichkeit zur Sünde geschaffen hat. Warum hat er uns nicht von Anfang an als gottliebende Wesen geschaffen? Eine letzte Frage: Lässt sich wirklich alles Böse (wir denken hier vor allem an Übel wie Leiden, Schmerz) in der Welt auf die Sünde des Menschen zurückführen, wird da dem Menschen nicht zu viel Macht hinsichtlich der Hervorbringung des Bösen zugestanden?

Auch der Teufel spielt in traditionellen oder evangelikalen Theodizeeversuchen eine Rolle. Er sei der Anstifter des Bösen, ihm (und seinen Dämonen) sei als Gottes Gegenspieler der Anstoss zur Sünde des Menschen zuzurechnen. – Hier findet freilich nur eine Problemverschiebung und nicht eine Problemlösung statt. Denn der Teufel gilt traditionell als Geschöpf Gottes, als Engel, der als erstes seine Freiheit missbraucht, sündigt und von Gott abfällt. Die oben gestellten Fragen zur Freiheit wiederholen sich im Blick auf den Teufel auf höherer Ebene. Zu fragen wäre schliesslich, ob und wie heute überhaupt noch vom Teufel gesprochen werden kann (vgl. Abs. 3.1).

Diese wenigen Hinweise zur Theodizee mögen genügen, um aufzuzeigen, dass das neuzeitliche Projekt einer Rechtfertigung Gottes angesichts des Bösen in der Welt mit den Mitteln der Vernunft sinnlos ist, nicht nur für die Philosophie, sondern auch für die Theologie. Wie sich Gott und das Böse zusammenreimen, bleibt nicht nur ein Rätsel, sondern ein unlösbares *Geheimnis*. Die Theodizee ist gescheitert. Der Schriftsteller und Überlebende der Shoah Elie Wiesel ist sogar noch weiter gegangen: In seinem Gerichtsdrama *Der Prozess von Schamgorod* entlarvt sich der elegante, listige Verteidiger Gottes namens Sam schliesslich als der Satan. Die Theodizee wird zum teuflischen Unternehmen. Der Weg der Theodizee mag für das Nachdenken des Glaubens abwegig sein, die Theodizeefrage hingegen bleibt weiterhin aktuell.

2. Der Schrei nach Erlösung

Wenn die Theodizeefrage offenbleiben muss, wie soll dann der christliche Glaube mit dem Bösen in all seinen Gestalten umgehen? Wenn das Böse nicht sinnvoll aus dem Gottesgedanken abgeleitet und auf ihn zurück bezogen werden kann, wie ist es dann theologisch zur Sprache zu bringen? Soll man schweigen, gerade dann verstummen, wenn es am drängendsten ist?

Ein Redeverbot entspricht nicht dem Anliegen der Bibel. Denn sie weitet die Sprachräume gerade da aus, wo es existenziell eng und bedrängend wird. Doch sie tut das nicht anhand vernunftgeleiteter, philosophischer Argumentationen, sondern vorwiegend in der Form des Dialogs vor und mit Gott, also in der Form des *Gebets*.

---

e

Man denke neben den Psalmen vor allem an die urtümliche und wirkmächtige Weise, wie Hiob mit seinen «Freunden» vor Gott über Gott streitet und dabei auch Gott anruft und anklagt:

«Ich schreie zu dir, und du antwortest mir nicht, ich stehe da, und du bemerkst mich nicht. Grausam wirst du gegen mich […] und lässt mich vergehen im Heulen des Windes» (Hiob 30,20–22). – «Schaddai gebe mir Antwort!» (Hiob 31,35)

Und man erinnere sich wie Gott Hiob schliesslich in unerwarteter Wendung «aus dem Wetter» antwortet, indem nun er, Gott, seinerseits Hiob befragt:

«Wo warst du, als ich die Erde gegründet habe? […] Wer hat ihre Masse bestimmt? Weisst du es? Und wer hat die Messschnur über sie gespannt? Wo sind ihre Pfeiler eingesenkt, und wer hat ihren Eckstein gelegt […]? Und wer hat das Meer mit Toren verschlossen, als es hervorbrach aus dem Mutterschoss?» (Hiob 38,4–8; vgl. auch die folgenden Fragen in Kap. 38f.)

Am Ende des Hiobbuches setzt Gott Hiob ins Recht. Gerade im Blick auf sein Streiten mit Gott hat Hiob recht von Gott geredet (Hiob 42, 7).

An der Figur des Hiob wird noch einmal exemplarisch deutlich, dass nicht eine systematische Theodizee, sondern das Konfliktgespräch[97] *die Weise ist, in der die Bibel das Böse vor Gott thematisiert – und zwar als Frage, als Klage direkt an Gott. Der primäre theologische Ort der Theodizeefrage ist das Gebet.*

Wer sich theologisch mit der Theodizeefrage beschäftigt, muss darum – wenn man nicht nur die Inhalte, sondern auch die Sprechweisen der Bibel ernst nehmen will – genauer prüfen, wie zu Gott gebetet wird angesichts des Bösen. Die konzentrierte, dichte Bitte sondern erlöse uns von dem Bösen nimmt dabei eine zentrale Stellung ein. Wir möchten darum im Folgenden einen theologisch angemessenen Umgang mit der Theodizeefrage anhand dieser Bitte des Unservater-Gebets suchen:

Die Art und Weise wie die Frage des Bösen in der Bitte behandelt wird, ist durchaus typisch für das biblische Reden vom Bösen insgesamt: Es erklärt nicht, woher das Böse kommt und inwiefern Gott dafür zu belangen sei. Indem in der letzten Bitte gebetet wird sondern erlöse uns von dem Bösen, werden jedoch zwei charakteristische Züge des biblischen Gottesbildes unausgesprochen vorausgesetzt:

1. Gott ist Herr über das Böse, er hat die Macht, er *kann* uns davon erlösen.
2. Als unser Vater meint es Gott gut mit uns und *will* uns auch davon erlösen.

Diese beiden Züge werden schon im ersten Gebot des Dekalogs greifbar, das hier kurz in Erinnerung gerufen werden soll.

b Das erste Gebot

«Ich bin der HERR, dein Gott, der dich herausgeführt hat aus dem Land Ägypten, aus einem Sklavenhaus. Du sollst keine anderen Götter haben neben mir.»

Exodus 20,2f.

Der biblische Gottesglaube richtet sich nicht auf irgendwelche unbestimmten Götter. Wir werden im ersten Gebot aufgefordert, unser Herz an einen ganz bestimmten Gott zu hängen: an den Gott nämlich, der sich einen Namen gemacht hat (er heisst JHWH, HERR), indem er das Volk Israel aus der Sklaverei im Land Ägypten befreit und herausgeführt hat. Er hat es erlöst. Es ist uns geboten, unser Vertrauen allein auf *den* Gott zu richten, der sich im ersten und zentralsten aller Gebote als der *Erlösergott* vorstellig macht. Der Hinweis auf den Exodus Israels erfolgt nicht zufällig, er gehört wesentlich zur Selbstpräsentation Gottes. Damit wird deutlich: dieser Gott kann und will gar nicht anders Gott sein, als dass er aus dem Elend erlösen kann und will.

Für den *Genfer Katechismus* von Johannes Calvin wird die im ersten Gebot erwähnte Erlösungstat Gottes an Israel wegweisend für die spätere universale Erlösung aller Menschen; der Gott des Exodus ist der Gott, der im Kreuz Jesu Christi die Welt mit sich versöhnt hat.

Z

«*Frage 138:* Bezieht sich aber das, was im Anschluss daran (d. h. an Gottes Selbstvorstellung als Herr) von der Befreiung gesagt wird und vom Brechen des Jochs der ägyptischen Knechtschaft, nicht auf das Volk Israel und nur darauf?

Antwort: Im wörtlichen Sinne wohl. Es gibt aber eine andere Art von Erlösung, die sich auf alle Menschen ohne Unterschied erstreckt. Er hat uns alle nämlich aus der geistlichen Knechtschaft der Sünde und der Tyrannei des Teufels befreit.»

Johannes Calvin[98]

Wer das Unservater betet, steht auf dem Boden des ersten Gebots. Wer auf diesem Boden steht, ist schon verwickelt in die Erlösungsgeschichte Israels und ihre universale Vertiefung in der Erlösungsgeschichte Jesu Christi – so wie das Calvin andeutet. Indem Gott am Kreuz Jesu Christi die Welt mit sich versöhnt hat, hat er sie bereits erlöst. Da sind sich die neutestamentlichen Schriften einig: Der Gott, von dem im ersten Gebot die Rede ist, konnte und wollte das so. Diese Erlösung muss sich zwar noch immer durchsetzen in der Welt, doch sie ist bereits geschehen.

Natürlich bleiben Fragen, was den von der Bibel erzählten Umgang Gottes mit dem Bösen angeht (sie betreffen schon die Exodusgeschichte, etwa da, wo sie von der Verstockung des Pharao berichtet, vgl. Ex 7ff.). Dennoch stellt sich in der von Calvin angedeuteten Glaubensperspektive die alte spekulative Frage, woher das Böse kommt und ob Gott davon überhaupt erlösen könnte und wollte, eigentlich gar nicht. Wer bittet erlöse uns von dem Bösen, steht schon auf dem Boden der bereits angebrochenen Erlösung und geht nicht dahinter zurück. Dieser Boden ist kein neutrales Terrain. Es ist vielmehr der «Glaubensboden» der Hoffnung und Verheissung, dass sich Gottes Erlösung ganz durchsetzt, sein Reich kommen, sein Wille auch auf Erden geschehen wird.

Im Licht der Erlösungsgeschichte Jesu Christi verschärft sich der Kontrast zum erfahrenen Bösen jedoch umso mehr und umso schmerzlicher. Gerade *weil* Gott unser Erlöser geworden ist, weil er erlösen kann und will, muss der Kontrast zum erfahrenen Bösen in der letzten Unservater-Bitte aufbrechen. Es wird nun dringlich: Gott möge es endlich tun, wenn er doch kann und will!

Es entsteht hier eine Spannung. Analysiert man sie allein mit Vernunftgründen, so kann sie nur zu Spekulationen über Gottes Nichtkönnen und Nichtwollen und zum Zusammenbruch jeder Theodizee Gottes führen. Im Unservater-Gebet hingegen wird diese Spannung weder gelöst noch abgebaut – eher noch gesteigert. Sie verleiht der Erlösungsbitte den Charakter eines existenziellen Schreis[99] zu Gott. Hier wird nicht über Gottes Können und Wollen angesichts des Bösen sinniert, sondern von Gott Erlösung vom Bösen *erfleht* – weil uns zugesagt ist, dass er erlösen kann und will. Die Erlösungsbitte kommt an diesem Punkt der Gebetsform der Klage nahe. Die Bitte um Erlösung vom Bösen gleicht insofern gerade keiner frommen Verdrängung der Erfahrung des Bösen, sondern schärft ihre Wahrnehmung. *Die Erlösungsbitte ist die gebetsförmige Artikulation der Theodizeefrage.*

3. Auslegung der Erlösungsbitte

In den vorangehenden Abschnitten kam jeweils die Erlösungsbitte als Ganzes in den Blick. Im Folgenden sollen nun die einzelnen Elemente der Bitte und ihre Bedeutung genauer untersucht werden. Vier Fragen sind zu beantworten: 1. Was ist mit «dem Bösen» gemeint? 2. Was bedeutet Erlösung? 3. Wer ist mit «uns» gemeint? 4. Wer kann so beten?

3.1 Was ist mit «dem Bösen» gemeint?

Zunächst muss geklärt werden, ob es sich hier um *den* Bösen oder *das* Böse handelt. Das altgriechische Wort, das das Matthäusevangelium in der Erlösungsbitte braucht, lässt in der verwendeten Genitivform (*tou ponerou*) beide Übersetzungen zu. Es fragt sich darum, ob es sich um eine personale, maskuline oder eine apersonale, neutrale Formulierung handelt.

Die ältere reformierte Tradition hat meistens für die erste Variante plädiert und unter dem Bösen den Teufel verstanden. So schreibt etwa Calvin 1545 in seiner Auslegung des Unservater: «Ständig bedroht uns der Teufel, umschleicht uns wie ein brüllender Löwe und sucht, wen er verschlingen könne».[100] Heute ist die Vorstellung der Existenz eines Teufels für viele nicht mehr nachvollziehbar. Der Teufel steckt bestenfalls noch im Detail oder er dient als Sujet des Verführerischen in der Werbung und an Fasnachtsumzügen. Und doch scheint uns die Vorstellung personaler böser Mächte nicht ganz loszulassen. Man denke beispielsweise an die mythischen Gestalten des Bösen im Epos und Film «The Lord of the Rings».

Und die Theologie? Die moderne protestantische Theologie hat sich grösstenteils von der Vorstellung des Teufels verabschiedet. Beispielhaft für diesen Abschied ist die Position des Theologen Friedrich Schleiermacher (1768–1834). Er schreibt:

Z

«Die Vorstellung vom Teufel, wie sie sich unter uns ausgebildet hat, ist so haltungslos, dass man eine Überzeugung von ihrer Wahrheit niemandem zumuten kann.» *Friedrich Daniel Ernst Schleiermacher*[101]

Schleiermachers Auffassung fand unter den akademischen Theologen im 19. Jahrhundert breite Zustimmung. Erst die schrecklichen Ereignisse im Ersten und dann vor allem im Zweiten Weltkrieg provozierten im 20. Jahrhundert ein neues Nachdenken über das Dämonische und legten die Sprachnot der Theologie im Blick auf das Böse in seinen radikalsten Zügen offen. Wie sollte die Theologie den Horror, die grauenerregenden Abgründe des Bösen, die ganz banale, den Einzelnen in seiner Verantwortung übersteigende Maschinerie des Tötens, die machtvollen, sadistischen Säuberungsphantasien zur Sprache bringen und aufarbeiten?

Der Theologe Karl Barth (1886–1968) hat um Worte dafür gerungen und vorgeschlagen, angesichts dieser humanen Katastrophe vom «Nichtigen» zu sprechen.[102] Er hat mit diesem seltsamen, undurchsichtigen Wort die Unfassbarkeit des Bösen (im weiten Sinne) markiert. Wird das Böse als das «Nichtige» bezeichnet, so klingen damit zwei Elemente an: Es ist das Nichtswürdige und zugleich das Vernichtende. Barth hat mit seiner Lehre vom Nichtigen wesentliche Züge der alten Lehre vom Teufel aufgenommen. Aber auch er geht nicht mehr davon aus, dass es sich beim «Nichtigen» um ein mythisches, personales Wesen handelt. Es bleibt freilich die Frage, ob man das überhaupt tun muss, ob nicht auch eine apersonale, neutrale Deutung des Bösen in der Erlösungsbitte möglich ist.

Die Bitte sondern erlöse uns von dem Bösen findet sich in der Bibel nur im Matthäusevangelium (Mt 6,13). Die heutigen Ausleger gehen meist davon aus, dass sich nicht definitiv klären lasse, ob Matthäus von einem personifizierten Bösen ausgegangen sei oder nicht.[103] Entscheidend ist also weniger, ob es um den oder das Böse geht, wichtig ist vielmehr, was darunter zu verstehen ist: Bereits bei Matthäus wird deutlich, dass es dabei um das Böse in einem weiten Sinne geht, das auch die Übel in sich begreift. Es geht also nicht nur um das böse Tun des Menschen, sondern auch um sein Elend, sein Leiden in Gestalt von Krankheit, Gebrechen, Drangsal, Armut, Einsamkeit, Verwahrlosung, Katastrophen, usw.[104] Genau für diese Seite des Bösen stand früher übrigens auch die mythische Gestalt des Teufels: Selbst ein gefallenes Geschöpf, symbolisierte er ein destruktives, bedrohliches Moment in der Schöpfung, das nicht nur unseren Körper, sondern auch unsere Mit- und Umwelt, unsere ganze Ökologie lebensgefährlich durcheinanderbringt (das französische Wort *diable* und das lateinische *diabolus* stammen vom griechischen *diaballo*: durcheinanderwerfen). Hier sind zwei lebenspraktische Überlegungen anzuschliessen:

1. Eine weitere Eigenschaft des Bösen, um dessen Erlösung gebetet wird, lässt sich ebenfalls an der mythischen Gestalt des Teufels aufzeigen: Der Teufel war nicht nur der grosse Versucher, der dem Menschen buchstäblich auf den Leib rückte und ihn in seinen dunklen Bann zog. Er war auch der grosse Lügner und Meister der Tarnung und Täuschung, indem er die Menschen so verblendete, dass sie ihn nicht erkennen konnten. Sein böses Tun bestand demnach gerade darin, die Menschen gut und böse verwechseln zu lassen. *Die Bitte um Erlösung vom Bösen ist darum auch die Bitte um rechte Erkenntnis des Bösen.* Diese Erkenntnis ist nur möglich, wenn wir unser ganzes Herz an Gott, den Erlöser, hängen und uns immer wieder als Teil der Erlösungsgeschichte Jesu Christi begreifen. Erst von *diesem* Gott her lässt sich das Böse erkennen. Erst wo es uns durch den Geist Gottes gegeben wird, im Kreuz Jesu Christi unsere *Erlösung* vom Bösen zu sehen, ist es uns auch möglich, recht zu erkennen, wovon wir eigentlich erlöst sind und noch und noch erlöst werden müssen. Von diesem inneren Glaubensblick auf den Gekreuzigten her mag es dann auch zu Relativierungen unseres bisherigen Gut-böse-Schemas kommen und es könnte sich zeigen: Nicht alles, was uns böse erscheint, ist es wirklich, und nicht alles, was uns gut erscheint, ist es auch. So mögen uns Leiden, Krankheit und Sterben vielleicht zunächst als böse erscheinen. Denn sie zerstören die Illusion ewiger Jugend und körperlicher Schönheit und Dynamik, die uns durch alle Werbetechniken als letzte und oberste Werte des Lebens suggeriert werden. Vielleicht erschliesst sich durch den Blick auf den Gekreuzigten aber auch eine andere Sicht auf Leiden, Krankheit und Sterben. Vielleicht erschliesst sich darin leise, doch eindringlich eine ganz neue, intensive Nähe Gottes, die man sonst nicht hätte erfahren dürfen. Das Kreuz Jesu Christi darf nicht zur Glorifizierung des Leidens missbraucht werden. Aber das andere darf man auch nicht übersehen: dass die Verteufelung von Schmerzen, Krankheit und Sterben selber eine Manifestationsgestalt des Bösen sein kann. Es muss auf jeden Fall unterstrichen werden, dass Leiden theologisch gesehen nicht als

Teufelswerk oder Strafe Gottes, sondern als Ausdruck eines besonderen Weges der Heiligung, den Gott mit uns geht, zu verstehen sind.

2. Die alte mythische Gestalt des Teufels lehrt noch ein weiteres: Das Böse tarnt sich nicht nur als das Gute, es verfügt auch über eine heimliche Faszinationskraft, die es subtil für seine banalen und entsetzlichen Perversionen einzusetzen vermag, durch die es uns unbemerkt in seinen Bann schlägt und uns widerstandslos macht. Noch einmal erweist sich hier die Zentralität des ersten Gebots: Man darf das Böse nicht zum Gott machen, sich nicht von ihm faszinieren, hypnotisieren oder einschüchtern lassen. *Man soll nicht an den Teufel glauben, nur an den Gott, der uns vom Bösen erlöst.* Der wahre und eigentliche Exorzismus besteht gerade darin, nicht an den Teufel zu glauben.[105] Damit ist nicht behauptet, man solle vor dem Bösen die Augen verschliessen. Doch Barth hat es treffend formuliert: «ein *kurzer, scharfer* Blick»[106] genügt – er genügt, um dem Bösen Widerstand zu leisten und handlungsfähig zu werden und zu bleiben, da, wo es auch wirklich geboten ist.

3.2 Was bedeutet Erlösung?

Viele Ausleger gehen davon aus, dass es sich bei der Bitte und führe uns nicht in Versuchung nicht um eine endzeitliche Drangsal, um eine kosmische Katastrophe handelt wie sie in der Apokalyptik angenommen wurde.[107] Entsprechend ist nun auch bei der eng damit verbundenen Bitte um Erlösung keine kurz bevorstehende endzeitliche Erlösung kosmischen Ausmasses gemeint. Es geht schon bei Matthäus um eine Erlösung, die unsere Alltagserfahrung hier und jetzt betrifft und die bereits in der Person Jesu und seiner Lebensgeschichte aufleuchtet: da, wo er Kranke heilt, Dämonen austreibt, Gemeinschaft mit den Ausgeschlossenen hält, Menschen zurück ins Leben ruft, Schuld vergibt, die Hungernden nährt. Der Vielgestalt des Bösen entspricht die Ganzheit, in der hier die Erlösung verstanden werden muss: Sie zielt auf ein umfassendes Wohlergehen des Menschen, um sein Heilsein in seiner Beziehung zu Gott, Mitmensch und Umwelt sowie zu sich selbst. Es gibt wenige Worte in der Bibel, die das hier Gemeinte so gut in sich begreifen wie die hebräische Bezeichnung *schalom* (meist übersetzt mit Frieden, dabei ist aber auch mitgemeint: Unversehrtheit, Heil, Befreiung von jedem – auch politischen – Unheil und Unglück, Gesundheit, Wohlfahrt, Sicherheit und Ruhe; vgl. z. B. Spr 3,2). Geht es um den *schalom* des Menschen, so wird der Mensch immer als integraler Teil der ganzen Schöpfung verstanden. Es wäre darum zu überlegen, ob die Erlösungsbitte als nicht nur auf den Menschen, sondern die ganze Schöpfung bezogen verstanden werden muss. Deutlich ist auf jeden Fall, dass es sich nicht um eine endzeitliche Erlösung *aus* der Schöpfung, sondern um eine Erlösung *innerhalb* und *mitsamt* der Schöpfung handelt.

3.3 Wer ist mit «uns» gemeint?

Versuchen wir die Frage zunächst mit Blick auf das Matthäusevangelium zu klären. Hier ist sicher als Erstes an die Jünger Jesu zu denken, die Jesus beten lehrt. Zu denken ist aber auch an alle Hörerinnen und Hörer der Bergpredigt (vgl. Mt 5,1).

Beten wir heute erlöse uns von dem Bösen, so ist damit zuerst die betende Gemeinde selbst gemeint. Doch egal welcher konfessionellen Ausprägung sie ist, kommt diese Gemeinde nicht umhin, sich immer als Teil der universalen Kirche Jesu Christi zu betrachten und so – auch wenn das nicht jedes Mal bewusst mitbedacht wird – ebenso für alle Mitchristinnen und Mitchristen in der Welt zu beten. Das Unservater ist nicht nur ein ökumenisches Gebet, weil es alle Christinnen und Christen beten, sondern auch weil in ihm implizit für die gesamte Christenheit gebetet wird.

Wir betonen es noch einmal: Wer betet erlöse uns von dem Bösen ist bereits Teil der Erlösungsgeschichte Jesu Christi. Der christliche Glaube rührt von der Besiegung aller Mächte des Bösen im Kreuz Jesu Christi her (1Kor 15,57; vgl. Röm 8,31–39). Die Erlösungstat Gottes in Jesus Christus bereitet zuallererst den Boden, auf dem stehend gebetet werden kann erlöse uns von dem Bösen. Nur weil sich Gott in Jesus Christus als Erlöser offenbart hat, können wir so beten.

Die Erlösungstat Gottes im Kreuz Jesu Christi gilt aber nicht nur denen, die glauben, sondern allen Menschen: Sie ist universal. Gott hat in Jesus Christus die ganze Welt mit sich versöhnt (2Kor 5,19). Zwar mag sich das «uns» in der Erlösungsbitte zunächst nur auf die Christinnen und Christen beziehen. Wenn aber wirklich der Vater Jesu Christi der Erlöser vom Bösen ist, dann ist es gar nicht anders möglich, als dass dieses «uns» ausgeweitet wird und letztlich alle Religionen und die ganze Menschheit in sich begreift.

Man kann nicht zu einem menschenfreundlichen Gott beten, ohne menschenfreundlich zu beten.

Wir haben uns oben gegen eine endzeitliche Deutung der Erlösungsbitte ausgesprochen. Damit ist aber nicht behauptet, dass die in ihr zur Sprache gebrachte Erlösung nicht auch für die Lehre von den letzten Dingen, die sogenannte *Eschatologie*, von Bedeutung wäre. Es ist nicht möglich, diesem Zusammenhang hier gründlicher nachzugehen. Soviel sei aber doch festgehalten: Die Universalität der Erlösungstat Jesu Christi darf theologisch nicht zur Annahme einer billigen, undifferenzierten endzeitlichen Allerlösung führen, in der alles Leiden und alle Ungerechtigkeiten, die erfahren wurden, unbesehen abgetan werden. Die Glaubensaussage, dass am Ende *alle* Menschen erlöst werden, darf nicht im Sinne eines Gnadenautomatismus gedeutet werden, sonst übergeht sie den Ernst der weltlichen Leiden und Ungerechtigkeiten – und nimmt in dieser Hinsicht auch die Theodizeefrage nicht ernst. Es gibt keine Allerlösung ohne *Gericht* – und das heisst: ohne ein durchaus schmerzliches, erleuchtendes Schaffen von Klarheit und Gerechtigkeit vor Gott. Auch unserer Theodizeefrage und unseren Klagen wird dort der nötige Raum gegeben. Denn der Richter in diesem Gericht wird der an unserer Stelle gerichtete Jesus Christus sein, der Erlöser von allem Bösen, der uns – alle – erlöst hat und erlösen wird. Dass im Weltenlauf die Güte und Gerechtigkeit Gottes oft nicht erkennbar sind, schliesst das Glaubenspostulat einer ultimativen Barmherzigkeit und Gerechtigkeit dieses Richters nicht aus. Schon Hiob hielt – gegen alles, was dagegen spricht – fest: «Ich weiss, dass mein Erlöser lebt» (Hiob 19,25).

3.4 Wer kann so beten?

Die Frage, wem die Erlösungsbitte gilt, ist nicht identisch mit der Frage, wer die Bitte ausspricht. Im Folgenden geht es um die letztere Frage. Wer kann beten erlöse uns von dem Bösen? Es geht uns hier nicht um die Bestimmung einer Gruppe von Menschen, sondern um ihre Charakterisierung als Betende: Wer ist man, wenn man so betet? Woher kommt der fast gebieterische Ton der Betenden in den drei letzten Bitten des Unservater: gib uns heute, vergib uns, führe uns nicht – und nun eben: erlöse uns. Woher stammt die Kühnheit, so zu Gott zu beten? Wer sind wir, das tun zu dürfen?[108]

In den ersten drei Bitten des Unservater wird Gott als unser Vater angerufen. Der so angerufene Gott ist kein anderer als derjenige, der uns in Jesus Christus befreit und erlöst hat. Es ist der Vater Jesu Christi, es ist unser Erlöser, dessen Name geheiligt, dessen Reich kommen und dessen Wille geschehen soll – auch und gerade während des Betens des Unservater selbst. Wo es dann tatsächlich geschieht, dass dieser Vater in seinem Geist zu uns kommt und präsent wird, da scheint ein Stück Befreiung, Versöhnung, Erlösung auf. Aufgrund seiner Präsenz erlangen die Betenden die Freiheit der Kinder Gottes; sie werden dazu ermächtigt, Kollaborateurinnen und Kollaborateure Gottes zu werden. Es ist nicht Kühnheit, sondern es entspricht schlicht der Freiheit der Kinder Gottes, ihren Vater um das Lebensnotwendige zu bitten!

Wer betet erlöse uns, steht darum schon in der Nachfolge Jesu. Es ist das Flehen der im Gebet Geheiligten, es ist der Schrei der von Gott Ermächtigten, die das Böse erst als solche auch in seiner ganzen Abgründigkeit recht erkennen und die deswegen umso sehnsüchtiger um Erlösung bitten. So inständig bitten kann man nur, wenn man schon im Kraftfeld der Erlösung steht, wo man nicht mehr ohne sie leben kann und will. Hier sind alle Lebenslügen entlarvt, die Verletzlichkeit total, der Schmerz zugelassen, hier geht es ums Ganze der Existenz, hier geht es um die Nachfolge Jesu. Nicht von ungefähr mündet darum dieser urtümliche Schrei, diese letzte aller menschlichen Unservater-Bitten, später auch in die Verherrlichung Gottes: Denn Dein ist das Reich und die Kraft und die Herrlichkeit in Ewigkeit, Amen.

---

e

Der sich hier abzeichnende eigentümliche Übergang von der schreienden Bitte um Erlösung zum Lobpreis Gottes, erinnert an die Psalmen. Auch in ihnen lässt sich dieser Übergang, dieser sogenannte Stimmungsumschwung von der Klage zum Lob und zum Dank Gottes oft beobachten. Man denke etwa an den Psalm 22, in dem der Beter in Vers 2 klagt:

«Mein Gott, mein Gott, warum hast du mich verlassen, bist fern meiner Rettung, den Worten meiner Klage?»

In Vers 20f. spricht er seine Erlösungsbitte dann explizit und mit Nachdruck aus:

«Du aber, HERR, sei nicht fern, meine Stärke, eile mir zu Hilfe. Errette vor dem Schwert mein Leben, aus der Gewalt der Hunde meine verlassene Seele. Hilf mir vor dem Rachen des Löwen, vor den Hörnern der Wildstiere.»

Um dann in Vers 22f (und den folgenden Versen) aufgrund seiner Erhörung auf einmal Gott zu loben:

«Du hast mich erhört. Ich will deinen Namen meinen Brüdern verkünden, in der Versammlung will ich dich loben.»

Ähnliche Stimmungsumschwünge finden sich zum Beispiel in Psalm 6 oder Psalm 13.

Die Theodizeefrage, die grosse Frage nach der *Güte und (All-)Macht* oder nach der *Güte und Gerechtigkeit Gottes* angesichts des Bösen in der Welt, konnte auch in diesem Kapitel nicht gelöst werden. Doch das war auch nicht die Absicht. Gerade nicht um ihre Lösung oder Beantwortung war es uns hier zu tun, sondern darum, einen theologischen Umgang mit ihr zu finden, in dem sie nicht unterdrückt, sondern ernst genommen wird. Anhand der Bitte erlöse uns von dem Bösen wurde deutlich, dass die Theodizeefrage im Gebet eine ausgezeichnete Artikulationsgestalt findet, in der sie ohne moralische Hemmungen ausgesprochen und leidenschaftlich benannt werden kann und in der sich gerade so auch die Möglichkeit einstellen kann, dass sie über sich selbst hinausführt in den Lobpreis Gottes. Die Erlösungsbitte bietet so eine Art Dach, unter dem sich all das, was uns im Alltag sticht, schmerzlich bedrängt und sich unerträglich anstaut, sammeln kann und Raum bekommt.

In der reformierten Tradition fand die Theodizee(frage) ihren Ort meistens in der Lehre von Gottes Vorsehung. Wir haben die Theodizeefrage hier im Gebet verortet, um ihre spirituelle Dimension noch deutlicher herausstreichen zu können.

Was geschieht eigentlich im Gebet?

Denn dein ist das Reich und die Kraft und die Herrlichkeit in Ewigkeit

Was geschieht eigentlich im Gebet?

Denn dein ist das Reich und die Kraft und die Herrlichkeit in Ewigkeit

1. Einführung

Das Unservater klingt aus wie ein Musikstück in einem grossen Finale, in dem seine verschiedenen Themen noch einmal aufgenommen und zusammengeführt werden in einem das ganze Gebet beschliessenden Lobpreis Gottes. Es werden sich deshalb in diesem Kapitel verschiedene Hinweise auf vorangehende Kapitel dieses Buches, aber auch ganz schlicht einige Wiederholungen finden.

Der das Unservater beschliessende Lobpreis ist ein späterer Zusatz zur ursprünglichen biblischen Überlieferung des Gebets, das Jesus seine Jünger beten gelehrt hat: keine zusätzliche Bitte, sondern eine Art Schlussformel, gleichsam ein «Adieu» der Betenden, bevor sie Amen sagen. Eine Formel, die bereits die ersten Christen im frühen zweiten Jahrhundert gekannt haben, wie wir annehmen können aufgrund einer Schrift (Didache), die noch bis ins vierte Jahrhundert zu den kanonischen Schriften des Neuen Testamentes gehörte, bevor sie vom Kirchenvater Eusebius für «unecht» erklärt worden war. Weil diese Formel sich im liturgischen Gebrauch des Unservater in den Gemeinden in gewisser Weise bereits fest eingebürgert hatte, wurde sie später dann in einigen Ab- und Handschriften des Matthäusevangeliums dem Unservater auch wie selbstverständlich angefügt. Die Übersetzung der Neuen Zürcher Bibel weist mit einer kleinen Fussnote nach der letzten Bitte (Mt 6,13) darauf hin. Das Gebet, das Jesus uns beten gelehrt hat, hört ja in der matthäischen Fassung einfach auf mit der Bitte um Erlösung von dem Bösen, bzw. bei Lukas mit der nicht minder unheimlichen Bitte: Führe uns nicht in Versuchung. Es will uns aber ganz gewiss nicht dahin führen, dass wir uns in Aporien und Fragen verlieren, wie sie in den vorangegangenen Kapiteln erörtert wurden. Vielmehr will es uns lehren, uns in der ganzen Widersprüchlichkeit unseres Daseins dem Gott anzuvertrauen, dem wir unser Leben verdanken. Es drängt geradezu dahin, in Lob und Dank zu münden und die Tonart wieder aufzunehmen, die in den ersten drei Bitten bereits angeklungen ist: in der Heiligung des Gottesnamens, in der Sehnsucht nach seinem Reich und in der Zustimmung zu seinem Willen, zu seiner Ehre und unserem Heil – in einem hymnischen Schlussakkord.

Wir wollen uns aber nicht länger mit der Frage aufhalten, ob dieses dreifache Gotteslob nun historisch zu Recht zum Unservater gehöre. Vielmehr wollen wir darüber nachdenken, was die Worte beinhalten und warum die betende Gemeinde sie seit alters für unverzichtbar hielt. So finden wir möglicherweise die Antwort, vielleicht auch mehrere Antworten auf die Frage, die uns in diesem Kapitel beschäftigen soll: *Was geschieht eigentlich im Gebet?*

Was am Schluss gesagt oder geschrieben wird, in einer Rede oder einem Brief, ist nicht selten von entscheidender Bedeutung. Wenn ein amerikanischer Präsident eine Ansprache hält, beendet er sie mit den Worten: *God bless America!* In einem Brief macht die Schlusswendung die Art der Beziehung des Schreibenden zu seinem Adressaten deutlich. Es ist ein wesentlicher Unterschied, ob es da heisst: in Liebe, Dein Fritz, oder: hochachtungsvoll, Ihr Soundso. Wer Kinder hat, weiss auch, dass es sich lohnt, gut hinzuhören, was sie am Schluss noch sagen, im letzten Moment, bevor sie zur Tür hinausstürmen. Oft bringt man in einem Gespräch ja das Wichtigste selber auch erst zur Sprache, bevor man wieder auseinander geht. Und wo Menschen für immer auseinander gehen, wenn jemand aus dieser Welt und aus diesem Leben scheiden muss, bewahren die Zurückbleibenden dessen letzte Worte oft wie ein Vermächtnis in Ohr und Herz. In den letzten Worten scheint auf, worum es zuvor ging – was eigentlich in einer Ansprache, einem Brief, einer Beziehung, einem Leben oder eben auch im Gebet das Entscheidende war.

2. Die Göttlichkeit Gottes

Über das Reich, das Himmelreich, das Reich Gottes haben wir im Abschnitt zur zweiten Unservater-Bitte bereits nachgedacht. Dem ist an dieser Stelle nichts zuzufügen. Hervorzuheben ist lediglich noch einmal die Betonung des «dein», im Unterschied zu unseren Reichen, in denen es immer Herrschaft von Menschen über Menschen gibt – in seinem Reich hingegen, wo Gott allein der Herr ist, sind alle Menschen Schwestern und Brüder, Söhne und Töchter des einen Vaters, Geschöpfe nach dem Ebenbilde ihres Schöpfers und Erben des ewigen Lebens, alle zur Freiheit berufen, wie Paulus schreibt im Brief an die Galater, oder, um dessen eigene Worte zu gebrauchen: «Da ist weder Jude noch Grieche, da ist weder Sklave noch Freier, da ist nicht Mann und Frau. Denn ihr seid alle eins in Christus Jesus.» (Gal 3,28) – und dies nicht erst irgendwann einmal, jenseits unserer Welt und Wirklichkeit, sondern hier und jetzt schon in diesem Leben.

Was mit Kraft gemeint ist, scheint im griechischen Wort *dynamis* vielleicht heller auf als in seiner deutschen oder französischen Übersetzung. Gottes Kraft hat nichts mit Muskeln zu tun und einschüchternder Überlegenheit. Gemeint ist auch nicht pure Energie, die sich in Materie verdichtet. Gottes Kraft ist seine Schöpferkraft, aus der heraus er Himmel und Erde geschaffen hat, seine Geistkraft, sein Atem, «den er Adam in die Nase blies» (Gen 2,7) und der seinen Geschöpfen Leben verleiht. Es ist die Kraft der Liebe, denn alles was lebt, lebt weil Gott es will, lebt kraft seiner Liebe. Das ist die Antwort des Glaubens auf die Frage, warum überhaupt etwas ist und nicht vielmehr nichts. Liebe ist ein anderes Wort für diese Kraft, die lebendig macht. Eine Kraft, die stärker ist selbst als der Tod.

Und was sollen wir uns vorstellen unter der Herrlichkeit Gottes? Das hebräische Wort dafür ist *kavod haschem*, wörtlich übersetzt: das Gewicht seines Namens. Oft ist davon die Rede in biblischen Texten und viele Menschen sagen, wenn man sie nach ihrem Glauben fragt, dass sie durchaus darauf vertrauen, dass es etwas «über uns» gäbe, eine «höhere Macht», obwohl sie selber keiner Kirche mehr angehören würden oder wollten und diese Macht nicht beim Namen nennen könnten. Solches Vertrauen mag zwar kein Gottvertrauen im christlichen Sinn sein, aber es ist das zutiefst menschliche Empfinden unseres Angewiesenseins, unserer schlechthinnigen Abhängigkeit und das ganz kreatürliche Bedürfnis, sich zu bergen in einer Beziehung, die Schutz zu geben vermag in den Zu- und Wechselfällen des Lebens. Es entspringt dem Wunsch, nicht einfach einem blinden Schicksal ausgeliefert, sondern aufgehoben zu sein in einem Sinnzusammenhang, der gegeben ist, auch wenn wir ihn nicht kennen.

Dieses Empfinden teilen die Menschen aller Kulturen. Im Judentum und im Christentum entzieht sich zwar, im Unterschied zu anderen Religionen, diese «höhere» Macht menschlicher Anschauung oder Beschreibung, offenbart sich jedoch immer wieder selber, allerdings oft in paradoxer Weise. *Doxa* ist das griechische Wort für Gottes Herrlichkeit. Lateinisch heisst Herrlichkeit *gloria*, was wir möglicherweise unmittelbarer verstehen. Gloria singen die Engel, *gloria in excelsis deo*, Ehre sei Gott in der Höhe! Herrlichkeit meint eben das unsere Wirklichkeit Transzendierende dessen, der höher ist als alle Vernunft und jegliches menschliche Vorstellungsvermögen. Propheten, denen Gott sich offenbart hat, malen uns grossartige und gleichzeitig befremdliche Bilder von dieser Herrlichkeit Gottes vor Augen. Johannes von Patmos beispielsweise im letzten Buch der Bibel. Oder Ezechiel im ersten Kapitel des nach ihm benannten Prophetenbuches. Er sieht den Thronsaal Gottes in beeindruckender Pracht und himmlische Wesen aller Art, die dem, der auf dem Throne sitzt, Ehre erweisen. Was jedoch die Gestalt auf dem Throne betrifft, so sieht er nur Feuer und Glanz (Gloria!) und er fällt auf sein Angesicht nieder und dann hört er. Er sieht und sieht nicht, aber er hört. Genau wie Mose, dem Gott sich am Sinai offenbart hat (Ex 33,17–23 und Dtn 4,11–12). Was Mose sieht und was Israel zu sehen bekommt von der Herrlichkeit Gottes, ist eine Stimme (Dtn 4,11). Im Wort offenbart sich Gott. Und in dem, in welchem sein Wort Gestalt angenommen hat und Mensch geworden ist. In den Abschiedsreden Jesu sagt einer der Jünger, Philippus, zu Jesus: «Herr, zeige uns den Vater, und es ist uns genug.» Er hält Jesus für eine Art Mittlergestalt, die uns Menschen das Tor öffnet zur himmlischen Herrlichkeit. Jesus antwortet ihm: «Ich und der Vater sind eins. Wer mich sieht, sieht den Vater.» (Joh 14,1–14) Das bedeutet für uns: Gott zeigt sich in seiner ganzen Herrlichkeit in demjenigen, der am Kreuz stirbt und sein Leben hingibt für uns. Das ist mit Gewissheit ein anderer Gott als jene unbestimmte «höhere» Macht, der wir uns als religiöse Menschen anheimstellen. Einer, der nicht über uns, sondern unter uns sein will, wie es am Schluss des letzten Buches der Bibel, in Offenbarung heisst: «Siehe, die Wohnung Gottes bei den Menschen. Er wird bei ihnen wohnen, und sie werden seine Völker sein, und Gott selbst wird mit ihnen sein, ihr Gott. *Und abwischen wird er jede Träne von ihren Augen,* und der Tod wird nicht mehr sein, und kein Leid und kein Geschrei und keine Mühsal wird mehr sein; denn was zuerst war, ist vergangen.» (Offb 21,3f.)

3. Lobpreis

Die Schlussformel des Unservater-Gebets hat einen hymnischen Klang, wie wir ihn kennen aus den Psalmen, die Gott loben. Sie öffnet den weiten Horizont der Verheissung, in den uns die Schrift hineinstellt. Es ist eine Verheissung, die weit über unser irdisches Dasein hinausgeht. Sie lässt uns den Mund sehr voll nehmen und gleichzeitig auch zumachen. Ein paar biblische Texte mögen als Resonanzkörper für die Schlussformel des Unservater die verschiedenen Saiten dieses finalen Lobpreises zum Klingen bringen.

---

b

«Im Todesjahr des Königs Ussijahu sah ich den Herrn auf einem Throne sitzen, hoch und erhaben, und der Saum seines Gewandes füllte den Tempel. Über ihm standen Serafim; sechs Flügel hatte ein jeder, mit zweien hielt ein jeder sein Angesicht bedeckt, mit zweien hielt ein jeder seine Füsse bedeckt und mit zweien hielt ein jeder sich in der Luft. Und unablässig rief der eine dem anderen zu und sprach: Heilig, heilig, heilig ist der HERR der Heerscharen. Die Fülle der ganzen Erde ist seine Herrlichkeit.»

Jesaja 6,1–3

«Halleluja.
Lobt, ihr Diener des HERRN, lobt den Namen des HERRN.
Der Name des HERRN sei gepriesen von nun an bis in Ewigkeit.
Vom Aufgang der Sonne bis zu ihrem Niedergang
sei gelobet der Name des HERRN.
Der HERR ist erhaben über alle Nationen
und seine Herrlichkeit über die Himmel.
Wer ist dem HERRN gleich, unserem Gott,

der hoch droben thront,
der tief hinunterschaut auf Himmel und Erde.

Der aus dem Staub den Geringen aufrichtet,
aus dem Kot den Armen erhebt,
um ihn neben Edle zu setzen,
neben die Edlen seines Volkes.

Der der Unfruchtbaren Hausrecht gibt
als fröhliche Mutter von Kindern.
Halleluja.»

Psalm 113

«O Tiefe des Reichtums,
der Weisheit und der Erkenntnis Gottes!
Wie unergründlich sind seine Entscheidungen
und unerforschlich seine Wege!
Denn *wer hat den Sinn des Herrn erkannt,*
oder wer ist sein Ratgeber gewesen?
Wer hat ihm etwas geliehen,
und es müsste ihm von Gott zurückgegeben werden?
Denn aus ihm und durch ihn und auf ihn hin ist alles.
Ihm sei Ehre in Ewigkeit, Amen.»

Römer 11,33–36

4. Was geschieht im Gebet?

Im Lobpreis, mit dem das Unservater ausklingt, wird anschaulich, was Beten ist und was im Gebet geschieht:

- Es ist die schönste Sprachform des Glaubens.
- Es ist ein Reden im Horizont der Verheissung.
- Es ist letztlich das Eingeständnis der eigenen Begrenztheit und die getroste Zustimmung zur eigenen Endlichkeit – eine Einübung darin, sich selber aus der Hand zu geben.

4.1 Die schönste Sprachform des Glaubens

Die Schlussformel des Unservater stellt das Besondere dieses Gebets und des Betens überhaupt heraus: Beten ist wie jede Liebeserklärung die poetische Form des sich Bekennens zu einem anderen, mit dem man sich gänzlich in die Hände des anderen begibt: Denn Dein ist das Reich und die Kraft und die Herrlichkeit, in Ewigkeit. Dein! – das ist die Sprache der Anbetung. Poetische Sprache scheut die Wiederholung nicht, im Gegenteil, sie bedarf ihrer. Man sagt zu einem Menschen, den man liebt, ja auch nicht nur ein für allemal, was und wie viel sie oder er einem bedeutet, sondern man sagt es immer wieder und immer neu – oder, vielleicht, in ritualisierter Form auch immer gleich, einem Kind beispielsweise mit dem Gutenachtkuss vor dem Schlafengehen. Es liegt darin etwas ganz und gar Absichtsloses. Ich will nichts vom andern, ausser ihm nahe sein. Meister Eckhart sagte einmal, wir sollten Gott nicht als Milchkuh betrachten, die immer etwas hergeben muss. Vielmehr sollten wir versuchen, uns herzugeben, ihm hinzugeben. Das wäre wohl die würdigste und auch die schönste Form des Glaubens überhaupt: sich Gott zu überlassen, sich von ihm ergreifen zu lassen und einfach sein zu werden. Zulassen, dass etwas mit uns geschieht, was wir nicht selber machen können, aber auch nicht bloss erleiden müssen, sondern als Befreiung von uns selber aktiv begrüssen. Beten stärkt unsere pathischen Fähigkeiten und unser Bewusstsein, dass wir uns nicht uns selber verdanken.

Die Sprache der Anbetung ist wie die Sprache der Liebe nicht abzulösen von denen, die sich ihrer bedienen. Sie bringen darin ihre Wünsche zum Ausdruck, ihre Ängste, ihre Hoffnungen und Sehnsüchte. Sie nehmen den Mund voll. Sie sagen mehr, als sich an der Wirklichkeit ablesen lässt. Sie verlangen nach einer Wahrheit, die in der Welt nicht einfach evident ist und widersprechen damit der Diktatur des Faktischen: Dein ist das Reich und die Kraft und die Herrlichkeit, in Ewigkeit. Unsere realen Erfahrungen sind ja ganz andere. Wir sind anderen Herrschaften unterworfen, innerlich und äusserlich. Im Gebet aber üben wir uns ein in das Vertrauen, mit welchem auch Jesus sein Leben Gott anheimgestellt hat. Das hat ihn nicht vor dem Leiden bewahrt. Aber es hat ihn selbst in seinem Sterben noch zu einem Zeugen des Lebendigen gemacht, dessen Macht stärker ist als der Tod. Die Schlussformel des Unservater ist ein Lobpreis dessen, «der hoch droben thront, der tief hinunterschaut auf Himmel und Erde! Der aus dem Staub den Geringen aufrichtet, aus dem Kot den Armen erhebt» (Ps 113,5–7). Von solcher Art ist sein Reich und die Kraft und die Herrlichkeit – durchaus nicht nur spirituell, sondern auch ganz irdisch zu verstehen, mitten im «Durcheinandertal», in dem wir leben.

4.2 Reden im Horizont der Verheissung

Die Schlussformel des Unservater zeigt an, in welch anderem Geiste wir aufhören sollen, wenn wir beten: Nicht als Menschen, die die Erfüllung ihrer Wünsche einfordern, sondern als Glaubende, die sich dem anheimzustellen bereit sind, der uns an seiner Herrlichkeit beteiligen will. Wie der Hausherr in Jesu Gleichnis vom grossen Gastmahl, der seine Freunde zum Fest einlädt.

b

«Ein Mensch gab ein grosses Essen und lud viele ein. Und zur Stunde des Mahls sandte er seinen Knecht aus, um den Geladenen zu sagen: Kommt, alles ist schon bereit! Da begannen auf einmal alle, sich zu entschuldigen. Der erste sagte zu ihm: Ich habe einen Acker gekauft und muss unbedingt hingehen, um ihn zu besichtigen. Ich bitte dich, betrachte mich als entschuldigt. Und ein anderer sagte: Ich habe fünf Joch Ochsen gekauft und bin unterwegs, sie zu prüfen. Ich bitte dich, betrachte mich als entschuldigt. Und wieder ein anderer sagte: Ich habe geheiratet und kann deshalb nicht kommen. Und der Knecht kam zurück und berichtete dies seinem Herrn. Da wurde der Hausherr zornig und sagte zu seinem Knecht: Geh schnell hinaus auf die Strassen und Gassen der Stadt und bring die Armen und Verkrüppelten und Blinden und Lahmen herein. Und der Knecht sagte: Herr, was du angeordnet hast, ist geschehen, und es ist noch Platz. Und der Herr sagte zum Knecht: Geh hinaus auf die Landstrassen und an die Zäune und dränge sie hereinzukommen, damit mein Haus voll wird! Doch das sage ich euch: Von jenen Leuten, die zuerst eingeladen waren, wird keiner mein Mahl geniessen.»

Lukas 14,16–24

Der ersten Einladung will keiner folgen. Alle haben sie durchaus plausible Gründe. Es gibt vordringlich so viel Wichtigeres in ihrem Leben. Jeder will erst sein Haus bestellen und seine Schäfchen ins Trockene bringen. Nur die Armen und die Kranken lassen sich nicht zweimal bitten. Und schliesslich kommen auch noch die von der Strasse und den Zäunen, wie es im Lukasevangelium heisst. Matthäus präzisiert in seiner Version sogar: «Böse und Gute» (Mt 22,2). Die setzen sich gerne zu Tisch und stimmen wohl dankbar ein in den Lobpreis des Gastgebers: Dein ist das Reich und die Kraft und die Herrlichkeit, in Ewigkeit. Es ist dies ein Bekenntnis und ein Eingeständnis zugleich: Wir sind unverdienterweise hier. Ein Eingeständnis jedoch, das nicht beschämt, sondern befreit! Es bedeutet: Wir dürfen unverstellt vor Gott treten, wir müssen nicht besser sein, als wir sind, er hat uns der Gemeinschaft mit ihm für würdig befunden, auch als beschädigte Menschen, auch als Versager. Wir brauchen uns unserer Bedürftigkeit nicht zu schämen. Im Gegenteil: Sie ist unser grösster Reichtum, sie macht uns empfänglich für das Geschenk seiner Freundlichkeit. Denn auch Gott bedarf unser und ist darauf angewiesen, dass wir ihm die Ehre erweisen, die Einladung anzunehmen, damit das grosse Fest stattfinden kann. Er will es offenbar nicht mit den Engeln alleine feiern.

Die der Einladung nicht gefolgt sind, heisst es dann in dem Gleichnis allerdings auch, die werden nicht mehr in den Genuss des Mahles kommen. Das ist der Ernst, der auch in der Schlusswendung des Unservater mit anklingt. Es gibt ein Zuspät. Die ihr eigenes Reich aufrichten, die sich auf ihre eigene Kraft verlassen wollen, die alle Herrlichkeit auf Erden für sich allein beanspruchen, werden nicht mehr zu Tisch gebeten am Ende der Tage, wenn Gott alles in allem sein wird, in seinem Reich, in seiner Kraft und in seiner Herrlichkeit.

Das Gleichnis spricht die Sprache des Gerichtes, allerdings in grosser Zurückhaltung: nicht als Drohung einer gnadenlosen Endabrechnung über unser Tun und Lassen, sondern als Horizont, vor welchem wir uns fragen sollten, wie wir auf die Einladung zum Leben antworten wollen, können oder müssen. Es geht nicht nur um unser Hier und Jetzt, sondern um unser Heil in Ewigkeit. Es gab Zeiten in der Geschichte, in denen die Angst der Menschen gross war, dieses Heil durch eigene Schuld zu verlieren. Viele Darstellungen des Jüngsten Gerichtes an und in mittelalterlichen Kirchen geben beredtes Zeugnis davon. Auch wenn wir uns heute weniger vor ewiger Verdammnis fürchten oder nach ewiger Seligkeit sehnen, so spüren doch die meisten von uns, dass es nicht genügt, nur die eigenen Interessen zu verfolgen, weil man damit das Leben verfehlt. Leben empfängt man von denen, die vor uns waren und gibt es weiter an die, die nach uns kommen. So erfährt man es als etwas, das man nicht besitzen oder machen kann, sondern woran man lediglich Anteil haben und Anteil geben kann. Auf diese Weise wahrgenommen ist Leben mehr als die eigene Existenz. Mit dem Prädikat «ewig» wird dieses Mehr in seiner Qualität als Gabe Gottes beschrieben, die uns, wenn als solche empfangen, jetzt schon erfahren lässt, was uns verheissen ist: dass wir bei ihm, dass er mit uns ist – in Ewigkeit. Damit ist weder ein Zustand von unbegrenzter Dauer noch von rein jenseitiger Qualität gemeint, vielmehr von göttlicher Präsenz, die sowohl im «Jetzt schon» als auch im «Noch nicht» aufscheint wie Licht in der Dunkelheit. Mag diese noch so gross sein, es genügt, dass wir das Licht wahrnehmen, damit wir uns zurecht finden und darauf zugehen können. In diesem Licht zu stehen, das dereinst alle Finsternis vertreibt, ist das Ziel. Das Ziel der Geschichte, die in der Bibel als Heilsgeschichte gelesen wird, das Ziel der Welt und das Ziel jedes Menschen in dieser Welt. In seiner Gleichnisrede spricht Jesus davon als von einem grossen Fest, von einem Gastmahl, bei dem alle willkommen sind. An uns ist es, der Einladung zu folgen.

Beten heisst, sich auf dieses Ziel hin auszurichten, nach dem Licht sich auszustrecken, sich der Gegenwart Gottes zu öffnen, damit er an uns wirken kann. Es heisst, auf sein Wort hören, auf seine Zusage und auf seine Anfrage. Alle Bitten des Unservater wollen uns dabei helfen, auf Empfang zu stellen, statt immer nur selber auf Sendung zu sein. Die Bitten sind kurz, sie ordnen unsere Gedanken und beschränken sich auf das Wesentliche, sodass wir mit Beten auch wieder aufhören und vom Gebet aufstehen können in der Zuversicht des Glaubens: Dein ist das Reich und die Kraft und die Herrlichkeit in Ewigkeit.

4.3 Eingeständnis eigener Begrenztheit

In der Schlussformel des Unservater sprechen wir aus, dass wir in erster Linie Empfangende sind. Wir können uns nicht selbst trösten, uns nicht selbst vergeben, nicht selbst glücklich machen. Aber als Empfangende sind wir dann auch zum Leben und zum Handeln Ermächtigte und zu einer Antwort Herausgeforderte. In der Bedrängnis unseres Alltags sehen wir das meist umgekehrt. Vor allem, wenn wir in Nöten sind. Dann bestürmen wir Gott mit unseren Problemen und erwarten von ihm eine Antwort auf unsere Anliegen und Fragen, in der Regel eine Antwort nach unseren Vorstellungen. Wir erwarten Hilfe. Und wenn die sich nicht einstellt, wenn sich die Not nicht wendet, wenn unsere dringlichsten Wünsche keine Erhörung finden, sind wir enttäuscht. Wir beginnen an Gottes Güte zu zweifeln. Und schliesslich geben wir das Beten auf, weil es nichts zu nützen scheint.

Dein ist das Reich und die Kraft und die Herrlichkeit in Ewigkeit. An der Wirklichkeit der Welt, in der wir leben, ist das nicht abzulesen. Es ist vielmehr ein Aufruf, allen falschen Mächten, Reichen und Herrschaften auf Erden die Gefolgschaft aufzukündigen und sich dem anzuvertrauen, der alle Menschen zu ihrem Recht kommen lassen will. Die letzte Bitte des Unservater ist ja die Bitte um Erlösung von dem Bösen, von einer Macht, der wir uns unterworfen sehen, die uns korrumpiert, der wir oft genug auch selber dienen, aus Angst oder um eigener Vorteile willen. Sie kommt aus der notvollen Erfahrung der tiefen Abgründe im menschlichen Zusammenleben und im eigenen Herzen und aus dem Wissen um die eigene Widersprüchlichkeit und Ohnmacht angesichts unheilvoller Entwicklungen, in die wir verstrickt sind und die wir aus eigener Kraft nicht zu ändern vermögen. Vom Bösen in der Welt, in all den furchtbaren Ereignissen, von denen die Geschichte und die täglichen Nachrichten voll sind, lassen wir uns oft so beeindrucken, dass wir an der Güte Gottes, ja an seiner Anwesenheit überhaupt zu zweifeln beginnen. Wir können seine Ratschlüsse nicht verstehen.

Einer, der diese Erfahrung gut kennt, ist der Apostel Paulus. Er schreibt davon in seinem Brief an die Römer. Sein grösster Schmerz ist, dass die, die seine Brüder sind und die er liebt, zu seinen Gegnern und Verfolgern der christlichen Gemeinde geworden sind, ihrerseits von dieser gefürchtet und gehasst. Obwohl doch Juden und Christen denselben himmlischen Vater haben, haben sie sich früh schon tief entzweit. Und das war ja erst der Anfang einer Jahrtausende währenden Unheilsgeschichte, die bis heute nicht ausgestanden ist. Paulus gibt, gerade weil er selber Jude ist und bleibt, seiner grossen Besorgnis Ausdruck und versucht, wo er an der Hartherzigkeit der Menschen scheitert, es Gottes Barmherzigkeit zu überlassen, seine unter sich zerstrittenen Kinder miteinander und mit sich selber zu versöhnen. Er schliesst die drei Kapitel (Röm 9–11), in denen er mit der ihn zuinnerst aufwühlenden Frage nach dem Schicksal Israels ringt, mit einem einzigen Lobpreis:

b

« O Tiefe des Reichtums, der Weisheit und der Erkenntnis Gottes!
Wie unergründlich sind seine Entscheidungen und unerforschlich sind seine Wege! [...]
Denn aus ihm und durch ihn und auf ihn hin ist alles.
Ihm sei Ehre in Ewigkeit, Amen.»

Römer 11,33.36

Wer in solchen Lobpreis einstimmt, lässt zweierlei erkennen: Dass er den Mund sehr vollzunehmen wagt und gleichzeitig auch zu schweigen bereit ist. Dass er ein grenzenloses Vertrauen hat und gleichzeitig um seine eigenen Grenzen weiss. Dass er sich dem anheim- und zur Verfügung stellt, der seine Verheissung erfüllen und sein Friedensreich aufrichten wird. Dass er aber auch weiss, dass wir Menschen dieses Reich nicht herbeizwingen können. In allen religiösen und politischen Versuchen, dem Reich Gottes in der Welt zum Durchbruch zu verhelfen, steckte und steckt Gewalt. Wir haben der Beispiele genug. Wir sind nicht die Erbauer des neuen Jerusalems (Offb 21). Dort erst werden alle Tränen abgewischt sein. Von dem Glanz, in dem es erstrahlt, fällt ein Abglanz schon jetzt auf unsere menschlichen Verhältnisse. Jedoch «wird manche Nacht noch fallen auf Menschenleid und -schuld».[109] Wir sollen und können Boten der Einladung Gottes sein, in Wort und Tat, auch wenn in allem, was wir tun und leisten, ein Ungenügen steckt. Weil wir endlich sind, endlich auch in unserer Güte, die dem Reich Gottes zum Kommen verhilft.

Dein ist das Reich und die Kraft und die Herrlichkeit, in Ewigkeit: Wer so betet und glaubt, ist bereit, auch das anzunehmen, was er nicht versteht, im Vertrauen darauf, dass die Weisheit Gottes grösser ist als unser Verstand und seine Freundlichkeit weiterreicht als menschliche Vernunft. Auch und gerade dort, wo wir mit unserem Vermögen und unserer Kraft am Ende sind, müssen wir nicht verstummen, sondern dürfen alles von dem Gott erwarten, der sich in Jesus Christus als menschlicher und barmherziger Gott erwiesen hat. Darum können wir einstimmen in den Lobpreis, mit dem das Unservater endet.

Das Vertrauen in die Treue Gottes

Amen

A N
M E

Das Vertrauen in die Treue Gottes

Amen

1. Einleitung

Wer «zu allem Ja und Amen sagt», drückt eine bedingungslose Unterwerfung aus, die frei ist von jeder kritischen Distanz. So verstanden, bekommt die das Unservater abschliessende Wendung Amen einen recht negativen Beigeschmack. Wenn wir diesem Begriff am Ende dieses Glaubensbuchs einen positiveren Inhalt geben wollen, müssen wir einerseits zu seiner ersten Bedeutung zurückkehren, zu der Sprache, aus der er stammt, dem biblischen Hebräisch. Und wir müssen andererseits sehen, wie der Begriff in der neutestamentlichen und christlichen Tradition wieder aufgenommen wird. So können wir entdecken, dass nicht alle Zustimmungen knechtisch sein müssen.

2. Das Amen im Ersten Testament

Schon im Ersten Testament wird Amen als feierliche Formel verwendet, die das Gewicht eines Schwurs, einer Behauptung, eines Wunsches oder einer Vorhersage betonen und verstärken soll. In diesem Zusammenhang bedeutet dieses kleine Wort «gewiss», «sicher». So zum Beispiel in 1 Könige 1,36: «Amen – so spreche der HERR, der Gott meines Herrn, des Königs!» Der Ausdruck Amen stammt vom hebräischen Verb *aman*, das entsprechend der jeweiligen Flexionsform entweder «getragen werden», «zuverlässig, vertrauenswürdig, fest, immerwährend sein», oder «glauben», «Vertrauen haben» bedeuten kann. Das Verb kann auch zu *ämät* substantiviert werden und heisst dann je nach Kontext: «Festigkeit», «Sicherheit», «Treue» oder «Wahrheit». Die verschiedenen semantischen Konnotationen geben die tiefgründige Bedeutung des Wortes Amen wieder: Das gerade Gesagte ist zuverlässig, es trägt uns, ist vertrauenswürdig und bildet ein nicht umzustossendes Fundament.

Mit dem Verb *aman* kann demnach ausgedrückt werden, dass das Vertrauen in Gott dem Leben Halt, Sicherheit und Festigkeit gibt. In Jesaja 7,9 steht ein schönes Wortspiel, das mit zwei Verbformen desselben Verbs spielt: *Lo taaminu ki lo teaminu*, «Glaubt ihr nicht, so bleibt ihr nicht!», oder, um näher beim Wortspiel zu bleiben: «Seid ihr nicht standhaft, so werdet ihr es nicht durchstehen».

3. Das Amen im Neuen Testament

Die griechische Übersetzung des Ersten Testaments hat «amen» oft mit dem griechischen *genoito* übersetzt, «so sei es». Das Neue Testament hingegen hat an vielen Textstellen den hebräischen Begriff *amen* übernommen. Die neutestamentliche Verwendung ist mit der alttestamentlichen vergleichbar: Die Formel verstärkt eine Aussage oder betont einen Wunsch mit einem «so sei es». Auch wird Amen in dieser Bedeutung schon im Neuen Testament als Abschluss einer Gebetsformel verwendet, wie es später in der christlichen Tradition üblich werden sollte: «Denn aus ihm und durch ihn und auf ihn hin ist alles. Ihm sei Ehre in Ewigkeit, Amen.» (Röm 11,36) An einigen Textstellen wird explizit Bezug zu einer liturgischen Verwendung im Rahmen einer Gottesdienstfeier genommen. Der Apostel Paulus, der gegen eine zu starke Neigung zum Zungenreden bei den Korinthern kämpfte, sagte: «Denn wenn du den Lobpreis sprichst im Geist, wie soll dann, wer als Fremder dazu stösst, auf dein Dankgebet hin das Amen sprechen? Er versteht ja nicht, was du sagst.» (1Kor 14,16)

4. Jesus Christus, das Ja und das Amen

Es ist sehr aufschlussreich, dass aus verschiedenen Perspektiven zwischen der Formel «Amen» und der Person Jesus Christus eine

Verbindung hergestellt wird. In der synoptischen Tradition werden die Reden von Jesus zunächst von einem Amen mit prophetischer Bedeutung begleitet und betonen somit einerseits die Autorität des Redenden und andererseits das, was er sagt: Amen, ich sage euch .... Während Matthäus die hebräische Formel beibehält und sie sehr häufig benutzt, übersetzt Lukas die Formel mit *alethos* oder *nai*, was «wahrlich» bedeutet und in einigen deutschen Textfassungen des Neuen Testaments auch so übersetzt wurde. Im Johannesevangelium wird die Formel oft verdoppelt: «Wahrlich, wahrlich, ich sage euch, ...», und betont somit noch stärker die prophetische Autorität, die mit den Worten von Jesus verbunden ist.

Jesaja spricht vom: «Gott der Treue» (Jes 65,16; wörtlich: «Gott des Amen»). Vielleicht veranlasste das die Verfasser des Neuen Testaments, an einigen Textstellen Amen als Anrede für Jesus Christus zu verwenden, und somit zu verdeutlichen, dass allein das Vertrauen auf Jesus Christus zuverlässig ist. In diesem Zusammenhang findet sich beim Apostel Paulus folgende Textstelle: «Bei der Treue Gottes, unser Wort an euch ist nicht Ja und Nein zugleich! Der Sohn Gottes, Jesus Christus, der durch uns bei euch verkündigt worden ist – durch mich und Silvanus und Timotheus –, war nicht Ja *und* Nein, sondern in ihm ist das Ja Wirklichkeit geworden. Denn was immer Gott verheissen hat – in ihm ist das Ja und so auch durch ihn das Amen, damit Gott verherrlicht werde durch uns.» (2Kor 1,18–20). In der Offenbarung wird der Bezug noch direkter hergestellt, indem Jesus Christus selbst mit «der das Amen ist» angesprochen wird: «So spricht, der das Amen ist, der treue und wahrhaftige Zeuge, der Anfang der Schöpfung Gottes» (Offb 3,14).

Solche Textstellen betonen einen wichtigen Aspekt des christlichen Glaubens, denn wenn wir das Unservater beten, beten wir nicht nur das Gebet, das Jesus selbst uns gelehrt hat, sondern auch das Gebet, für das Jesus Christus einsteht, dessen Erfüllung er selbst ist und in dem er selbst das allerletzte Amen ist. Deshalb sagen wir, wenn wir das Gebet mit Amen beenden: So sei es, wahrlich, im Namen von Jesus Christus, der das Ja ist und das Amen, in dem sich alles erfüllt, worum wir bitten können.

5. Das Unservater und die Einheit der Christen

Wir haben gesehen: Wenn wir Amen sagen, stimmen wir dem zu, was vorher gesagt wurde. Wir verstärken das Gesagte in dem Sinne, dass wir seine Wahrheit, Zuverlässigkeit und Gewissheit betonen. Das bedeutet auch, mit der Gemeinde vereint zu sein, die sich schon am Gebetsanfang im «unser» manifestiert und die ihren Ursprung – so wie das Amen selbst – in Christus hat. Diese Gemeinde besteht nicht aus einer Aneinanderreihung von Individuen, sondern sie bildet eine Gemeinschaft.

Schon für die Kirchenväter war das Beten des Unservater eine einheitsstiftende Handlung: «Öffentlich ist unser Gebet, und es gilt allen; so beten wir nicht für einen einzigen, sondern für das ganze Volk, weil wir alle eins sind», schreibt Cyprian von Karthago[110]. Calvin bemerkt: «Denn wir haben alle gemeinsam einen Vater (Mt 23,9), von dem alles herkommt, was uns je Gutes widerfahren mag, und deshalb darf unter uns nichts geteilt sein, was wir nicht mit grösster, herzlicher Freudigkeit einander mitzuteilen bereit wären, soweit es erforderlich ist.»[111]

Aber die zentrale Bedeutung des Unservater als Ausdruck des christlichen Glaubens, sowie die Kommentare zu diesem Gebet in den protestantischen und katholischen Katechismen haben oft dazu geführt, dass es für die polemischen Auseinandersetzungen mit den anderen Kirchen instrumentalisiert wurde.

5.1 Die Kontroversen

Das Unservater war für Luther im Ablassstreit von zentraler Bedeutung: Die Heiligen haben das Unservater gebetet und um Vergebung ihrer Sünden, die auch sie – so wie wir – begangen haben, gebeten. Demnach können wir nicht von guten Werken profitieren, die jene über das Notwendige hinaus angehäuft hätten. Lediglich als Kinder des Vaters können wir um Vergebung bitten; und sie wird uns aus Gnade zuteil. Die Geschwisterlichkeit und die Gleichheit aller äussert sich im allgemeinen Priestertum aller Getauften. Und dieses Priesteramt schliesst die gegenseitige Fürsprache mit ein.

Im Zusammenhang mit der Zurückweisung der protestantischen Reformation forderte der Trienter Katechismus (1566) dazu auf,

Gott in einer abschliessenden Bitte darum zu ersuchen, Häresie und Glaubensspaltung aus seinem Königreich zu verbannen. Die Sakramente und das Gebet wurden zum «Mittel», mit dem die notwendigen Tugenden erlangt werden können, um in den Himmel zu kommen.

«Generationen von Katholiken wurde beigebracht, für die Rückkehr der Dissidenten zu der einen katholischen Kirche (im konfessionellen Sinne) zu beten und nicht in Gemeinschaft mit ihnen.»[112] Und die Protestanten standen dem in nichts nach und beteten ihrerseits für die Bekehrung der Katholiken. Infolge der Kirchenspaltung wurde das Unservater als Waffe gegen die jeweils anderen Christen eingesetzt, was bis zur Entstehung der ökumenischen Bewegung im 20. Jahrhundert anhielt.

5.2 Für die Bekehrung der Kirchen

Das Unservater ist nun ökumenisch. Als die römisch-katholische Kirche ihren Gläubigen 1949 erlaubte, dieses Gebet mit anderen Christen gemeinsam zu sprechen, erforderten die Unterschiede in den religiösen Bräuchen und in den Übersetzungen eine gemeinsame Bearbeitung, die mit der ökumenischen Übersetzung von 1966 und einer identischen liturgischen Praxis erfolgreich abgeschlossen wurde. Das Unservater wird nun nicht mehr nur vom Zelebranten rezitiert, sondern sowohl bei Protestanten als auch bei Katholiken von der ganzen Versammlung mit lauter Stimme gesprochen. Gerade bei den Reformierten war dies jahrhundertelang nicht üblich. Somit wird das Unservater zu einem Zeugnis des gemeinsamen Glaubens an Christus und zu einem Aufruf, sich als echte Gemeinschaft zu verstehen. Das gemeinsame Rezitieren des Unservater eröffnet die Möglichkeit zu einem stärkeren Bewusstsein der Einheit, aber dieses Ziel wurde noch nicht ganz erreicht.

Die vollendete Versöhnung in Jesus Christus bewirkt eine christliche Gemeinschaft, die in der Welt sichtbar gemacht werden soll. Diese Gemeinschaft wird weniger von unseren Bemühungen abhängen, als davon, ob wir die gemeinsame Umkehr zu Jesus Christus, der uns verändert und mit dem uns das Unservater verbindet, annehmen. Wir müssen die Verurteilungen der Vergangenheit überwinden, Vergebung gewähren und die Vergebung der anderen akzeptieren. Damit unsere sieben Bitten erfüllt werden, müssen wir auf unsere Sicht auf die Welt verzichten und die des Vaters annehmen, die auf Vergebung beruht und darauf, dass er uns seine Gaben gibt. Es darf nicht nur beim gemeinsamen Beten bleiben. Die Beziehung zum Vater muss sich in der Beziehung zu den Geschwistern fortsetzen und diese erneuern. Wirklich alles, was möglich ist, sollten wir auch gemeinsam machen und unterscheiden zwischen berechtigten Unterschieden und jenen Aspekten, die keine legitimen Gründe für die Trennung der Kirchen sind.

Die Schwierigkeiten liegen nicht nur in den Theologien, sondern auch sehr stark in den geschichtlichen Zusammenhängen, den wirtschaftlichen und sozialen Konflikten und den Rivalitäten um Macht. Es ist nicht einfach, unsere unterschiedlichen Liturgien, die tief in unserer persönlichen und gemeinschaftlichen Frömmigkeit verankert sind, in Frage zu stellen. Viele theologische Streitpunkte konnten in Gesprächen erörtert werden, aber leider führten die Ergebnisse aus diesen Debatten bei den Kirchen bisher weder zu neuen offiziellen und sie verpflichtenden Erklärungen, noch zu einem Umsetzen der neu gewonnenen ökumenischen Erkenntnisse in die Praxis, noch zu einer Veränderung der Gottesdienstgewohnheiten. Dabei wäre es äusserst wichtig, die Ergebnisse und Herausforderungen der Ökumene an die nachfolgenden Generationen weiterzugegeben.

«Die Ökumene ist für unsere Kirchen nicht einfach eine Option: Sie wird in dem Aufruf, den wir erhalten haben, gefordert und erst dann erfüllt sein, wenn wir das Gebet der Kinder Gottes, das Unservater, in aller Wahrheit sprechen können.»[113] Das gemeinsame Beten des Unservater ist nur eine Etappe auf dem Weg, zu dem die Betenden aufgerufen werden. Der Weg unserer Bekehrungen und der unserer Kirchen muss mit Hilfe des Heiligen Geistes fortgesetzt werden.

6. Amen – Das Vertrauen in die göttliche Vorsehung

So sei es, wahrlich! Mit dieser Abschlussformel vertrauen die Betenden darauf, dass die höhere Instanz, an die sich das Gebet richtet, dieses auch erhören wird. Anders gesagt: Diejenigen, die am Ende des Gebets Amen sagen, überlassen die Erfüllung des Gebets dem einen Vater, dem göttlichen Adressaten. Sie lassen diese Erfüllung los und verzichten darauf, selbst dafür aufkommen zu müssen. Indem sie dies tun, folgen sie dem Beispiel ihres Herrn Jesus Christus, der im Moment der grössten Angst in Getsemani sagte: «Doch nicht, was ich will, sondern was du willst» (Mk 14,36). Die ursprüngliche Bedeutung von Amen erinnert daran, dass die Betenden sich auf die zuverlässige Treue eines Gottes, der sich fürsorglich um seine Geschöpfe kümmert, verlassen können.

Mit dem Amen wird es der göttlichen Vorsehung überlassen, das Gebet zu erhören und nach ihren Plänen, die wir nicht kennen und auch nicht zu verstehen brauchen, zu erfüllen. Calvin äussert sich zu diesem Amen folgendermassen: «[Wer das erkennt,] bei dem wird sich notwendig herzliche Dankbarkeit bei glücklichem Erfolg, Geduld im Leiden und eine eigentümliche Zuversicht für die Zukunft einstellen.»[114]

Aber daraus resultiert keine passive Wartehaltung, oder eine Art unbesorgter Quietismus. Durch das Vertrauen in die göttliche Vorsehung und befreit durch ihr Gebet können die Gläubigen ihre Verantwortung in der Welt wahrnehmen.

Z

In der Tat, «Gottes ewige Bestimmung [hindert uns] in keiner Weise, unter seinem Willen für uns zu sorgen und alle unsere Dinge zu beschicken. Dafür gibt es auch einen leicht erkennbaren Grund. Denn der, der unserem Leben seine Grenzen gesetzt hat, der hat zugleich uns die Sorge darum anvertraut, hat uns Verstand und Mittel gegeben, es zu erhalten, uns mit den Gefahren bekannt gemacht, die es bedrohen, und uns die Vorsicht und Schutzmittel an die Hand gegeben, damit uns jene Gefahren nicht unversehens überfallen. Nun ist klar, was wir für eine Verpflichtung haben: wenn der Herr uns aufgetragen hat, unser Leben zu schützen, so sollen wir es schützen, wenn er uns Hilfsmittel darreicht, so sollen wir sie anwenden, wenn er uns die Gefahren vorher zeigt, so sollen wir nicht unbedacht hineinrennen, wenn er uns mit Heilmitteln zu Hilfe kommt, so sollen wir sie nicht gering schätzen!»

Johannes Calvin[115]

Ein bekanntes Kirchenlied gibt ziemlich genau das sich im Amen ausdrückende Vertrauen wieder:

Z

«Wer nur den lieben Gott lässt walten
Und hoffet auf ihn allezeit,
den wird er wunderbar erhalten
in aller Not und Traurigkeit.
Wer Gott dem Allerhöchsten traut,
der hat auf keinen Sand gebaut.
Was helfen uns die schweren Sorgen,
was hilft uns unser Weh und Ach?
Was hilft es, dass wir alle Morgen
beseufzen unser Ungemach?
Wir machen unser Kreuz und Leid
nur grösser durch die Traurigkeit.
Sing, bet und geh auf Gottes Wegen,
Verricht das Deine nur getreu
und trau des Himmels reichem Segen,
so wird er bei dir werden neu.
Denn welcher seine Zuversicht auf Gott setzt,
den verlässt er nicht.»

Georg Neumark, (1641) 1657, RG 681

Das Vertrauen in die Treue Gottes, die sich in der Schlussformel Amen des Unservater zeigt, wirkt auf das menschliche Herz ein: Es wird offener, fröhlicher, weiter. Durch dieses Vertrauen wird das Herz zu einem Gefäss, das die göttliche Gnade empfangen und aufnehmen kann. Deshalb bezeugen alle Betenden, die am Ende des Unservater Amen sagen, gemeinsam, die in ihnen durch das Gebet freigelegte Empfänglichkeit. Der Apostel Paulus hat sie so ausgedrückt: «Was aber hast du, das du nicht empfangen hättest?» (1Kor 4,7)

Epilog

Die vornehmste Übung des Glaubens: das Gebet

> «Es ist das Gebet, das die Welt umspannt. Eine kurze Vermessung der Welt, vollkommen in seiner Form und von geheimer Tiefe. Ein unzerstörbares Gut des Glaubens. Kurz und einfach, bewegt von stillen Worten, die grösser und dichter nicht sein können. Diesseits und jenseits der Konfessionsgrenzen. […] [A]uch Angelegenheit für ein Reden über Gott, den Glauben und den Unglauben als seinen ständigen Begleiter? Immer.»
>
> *Petra Bahr/Joachim von Soosten*[116]

Das Amen im letzten Kapitel signalisiert den Abschluss unserer Erkundungsgänge durch das Unservater. Unser Reisebericht endet hier, nicht aber die kirchliche Reise durch und mit diesem Gebet. Das Unservater ist kein Wegwerfartikel zum einmaligen Gebrauch, sondern ein Dauerbrenner für «brennende Herzen» (Lk 24,32), die – mit den Worten des Gebets – unterwegs sind zur ewigen Gemeinschaft in seinem Reich. Es ist eine Sache, den Weg zu erkunden, es ist eine andere Sache, den Weg zu gehen. Das eine darf nicht mit dem anderen verwechselt werden. Aber das eine kann auch nicht ohne das andere getan werden.

Rechenschaft abzulegen über die Hoffnung, die in uns ist (1Petr 3,15), verlangt erstens eine sorgfältige Prüfung unseres Redens und Handelns im Glauben und zweitens die Bereitschaft, sich dieser Aufgabe gemeinschaftlich zu stellen. Entgegen unseren modernen Denk- und Sprachgewohnheiten, interessieren sich die biblischen Zeugnisse weit weniger für das einzelne Ich als für das gemeinschaftliche Wir. Für die Bibel sind Herzensangelegenheiten nicht subjektive Gefühle und Haltungen, sondern die Sache Gottes mit seinem Volk und seiner Gemeinde. Die Reformatoren haben den biblischen Blick dafür neu geschärft:

«Vor allem aber bezeugen wir, dass wir immer völlig bereit sind, unsere Darlegungen im allgemeinen und im Besonderen auf Verlangen ausführlicher zu erläutern, und endlich denen, die uns aus dem Worte Gottes eines Besseren belehren, nicht ohne Danksagung nachzugeben und Folge zu leisten im Herrn, dem Lob und Ehre gebührt.»[117]

Das ist der Preis für eine Kirche, die auf ein Lehramt genauso verzichtet, wie auf einen festen Bekenntniskanon. Damit haben sich die Fragen, worauf sich der Glaube bezieht und was glaubend bekannt wird, nicht erledigt. Das Gegenteil ist der Fall! Mit dem Verzicht muten sich Reformierte die anspruchsvolle Aufgabe zu, ihr Bekennen immer wieder neu gemeinsam in Worte zu fassen und zur Sprache zu bringen. Diese Herausforderung beansprucht die ganze Kirche. Sie verlangt ausserdem den bewussten Bruch mit alltäglichen Denkgewohnheiten. Auch in der Kirche lassen wir uns häufig von Paragraphen und soziologischen Prognosen mehr beeindrucken als von der Hoffnung, die wir uns im gottesdienstlichen Feiern und gemeinsamen Gebet wechselseitig zusprechen.

Die kritische Haltung der reformierten Reformatoren gegenüber in Stein gemeisselten theologischen Lehrsätzen gründet nicht in einer modernden liberalen Gesinnung, sondern in der Überzeugung von der Gegenwart Gottes in seinem Geist. Keine andere Konfession hat den menschlichen Vorbehalt allen Redens von Gott und seiner Kirche so Ernst genommen wie die Reformierten. In dem festen Vertrauen auf Gottes Anwesenheit gründet die christliche Freiheit, die zu einem geistbestimmten Leben befähigt.

Gottes Geist verbindet die Menschen, die in seinem Namen versammelt sind, um zu hören, zu beten, zu feiern, zu handeln und auch, um gemeinsam über Gottes Wort nachzudenken, theologisch zu debattieren, Fragen zu stellen und Antworten auszuprobieren. Exemplarisch dafür stehen die vorangegangenen Kapitel. Sie beanspruchen keine Autorität. Aber sie wünschen sich die Aufmerksamkeit der Leserschaft und ihre Bereitschaft, sich auf die Erkundungen einzulassen. Kirche kann gar nicht anders, als sich immer wieder neu, gewissenhaft prüfend über ihren Glauben zu verständigen.

Woran sollen wir uns dabei orientieren? Die Bibel als Zeugnis des Wortes Gottes bildet die einzige Richtschnur, das Fundament und den roten Faden für das Nachdenken. Die Bibel und erst recht das Unservater bieten aber nicht schon ein Regelwerk für das richtige Textverständnis. Entsprechend unterschiedliche Positionen begegneten in den vorangegangenen Kapiteln. Verbunden waren sie durch den gemeinsamen Orientierungspunkt *seines* Gebets, nicht als gelesener Text, sondern als das sich wechselseitige Zusprechen der betenden Christengemeinde.

Gottes Geist wirkt auch über die Kirche hinaus. Von allen Reformatoren hat wohl Johannes Calvin am stärksten diese Präsenz des Heiligen Geistes betont.[118] Gottes Geist wirkt heiligend in der Kirche, belebend in der ganzen Schöpfung sowie ordnend und fördernd in der Gesellschaft: Auch politische Charismen sind eine Gabe des Heiligen Geistes. Entsprechend ist zu hoffen, dass das vorliegende Buch über kirchliche Grenzen hinaus zum Gespräch aus dem Glauben und über den Glauben anstösst. Der interreligiöse Dialog rückt in der globalisierten Gesellschaft mehr und mehr in den Mittelpunkt. Hier ergeben sich viele Anschlussthemen, Fragen und Dialogbedarf über das hinaus, was im vorliegenden Buch ausgeführt ist. Dazu gehört ganz besonders das konstitutive Verhältnis des christlichen Glaubens zum Judentum. Auch das Gespräch von Glaube und (Natur-)Wissenschaften kann nicht einseitig erfolgen, sondern muss als Begegnung und Austausch gelebt werden. Der weite Bereich der Kunst hat vor allem literarisch und in der Buchgestaltung seinen Niederschlag gefunden. Musik, bildende Kunst, Film, Theater und Tanz bieten sich als spannende Fortsetzungen an.

Ethische Implikationen des Glaubens werden an mehreren Stellen erwähnt, und gerade die reformierte Tradition hat immer darauf bestanden, dass Glaube nicht nur sprechend, sondern auch handelnd bekannt wird. Methodenfragen von theologischer Ethik allerdings und ausgeführte Argumentationen zu Fragen der Politik, Wirtschaft, Umwelt, Gesundheit, des Rechts und der Menschenrechte, der internationalen und der Generationengerechtigkeit – um nur einige Beispiele zu nennen – gehen über das Vorliegende hinaus und bedürfen intensiver Weiterarbeit.

Ein letzter Punkt: Kirche in der Schweiz schliesst heute zunehmend Migrationsgemeinden ein, und die internationale Ökumene wird verstärkt von Kirchen des Südens mitgeprägt. Dadurch verändern sich Formen der Frömmigkeit, des Gottesdienstes und des kirchlichen Alltags, aber auch das Verständnis und der Ausdruck des christlichen Glaubens. So wie das Glaubensbuch angelegt ist, macht es offen für diese wichtigen Erfahrungen von Geschwisterlichkeit und ökumenischer Gemeinschaft. Auch sie müssen im Alltag und über alle Sprach- und Ländergrenzen hinaus gelebt und glaubend reflektiert werden. Dann ergeben sich Erfahrungen, wie sie vorbildhaft im Pfingstwunder erzählt werden: «Sie waren fassungslos und sagten völlig verwundert: Sind das nicht alles Galiläer, die da reden? Wie kommt es, dass jeder von uns sie in seiner Muttersprache hört? Parther und Meder und Elamiter, Bewohner von Mesopotamien, von Judäa und Kappadokien, von Pontus und der Provinz Asia, von Phrygien und Pamphylien, von Ägypten und dem kyrenischen Libyen, und in der Stadt weilende Römer, Juden und Proselyten, Kreter und Araber – wir alle hören sie in unseren Sprachen von den grossen Taten Gottes reden.» (Apg 2,7–11) Trägt man die in diesem Bibeltext aufgezählten Länder und Völker auf einer Karte auf, dann ergibt sich eine spiralenartig beschwingte Linie, das Abbild einer lebendigen, ausgreifenden Bewegung. Auch das – und gerade das ist Heiliger Geist – Gott in Aktion.

Anmerkungen

1 Heinrich Bullinger, Das Zweite Helvetische Bekenntnis, herausgegeben 1966 vom Kirchenrat des Kantons Zürich zum Gedächtnis des Erscheinens vor vierhundert Jahren – 1566, Zürich 1966, 12.

2 Rat des Schweizerischen Evangelischen Kirchenbundes, Ratssitzung vom 3./4. April 2012, Traktandum 8.6: Glaubensbuch, Beilage 1, 2f.

3 Berner Synodus, in: Martin Sallmann/Matthias Zeindler (Hg.), Dokumente der Berner Reformation: Disputationsthesen, Reformationsmandat, Synodus, Zürich 2013, 111.

4 Fulvio Ferrario, Teologia come preghiera, Torino 2004.

5 Antoine Nouis, Lettre à mon gendre agnostique pour lui expliquer la foi chrétienne, Genève 2010.

6 Groupe des Dombes, Vous donc, priez ainsi. Le Notre Père, itinéraire pour la conversion des Eglises, Paris 2011, 94.

7 Diese Meinung wird von Marc Philonenko vertreten; vgl. ders., Das Vaterunser. Vom Gebet Jesu zum Gebet der Jünger, Tübingen 2002, 20–23 und 108–113.

8 Ulrich Luz, Das Evangelium nach Matthäus (Mt 1–7), EKK I/1, Neukirchen-Vluyn, Düsseldorf, Zürich 2002, 436–438.

9 Jean Zumstein, Vater für uns. Das Gebet Jesu mitten in unserem Leben, aus dem Frz. übers. von Horst Hahn, Neukirchen-Vluyn 2002, 14.

10 Groupe des Dombes, Vous donc, a.a.O., 110.

11 Philonenko, Das Vaterunser, a.a.O., 25.

12 Die nachfolgende Tabelle finde sich in: Zumstein, Vater für uns, a.a.O., 21–22.

13 Philonenko, Das Vaterunser, a.a.O., 12.

14 Groupe des Dombes, Vous donc, priez ainsi. Le Notre Père, itinéraire pour la conversion des Eglises, Paris 2011, 114.

15 Die Zürcher Bibel und andere geläufige Übersetzungen verwenden den Ausdruck «Kindschaft». Das griechische *hyiothesia*, ein juristischer Begriff, meint aber ganz präzis die Annahme an Kindesstatt, die Adoption. Für die Argumentation in diesem Kapitel ist diese begriffliche Differenz entscheidend.

16 Wider die Häresien, 5. Buch, Vorrede.

17 Groupe des Dombes, Vous donc, a.a.O., 68; Johannes Calvin, Unterricht in der christlichen Religion. Institutio Christianae Religionis, Neukirchen-Vluyn 2008, III,20,38-39.

18 Ebd.

19 Groupe des Dombes, Vous donc, a.a.O., 61; Martin Luther, Enarratio Psalmi LI, WA 40 II, 423,11f.

20 Marion Hughes, Women's Concerns, Issue 32, Spring/Summer 1986 (Übersetzung).

21 Jürgen Ebach, Schrift-Stücke. Biblische Miniaturen. Gütersloh 2012, 209.

22 Martin Luther, Der kleine Katechismus, in: Bekenntnisschriften der evangelisch-lutherischen Kirche, herausgegeben im Gedenkjahr der Augsburgischen Konfession 1930, Göttingen ^{12}1998, 508.

23 Martin Luther, Der grosse Katechismus, in: Bekenntnisschriften der evangelisch-lutherischen Kirche, herausgegeben im Gedenkjahr der Augsburgischen Konfession 1930, Göttingen ^{12}1998, 560.

24 Elazar Benyoëtz, Fraglicht. Aphorismen 1977–2007, Wien 2010, 149.

25 Peter Bichsel, Über Gott und die Welt. Texte zur Religion, hg. v. Andreas Mauz, Frankfurt/M. 2009, 199.

26 Johannes Calvin, Der Genfer Katechismus von 1545, in: Calvin-Studienausgabe, Bd. 2: Gestalt und Ordnung der Kirche, Neukirchen-Vluyn 1997, Abschnitt 5.

27 Vgl. Huldrych Zwingli, Rechenschaft über den Glauben, in: ders., Schriften, Bd. IV, Zürich 1995, 99–131 (99ff.).

28 Kurt Marti, Der Himmel, der ist, 1963/1971 © Carus Verlag, Stuttgart.

29 Theodor W. Adorno, Minima Moralia. Reflexionen aus dem beschädigten Leben, in: ders., Ges. Schriften, Bd. 4, Frankfurt/M. 2003, 333f.

30 Johannes Calvin, Unterricht in der christlichen Religion. Institutio Christianae Religionis, Neukirchen-Vluyn 2008, III,20,42.

31 Antoine de Saint-Exupéry, Die Stadt in der Wüste. Citadelle, Düsseldorf 1951, 355.

32 Gemeinschaft Evangelischer Kirchen in Europa (GEKE), Die Kirche Jesu Christi. Der reformatorische Beitrag zum ökumenischen Dialog über die kirchliche Einheit. Leuenberger Texte 1, Frankfurt/M. 1995, 37. 39.

33 Jürgen Moltmann, Theologie der Hoffnung. Untersuchungen zur Begründung und zu den Konsequenzen einer christlichen Eschatologie, München ^{12}1984, 12f. 304f. 307. © 2005, Gütersloher Verlagshaus, Gütersloh, in der Verlagsgruppe Random House GmbH.

34 Papst em. Benedikt XVI., Rede im Freiburger Konzerthaus am 25.09.2011; http://www.badische-zeitung.de/freiburg/die-rede-von-papst-benedikt-xvi-im-freiburger-konzerthaus-im-wortlaut--49844396.html (24.05.2013). © LIBRERIA EDITRICE VATICANA.

35 Barmer Theologische Erklärung vom 31. Mai 1934, in: Georg Plasger/Matthias Freudenberg (Hg.), Reformierte Bekenntnisschriften. Eine Auswahl von den Anfängen bis zur Gegenwart, Göttingen 2005, 243.

36 Zit. nach Jean Zumstein, Vater für uns. Das Gebet Jesu mitten in unserem Leben, aus dem Frz. übers. v. Horst Hahn, Neukirchen-Vluyn 2002, 19.

37 Martin Luther, Der grosse Katechismus, in: Die Bekenntnisschriften der evangelisch-lutherischen Kirche, hg. im Gedenkjahr der Augsburgischen Konfession 1930, Göttingen ^{12}1998, 669. 676–687.

38 Gerhard Ebeling, Vom Gebet. Predigten über das Unser-Vater, Tübingen 1963, 58.

39 Dietrich Korsch, Dogmatik im Grundriss. Eine Einführung in die christliche Deutung menschlichen Lebens mit Gott, Tübingen 2000, 218.

40 Dieses und die folgenden Zitate sind abgedruckt in: Milič Lochmann, Unser Vater. Auslegung des Vaterunsers, Gütersloh 1988, 61.

41 Die Augsburgische Konfession, in: Die Bekenntnisschriften der evangelisch-lutherischen Kirche, a.a.O., 61 – in leicht modernisierter Form wiedergegeben gemäss der Homepage der Evangelischen Kirche in Deutschland (EKD): http://www.ekd.de/glauben/bekenntnisse/augsburger_bekenntnis.html (Stand: 30.4.2013).

42 Der Heidelberger Katechismus, Frage 86, zit. n. Matthias Freudenberg/Aleida Siller (Hg.), Was ist dein einiger Trost? Der Heidelberger Katechismus in der Urfassung, Neukirchen-Vluyn 2012, 49.

43 Ulrich Luz, Das Evangelium nach Matthäus (Mt 26–28), EKK I/4, Neukirchen-Vluyn, Düsseldorf, Zürich 2002, 136–138.

44 Vgl. Luz, Das Evangelium, a.a.O., 342f.

45 «[...] mag er des Gebens nit müd werden, [...] sunder er hatt ein Lust und Fröud ze geben und kan on geben nit sin»; Predigt über die Vorsehung (1529), in: Zwingli der Prediger, Teil 2. Zwingli Hauptschriften, hg. v. Fritz Blanke et al., Zürich, 1941, 96.

46 Johannes Calvin, Unterricht in der christlichen Religion. Institutio Christianae Religionis (1559), Neukirchen-Vluyn 2008, I,17,7.

47 Der Genfer Katechismus von 1545, in: Calvin-Studienausgabe, Bd. 2: Gestalt und Ordnung der Kirche, Neukirchen-Vluyn 1997, Frage/Antwort 275 (101); vgl. Calvin, Institutio (1559), a.a.O., III,20,44.

48 Martin Luther, Der kleine Katechismus, in: Bekenntnisschriften der evangelisch-lutherischen Kirche, herausgegeben im Gedenkjahr der Augsburgischen Konfession1930, Göttingen [12]1998, 514.

49 Calvin, Der Genfer Katechismus (1545), a.a.O., 101.

50 Calvin, Der Genfer Katechismus (1545), a.a.O., 103.

51 Martin Luther, Der kleine Katechismus, in: Bekenntnisschriften der evangelisch-lutherischen Kirche, herausgegeben im Gedenkjahr der Augsburgischen Konfession 1930, Göttingen [12]1998, 513.

52 Calvin, Institutio (1559), a.a.O., III,20,44.

53 Vgl. Calvin, Institutio (1559), a.a.O., III,10.

54 Calvin, Institutio (1559), a.a.O. III,10,2.

55 Hella Hoppe/Otto Schäfer, Gerechtes Haushalten und faires Spiel. Studie zu den jüngsten Finanz- und Wirtschaftskrisen aus evangelischer Sicht. Bern, Schweizerischer Evangelischer Kirchenbund, 2010.

56 Daniel Defoe, Robinson Crusoe (Ubers. Karl Altmüller), Bibliographisches Institut Leipzig 1869, Kap. 5. – Zitiert nach http://gutenberg.spiegel.de/buch/747/5 (20.6.2014).

57 Groupe des Dombes, Vous donc, priez ainsi. Le Notre Père, itinéraire pour la conversion des Eglises, Paris 2011, 206.

58 Augustinus, Tractatus in Iohannis Evangelium, 80,3. Der Kontext bei Augustinus ist die Taufe.

59 Jean Zumstein, Notre Père, la prière de Jésus au cœur de notre vie, Aubonne 2001, 57; die wörtliche Übersetzung lautet: «Und erlass uns unsere Schulden, wie auch wir unseren Schuldnern erlassen haben.»

60 Z. B. in Sigmund Freud, Das Unbehagen in der Kultur. Und andere kulturtheoretische Schriften, Frankfurt/M. [3]2009.

61 Søren Kierkegaard, Die Krankheit zum Tode, Stuttgart 1997, 94.

62 In der französischen Version dieses Buches heisst das Gleichnis *parabole du père prodigue*. Das ist eine aufschlussreiche Verfremdung der üblichen Redeweise *parabole du fils prodigue*. Der «verschwenderische Vater» ist der Angelpunkt des Gleichnisses, nicht der «verschwenderische Sohn».

63 Anselm von Canterbury, Cur deus homo. Warum Gott Mensch geworden. Lateinisch und Deutsch, Darmstadt [5]1993.

64 Martin Luther, Von wahrer und falscher Frömmigkeit. Auslegungen des 5. und 22. Psalms, München, Hamburg 1967, 146.

65 Martin Luther, Vorlesungen über die Stufenpsalmen und Psalm 90, in: WA 40 III,352,3.

66 Johannes Calvin, Unterricht in der christlichen Religion. Institutio Christianae Religionis, Neukirchen-Vluyn 2008, III,21–24.

67 Søren Kierkegaard, Christliche Reden (1848), in: ders., Gesammelte Werke, übers. v. E. Hirsch, 20. Abt., Düsseldorf 1959, 77.

68 Paul Tillich, Der Mut zum Sein, Berlin 1991, 133.

69 Calvin, Institutio (1559), a.a.O., III,19.

70 Martin Luther, Von der Freiheit eines Christenmenschen, WA 7, 20–38.

71 Hilde Domin, Abel steh auf, in: dies., Gesammelte Gedichte, 364f. © S.Fischer Verlag GmbH, Frankfurt am Main 1987.

72 Michael Theunissen, Freiheit und Schuld – Freiheit und Sünde, in: Hans-Richard Reuter et al. (Hg.), Freiheit verantworten. FS für Wolfgang Huber zum 60. Geb., Gütersloh 2002, 343–356 (343).

73 Johannes Calvin, Unterricht in der christlichen Religion. Institutio Christianae Religionis, Neukirchen-Vluyn 2008, III,19,13.

74 Der Heidelberger Katechismus, Frage/Antwort 1, zitiert nach der revidierten Ausgabe 1997, hg. v. der Evangelisch-reformierten Kirche, v. der Lippischen Landeskirche u. vom Reformierten Bund, Neukirchen-Vluyn [4]2010.

75 Huldrych Zwingli, Die freie Wahl der Speisen, in: ders., Schriften I, Zürich 1995, 13–73 (37).

76 Vladimir Jankélévitch, Das Verzeihen. Essays zur Moral und Kulturphilosophie, Frankfurt/M. 2004, 265.

77 Elfriede Jelinek, Michael. Ein Jugendbuch für die Infantilgesellschaft, Reinbek 1977, 79.

78 Hannah Arendt, Vita Activa oder Vom tatigen Leben, München [7]1992, 231f. 238. © 1981 Piper Verlag GmbH, München.

79 Calvin, Institutio (1559), a.a.O., III,19,14f.

80 Ebd.

81 Martin Luther, Verhandlungen mit D. Martin Luther auf dem Reichstag zu Worms 1521, WA 7, 838, 6f.

82 Magdalene L. Frettlöh, ‹Der Mensch heisst Mensch, weil er … vergibt›?, in: Jürgen Ebach et al. (Hg.), ‹Wie? Auch wir vergeben unsern Schuldigern?› Mit Schuld leben. Jabboq 5, Gütersloh 2004, 179–215 (210).

83 Calvin, Institutio (1559), a.a.O., III,16,1.

84 Martin Luther, Der grosse Katechismus, in: Die Bekenntnisschriften der evangelisch-lutherischen Kirche, herausgegeben im Gedenkjahr der Augsburgischen Konfession 1930, Göttingen [12]1998, 560.

85 Johannes Calvin, Der Genfer Katechismus von 1545, in: Calvin-Studienausgabe, Bd. 2: Gestalt und Ordnung der Kirche, Neukirchen-Vluyn 1997, 105–107.

86 Luther, Der grosse Katechismus, a.a.O., 686.

87 Luther, Der grosse Katechismus, a.a.O., 560.

88 Luther wird sich nebst anderen Bibelpassagen davon inspirieren, wenn er seine Unterscheidung zwischen verborgenem Gott und offenbarem Gott weiter entwickelt.

89 Die Brüder Karamasow, Fünftes Buch, Kap. 5; die Zitate stammen aus der Neuübersetzung von Swetlana Geier, Zürich 2003.

90 Luther, Der grosse Katechismus, a.a.O., 113.

91 Martin Luther, Auslegung des Vaterunsers, in: Calwer Luther-Ausgabe, Bd. 3, Gütersloh 1983, 75.

92 Sehr ähnliche Überlegungen bei Jean-Paul Morley, Ah! Si nous pouvions parler à Dieu. Dire notre Père, Lyon 2007, 81.

93 Johannes Calvin, Unterricht in der christlichen Religion. Institutio Christianae Religionis, Neukirchen-Vluyn 2008, III,2,17.

94 Calvin, Institutio (1559), a.a.O., 304.

95 Henry Mottu et al. (Hg.), Confessions de foi réformées contemporaines. Et quelques autres textes de sensibilité protestante, Genève, 2000, 157.

96 Lactantius, De ira Dei 13,20f, zit. n. und übers. v. Rochus Leonhardt, Grundinformation Dogmatik, Göttingen [4]2009, 251. Der Begriff des Übels (im Plural) in Leonhardts Übersetzung wurde durch den Begriff des Bösen ersetzt.

97 Die Bezeichnung stammt vom Alttestamentler Bernd Janowski, vgl. sein Buch: Konfliktgespräche mit Gott. Eine Anthropologie der Psalmen, Neukirchen-Vluyn 2003.

98 Johannes Calvin, Der Genfer Katechismus von 1545, in: Calvin-Studienausgabe, Bd. 2:, Gestalt und Ordnung der Kirche, Neukirchen-Vluyn 1997, 10–135 (59).

99 Karl Barth meint, dass in diesem Schrei die Psalmen des Alten Testaments wiederhallen, es ist der Schrei «Erlöse uns, reiss' uns heraus aus diesem Rachen (sc. des Todes)!» Karl Barth, Das Vaterunser nach den Katechismen der Reformation, Zürich 1965, 108 ff. Vgl. auch Jean Zumstein, Vater für uns. Das Gebet Jesu mitten in unserem Leben, aus dem Französischen v. H. Hahn, Neukirchen-Vluyn 2002, 77f.

100 Calvin, Der Genfer Katechismus (1545), a.a.O., Fr. 291, 107.

101 Friedrich Daniel Ernst Schleiermacher, Der christliche Glaube nach den Grundsätzen der evangelischen Kirche im Zusammenhange dargestellt, Bd. 1, aufgrund der 2. Aufl. neu hg. v. M. Redeker, Berlin [7]1960, Leitsatz zu § 44, 211.

102 Karl Barth, Die Kirchliche Dogmatik, Bd. III/3, Zollikon-Zürich 1950, §50.

103 Ulrich Luz, Das Evangelium nach Matthäus (Mt 1–7), EKK I/1, Neukirchen-Vluyn, 5. überarb. Aufl. 2002, 454; Zumstein, Vater für uns, a.a.O., 76.

104 Ebd.

105 Ähnlich plädiert Raphaël Picon in seinem Buch Délivre-nous du mal, Exorcismes et guérisons: une approche protestante, Genève 2013.

106 Karl Barth, Die Kirchliche Dogmatik I/1–IV/4, Zürich 1932ff., hier: III/3, 609.

107 Luz, Das Evangelium nach Matthäus, a.a.O., 453; Zumstein, Vater für uns, a.a.O., 70f. Apokalyptisch deutet Eduard Lohse, Das Vaterunser im Licht seiner jüdischen Voraussetzungen, hg. v. Friedrich Schweitzer, Tübingen 2008, 43–49.

108 So fragt auch Karl Barth in seiner Unservater-Auslegung, vgl. Barth, Das Vaterunser, a.a.O., 79.

109 Jochen Klepper, Die Nacht ist vorgedrungen, RG 372.

110 Cyprian von Karthago, Über das Gebet des Herrn (De dominica oratione), Kap. 8, in: Des heiligen Kirchenvaters Caecilius Cyprianus sämtliche Schriften. Aus dem Lateinischen übers. v. Julius Baer. (Bibliothek der Kirchenväter, 1. Reihe, Bd. 34), München 1918.

111 Johannes Calvin, Unterricht in der christlichen Religion. Institutio Christianae Religionis (1559), Neukirchen-Vluyn 2008, III,20,38.

112 Groupe des Dombes, Vous donc, priez ainsi. Le Notre Père, itinéraire pour la conversion des Eglises, Paris 2011, 90. (Übersetzung).

113 Groupe des Dombes, Vous donc, a.a.O., 160. (Übersetzung).

114 Calvin, Institutio (1559), a.a.O., I,17,7.

115 Calvin, Institutio (1559), a.a.O., I,17,4.

116 Petra Bahr/Joachim von Soosten, Vorwort, in: dies. (Hg.), Vater unser. Einübung im Christentum. Wolfgang Huber zum 65., Frankfurt/M. 2008, 9.

117 Heinrich Bullinger, Confessio Helvetica posterior von 1566, Vorrede, in: Georg Plasger/Matthias Freudenberg, Reformierte Bekenntnisschriften. Eine Auswahl von den Anfängen bis zur Gegenwart, Göttingen 2005, 191.

118 Michael Beintker, Calvins Theologie des Heiligen Geistes. Vorlesung, gehalten am 26. August 2008 auf der Reformierten Sommeruniversität in Apeldoorn. http://www.reformiert-info.de/daten/File/Upload/doc-2435-1.pdf (07.04.2014) Anhang

Anhang

Bibelstellenregister

Sachregister

Ausführliches Inhaltsverzeichnis

Autorinnen und Autoren

Pierre Bühler, Dr. theol., Jahrgang 1950, ist Professor für Systematische Theologie und Leiter des Instituts für Hermeneutik und Religionsphilosophie an der Universität Zürich.

Käthi La Roche, Jahrgang 1948, war bis 2011 Pfarrerin am Grossmünster in Zürich.

Frank Mathwig, Dr. theol., Jahrgang 1960, ist Beauftragter für Theologie und Ethik beim Schweizerischen Evangelischen Kirchenbund SEK und Titularprofessor für Systematische Theologie/Ethik an der Theologischen Fakultät Bern.

Marie-Christine Michau, Dr. theol., Jahrgang 1949, ist Physiklehrerin und Alttestamentlerin und Mitglied der Kirchenleitung der Eglise Protestante Unie de France.

Otto Schäfer, Pfr. Dr. sc. agr., Jahrgang 1955, ist Beauftragter für Theologie und Ethik beim Schweizerischen Evangelischen Kirchenbund SEK.

Matthias Dominique Wüthrich, PD Dr. theol., VDM, Jahrgang 1972, ist Privatdozent und Oberassistent für Systematische Theologie/Dogmatik an der Theologischen Fakultät der Universität Basel.

www.laboretfides.com

Pierre Bühler, Käthi La Roche, Frank Mathwig, Marie-Christine Michau, Otto Schäfer, Matthias D. Wüthrich

Qu'est-ce que croire?

Réponses du Notre Père

Avant-Propos de Gottfried W. Locher
Edité par la Fédération des Églises protestantes de Suisse FEPS

Qui ne connaît pas le Notre Père, qu'une grande majorité d'entre nous sait encore réciter par cœur? Cette prière si célèbre a façonné notre culture et nos conceptions de Dieu et de la foi chrétienne.
Des théologiennes et théologiens suisse alémaniques et romands se sont mobilisés pour réfléchir et discuter les fondements du Notre Père d'un point de vue réformé et œucuménique. Chacun de ses versets se voit analysé sur les plans exégétiques, culturels et théologiques, afin de permettre une reprise contemporaine de ce texte encore si vivant malgré ses 2000 ans d'âge. Avec cette nouvelle lecture du Notre Père, le croyant ou celui qui veut seulement se renseigner sur la foi chrétienne trouve de quoi nourrir sa foi ou sa curiosité.

«Le Notre Père n'offre naturellement pas de réponses à toutes les questions. Mais il aménage un lieu favorable au développement des réflexions sur la foi. Quand celle-ci est réfléchie, elle inspire la prière et inversement. [...] Le Notre Père nous permet de formuler, dans un esprit œcuménique, la lecture réformée de notre foi chrétienne commune. »

Extrait de l'introduction

environ 272 pages, 15 × 22.5 cm, relié
ISBN 978-2-8309-1558-7

LABOR ET FIDES

Labor et Fides
1, rue Beauregard
1204 Genève
www.laboretfides.com
contact@laboretfides.com
022 311 32 69